探寻社会学之旅
20位当代美国社会学家眼中的社会学

陈龙 著

北京大学出版社
PEKING UNIVERSITY PRESS

图书在版编目(CIP)数据

探寻社会学之旅:20位当代美国社会学家眼中的社会学/陈龙著.—北京:北京大学出版社,2019.1
ISBN 978-7-301-29951-7

Ⅰ.①探… Ⅱ.①陈… Ⅲ.①社会学—通俗读物 Ⅳ.①C91-49

中国版本图书馆CIP数据核字(2018)第225077号

书　　　名	探寻社会学之旅：20位当代美国社会学家眼中的社会学 TANXUN SHEHUIXUE ZHI LÜ: 20 WEI DANGDAI MEIGUO SHEHUIXUEJIA YANZHONG DE SHEHUIXUE
著作责任者	陈　龙　著
责任编辑	武　岳（wuyue@pup.cn）
标准书号	ISBN 978-7-301-29951-7
出版发行	北京大学出版社
地　　　址	北京市海淀区成府路205号　100871
网　　　址	http://www.pup.cn　新浪微博：@北京大学出版社
微信公众号	ss_book
电子信箱	ss@pup.pku.edu.cn
电　　　话	邮购部 010-62752015　发行部 010-62750672 编辑部 010-62753121
印　刷　者	北京中科印刷有限公司
经　销　者	新华书店
	650毫米×980毫米　16开本　20.75印张　268千字 2019年1月第1版　2019年1月第1次印刷
定　　　价	72.00元（精装）

未经许可，不得以任何方式复制或抄袭本书之部分或全部内容。
版权所有，侵权必究
举报电话：010-62752024　电子信箱：fd@pup.pku.edu.cn
图书如有印装质量问题，请与出版部联系，电话：010-62756370

Dedicated to Harvard and my friends in Boston

献给哈佛大学和我在波士顿遇见的朋友们

目 录

序　言　　　　　　　　　　　　　　　　弗兰克·道宾　>>>001

他山攻玉：谈当代美国社会学（代序）　　　渠敬东　陈龙　>>>007

克里斯托弗·温希普（Christopher Winship）　　　>>>001

彼得·V. 马斯登（Peter V. Marsden）　　　>>>015

玛丽·C. 沃特斯（Mary C. Waters）　　　>>>030

傅高义（Ezra F. Vogel）　　　>>>042

约翰·L. 坎贝尔（John L. Campbell）　　　>>>050

弗兰克·道宾（Frank Dobbin）　　　>>>067

马里奥·L. 斯莫尔（Mario L. Small）　　　>>>084

杰弗里·C. 亚历山大（Jeffrey C. Alexander）　　　>>>098

詹姆斯·A. 埃文斯（James A. Evans）　　　>>>113

安德鲁·D. 阿伯特（Andrew D. Abbott）　　　>>>124

赵鼎新（Dingxin Zhao） >>> 144

阿莉·R. 霍克希尔德（Arlie R. Hochschild） >>> 161

彼得·S. 比尔曼（Peter S. Bearman） >>> 174

米歇尔·拉蒙特（Michèle Lamont） >>> 190

薇薇安娜·A. 泽利泽（Viviana A. Zelizer） >>> 204

安妮特·P. 拉鲁（Annette P. Lareau） >>> 219

菲利普·S. 戈尔斯基（Philip S. Gorski） >>> 233

兰德尔·柯林斯（Randall Collins） >>> 245

迈克尔·布若威（Michael Burawoy） >>> 261

魏昂德（Andrew G. Walder） >>> 280

后　记 >>> 295

序　言

作为一个社会学家，当我十年前第一次去中国的时候，想到能够切身地体验那里正在发生的巨大的经济社会转型，我就感到由衷的兴奋。一方面是因为中国所经历的转型正是古典社会学一直致力于研究的主题，并且中国转型的速度是前所未有的。另一方面，今天的西方社会学家，包括我在内，在我们成年的时候，面对的其实是一个转型结束了的社会。现在的中国正以史无前例的速度经历着一场工业化革命。尽管几个世纪以来，农民一直在向城市迁移，但是现在，这种农村到城市的迁移正在"搬空"农村，城市突然间变得拥挤不堪。1978年的经济改革为中国经济带来了前所未有的变化，中国出现了比其他任何国家都要多的亿万富翁，在最新的统计资料中，这个数字已经超过了800个。中国所发生的改变让来自世界各地的社会学家都感到震惊，这不仅是因为中国转型的速度前所未有，更因为它的规模史无前例。要知道，我们研究美国的工业化历史所面对的不过是一个人口只有区区2 000万（1850年）的国家，而中国在1980年进行工业化革命的时候，人口规模已经达到了9亿8 000万（差2 000万就是10亿）。

我们这代西方社会学家都热衷于研究社会转型，因为这也是我们学科的先驱——卡尔·马克思、马克斯·韦伯、埃米尔·涂尔干、杜波依斯、珍妮·亚当斯等人致力于研究的问题。但是和他们不一样，可供我们研究的要么是历史资料，要么是那些已经陷入停滞的转型社会。譬如，那些致力于研究拉丁美洲和非洲社会转型的学者并没有在拉丁美洲和非洲看到像19世纪的英国和美国那样迅速而显著的转型，相反他们认为这些国家都陷入了停滞。因此，热衷于研究社会转型的社会学家要么陷在了19世纪的历史研究中，要么无法解释为什么拉丁美洲和非洲国家没有像早期的发展中国家那样经历同样的社会转型。尽管日本是二战后亚洲国家中第一个经历转型的国家，但是日本的转型是渐进式的（incremental）。

中国在科学和军事等领域都有着卓越的历史成就，但是直到20世纪70年代，中国仍然是一个以农业为主的国家。我在欧柏林学院的导师约翰·弥尔顿·英格（John Milton Yinger）是在毛泽东主席和理查德·尼克松总统于1972年开启中美关系正常化道路以后最早访问中国的社会科学家之一。他和他的妻子温妮·麦克亨利（Winnie McHenry）应该是在1977年或者1978年访问中国的。他们回到美国以后受到了热烈的欢迎。我的导师用他精心制作的幻灯片向我们展示了那时候的中国，那个对于一代美国人而言都充满神秘而新奇的国度。因为当时的美国人对于20世纪50年代以后的中国可以说是一无所知。即便如此，就连我的导师都没有预见到，在他离开中国不久以后，中国便开始进行经济改革，并由此开启了史无前例的社会转型历程。

在过去的几十年里，美国社会学家对于中国的痴迷程度实际上超越了其他任何国家。因为中国不仅给我们提供了一个回顾过去的视角，让我们看到了一个以农业为主的社会几乎在一夜之间转变为工业社会所经历的大规模社会转型，而且给我们提供了一个展望未来的机会，让我们有机会探索新兴的工业化社会前进道路的可能。在过去的二十年里，无论是来自哪个领域的社会学家，他们的目光都没有离开过中国。很多年来，"你去过中国吗？"成了每一个人挂在嘴边的问题。对于历史社会学家，他们的问题是：1800年的英格兰和1830年的马萨诸塞与我们现在在中国看到的情景一样吗？工业化期间的西方国家所经历的经济社会剧变也和我们在中国看到的一样令人激动人心吗？对于关注现在和未来的社会学家，他们的问题则是：未来的印度、加纳和秘鲁是不是看起来会和现在的中国一样？未来国家的工业化是不是会以中国现在的方式进行？它们是会以强大的政府作为行船舵手,还是会像我们原以为的那样,遵循市场的自由放任?它们是会由大公司领导,还是会像我们原以为的那样,由中小企业家领导?它们是不是同样不会经历一场突如其来的政治革命,还是会像我们原以为的那样,在革命之后消灭各种传统力量并建立一个现代化的国家?

中国在20世纪初就出现了很多社会学家,但是从1952年院系调整、社会学系被取消到1981年开始重新培养新一代社会学家,社会学在中国消失了近三十年。① 虽然1978年经济改革开启了中国大规模的工业化改革和经济社会转型,但是那时候的中国从严格意义上来说还没有自己培养出来的社会学家,而这一状况在1981年以后很快就发生了改变。截止到2008年,中国的高校和研究机构就有大约6 000名社会学家,74个学士学位授予单位、87个硕士学位授予单位和16个博士学位授予单位。② 现在这些数字就更大了。

在过去十年里,我曾多次到访中国。中国学者想要运用西方社会学理论和方法论工具去理解中国社会变革的那份热情和努力让我感到非常震撼。正如在这本书中出现的许多社会学家一样,我也有幸在过去的几年里受邀到中国的大学发表演讲,甚至开展教学,也有机会亲自见证中国正在发生的社会变革。我很荣幸受到上海财经大学的甄志宏副教授(现任教于上海大学)、清华大学的沈原教授、武汉大学的周长城教授以及中国社会科学院的杨典研究员(他也是哈佛大学社会学系的博士毕业生)的邀请到中国进行学术访问和交流。我知道有很多中国社会学家也在积极地从事这样的工作——邀请美国社会学家到中国访问、教学,并且组织学生和学者翻译这些美国社会学家的作品,其中很多位知名的美国社会学家都出现在了陈龙的这本书中。正是因为他们的努力,当代社会学的

---

① Xiaoying Qi, "Sociology in China, Sociology of China: Editor's Introduction," *Journal of Sociology*, 2016, 52 (1): 3–8.

② Yanjie Bian, Lei Zhang, "Sociology in China," *Contexts*, 2008, 7 (3): 20–25.

许多经典作品被引进、翻译到中国。许多学生也因此有机会当面聆听美国社会学家的演讲、与这些社会学家在课堂上讨论问题，以及阅读他们的作品。

我是在五年前访问武汉大学的时候认识陈龙的。随后在他读博士期间，我邀请他到哈佛大学访学。他到哈佛以后没几个月就带着他的新想法来找我。因为攻读社会学博士的缘故，陈龙对中国社会学和美国社会学都有所了解。和他同一代的很多学生也是通过与到访中国的美国社会学家交流、倾听他们的演讲、阅读他们的作品来增进对社会学的认识的。于是，陈龙就想借到访美国的机会采访那些他所熟悉的美国社会学家，从而对社会学作为一门学科究竟从哪里来，又会向什么方向发展，以及美国社会学家的成长轨迹有一个更加深刻的理解。他想这么做并不仅仅是为了让自己对社会学有新的认识，更是希望通过拍摄视频并且把访谈内容结集成册的方式，让更多的人有机会去认识和了解社会学。

这看起来是个非常棒的想法。我想不仅规模日益庞大的中国社会学家会对这个想法有兴趣，即使对于美国社会学家同行来说，这一想法也同样有趣。我就记得有两个类似的访谈曾经对我自己的研究工作产生了非常大的影响。一个是理查德·斯威德伯格（Richard Swedberg）在《经济学与社会学》（*Economics and Sociology*）[①] 那本书里采访了一批美国核心的经济学家和经济社会学家，并给那些人提供了难得的机会去阐释他们各自的观点，解释他们与其他人在观点上的相同或不同之处，他们提出这样或那样观点的原因，以及他们各自所认为的他们最核心的观点。最终通过访谈更加全面、细致和情景化地再现了两个学科的界限和联系，这是在其他任何地方都难以获得的。另一个是埃哈德·弗里德伯格（Erhard Friedberg）针对20世纪60年代到2010年间出现的著名组织社会学家进行的访谈和拍

---

① Richard Swedberg, *Economics and Sociology*: *Redefining Their Boundaries*: *Conversations with Economists and Sociologists*, Princeton, NJ: Princeton University Press, 1990.

摄，同样也是给这些人提供机会去阐释他们各自的研究，解释他们最初的动机，并且概括他们各自最基本的观点。① 那些视频着实令人着迷，因为意义的微妙差别正是通过视频生动地呈现出来的。那些访谈也让观众对于学科以及学科历史中的人物有了更加真切的了解。

当陈龙说他打算利用8个月的时间去完成对20个美国社会学家的访谈时，我的确有点担心他是否能够如愿完成。如果借鉴斯威德伯格和弗里德伯格的经验，只提一些开放性的问题并且打开摄像机的话，我想他或许可以做到，而且毫无疑问，他最终将收获令人难以置信的资料。可是，他的时间真的够吗？那些美国社会学家都会接受他的采访邀请吗？行程安排和预算会有问题吗？

陈龙似乎从来没有表现出对他的计划能否实现的担心。也正是由于他的决心，我们现在得以有机会看到如此令人兴趣盎然的访谈，并通过访谈去了解：20位非常有趣的美国社会学家在他们各自领域追寻学术的动力是什么；对于他们来说，亟待解决的问题是什么；以及在这个过程中他们又发现了什么。陈龙通过访谈也展现了他自己作为社会学专业出身的采访者的才能——他清楚地知道自己在什么时候要跟进什么样的问题。我认为，这些访谈资料的价值，部分来自于陈龙作为一个美国社会学的局外人身份，就像理查德·斯威德伯格和埃哈德·弗里德伯格一样。斯威德伯格在美国攻读博士学位的时候还是一个年轻的瑞典社会学家。毫无疑问，他的局外人身份让他的所有采访对象在面对他的时候都不得不从头开始说起。弗里德伯格则是一个来自欧洲的组织社会学家，他在美国和欧洲都有同样数量的读者。陈龙也因为他的局外人身份获得了与斯威德伯格和弗里德伯格一样的效果。正如读者将会看到的那样，这本书中的社会学家也都没有理所当然地认为读者会对他们的研究领域十分了解，所以他们也都从最一开始谈起。这会让理解变得更加清晰和容易，

---

① Erhard Friedberg, *The Multimedia Encyclopedia of Organization Theory: From Taylor to Today*, R&O Multimedia, 2011.

因为受访的社会学家没有从一开始就假定他们的读者或者观众熟知他们所描绘的知识世界。

和大多数学科相比，社会学深受她所嵌入的社会所面临的挑战的影响。和其他学科一样，社会学致力于通过普遍方法和认识论原则去发展一般性知识。但是正如奥古斯特·孔德在《实证主义概论》(*A General View of Positivism*)、马克斯·韦伯在《科学作为天职》("Science as a Vocation")中所说的那样，我们根据我们所在的环境选择我们研究的问题，或者说根据我们在社会中遇到的挑战和变革选择我们研究的问题。[①] 如果中国的社会学没有经历过中断的话，那么今天的中国社会学肯定大不一样。问题是：今天的美国社会学还会对中国的社会学家有那么大的吸引力吗？我的答案依然是肯定的。因为驱动中国学者致力于社会学发展的正是一直以来不断激励着社会学家的社会转型。尽管中国的社会学家从美国社会学中借鉴的理论和方法论工具在很大程度上是受美国经验影响的，但是这些理论和方法论工具在原有的基础上被那些致力于解决工业化问题、城市化迁移、阶级重构问题的学者们不断地发展和完善，而这些问题也正是当下中国在致力于理解和解决的。

弗兰克·道宾

哈佛大学社会学系

2018 年 10 月 5 日

[①] Auguste Comte, *A General View of Positivism*, London: Cambridge University Press, 2009; Max Weber, "Science as a Vocation" in *The Vocation Lectures*, edited by David Owen and Tracy B. Strong, translated by Rodney Livingstone, Indianapolis: Hackett Publishing Company, Inc., 2004, pp. 1–31.

他山攻玉：谈当代美国社会学
（代序）

  《探寻社会学之旅》虽然是一本介绍美国社会学和社会学家的书，但是作为中西方社会学交流的媒介，我始终觉得书中最缺少的一点就是来自中国社会学界的声音，因为我多少有点担心中国的读者会在阅读本书时完全沉浸在美国社会学家为我们描绘的世界里，而忘记了社会学最关键的一项特质——批判和反思。所以在书稿即将付梓之际，我把它拿给渠敬东老师，请他作序。渠老师欣然答应，这让我十分感激。后来我们又商议同样以访谈的形式，谈一谈他在阅读完本书之后的想法和感受，并以此代序，这样和整本书的形式也形成对照和呼应。最重要的是，在访谈中我发现他以"局外人"的身份对这本书的解读十分有趣和精彩，所以我相信通过他会让中国的读者对本书有更加理性的认识和深刻的理解。于是，我将访谈内容加以整理，以飨读者，并在此衷心感谢渠敬东老师。

——陈 龙

  我没有在美国留学过，也不算十分了解美国社会学，但是因有"局外人"的身份，没有浸透其中，也许有可能从中看出一些别样的门道。基于这样的考虑，我接受了陈龙的邀请，来谈谈我对社会学以及他这本书的些许感受。我认为应该有更多的人像陈龙这样做此种努力。今天的中国学者尤其需要深层次了解世界的各个学科和不同问题、他们研究的状况以及固有的界限，而不是单纯出国去模仿他们的体系。我从头到尾很仔细地读了本书的样稿，还做了笔记，觉得这项工作富有意义。从这本书中，我们可以看到很多美国社会学家在反思，在反省，在反求诸己，这种反思也为我们提供了学习的动力。从他们那里，我们不能只学现成的东西，还要学习他们对自身的反思和批评。

——渠敬东

2018 年 11 月 3 日
北京大学静园二院

约翰·坎贝尔教授说:"如果去问社会学家什么是社会学,十个社会学家恐怕能给出十个不同的答案。"通过这次访谈我发现很多美国社会学家都认为,社会学是一门开放、包容和多样的学科。所以我的第一个问题同样是:您对社会学是什么这个问题怎么看?

我先从本书的访谈说起,即美国社会学家是怎么看社会学的。就美国社会学家来说,他们的看法并不完全一样,但是有几个地方基本上是相似的。首先,社会学有包容性,能从一个完整的社会构造,我们称之为人与人之间、不同部门之间,或者是各种意义上的社会联结的这个角度出发,来理解我们的生活世界。其次,既然有联结就一定有结构,也有其具体运作的机制。在这一点上中国社会学家的理解也没有太大的不同,这应该是社会学学科使然。但是我也有一个问题,就是本书中有很多社会学家提到了社会学家和经济学家的差别,比如克里斯托弗·温希普就说,社会学坚持在他人行动的背景下研究个体行为。这就指明了社会学是从关系的角度出发,而经济学更多的是从一个结构和一个单一的假设出发,一旦进入到关系和机制问题,社会学就有能力发现那些被其他学科所省略和忽略的地方。

霍克希尔德在批判阿尔弗雷德·艾耶尔的时候也说,逻辑实证主义认为一切情感表达都是没有用处的,应该从描写中删除。这非常有趣,因为如果一个人要从一个单一的假设出发,能够把剩余的部分全部抛弃,然后找出一个明晰的逻辑和推演过程,这在我看来的确是经济学家的优势。但是维弗雷多·帕累托讲过,在某种意义上,剩余物恰恰有可能是最基础的部分。而单一假设的出发点也可能就是建立在这种意义上的剩余物的基础之上的。关于这一点，经济学家没有好好体会这其中的悖谬和奇妙之处。所以我觉得社会学家有一个特别大的优点，就像兰德尔·柯林斯说的，社会学家永远在探索未知的东西。如果说社会学有包容性，有跨学科、多元化的特点，那么我觉得更为本质的是，社会学家从来不认为我们可以找到一套似乎自明的前提假设去完整地研究社会，所以我们时时刻刻处在关注和发现的过程中。

在这一点上，我觉得社会学是非常有魅力的。但同时我也觉得存在一个问题，当我们说社会学有包容性和多元性的时候，社会学其实就离体系化的思想越来越远了，这是这个学科特别容易面临的困难。就像克里斯托弗·温希普说的，美国社会学现在有太多的分支学科，也生产了大量的论文，但是好的论文却并没有几篇。我认为这是社会学的优势必然带来的一个特定问题——当一个学科把分支发展到极致的状态时，其结果就是琐碎。很多美国社会学家其实已经明确地意识到这个问题——对于今天的社会学，当任何一个社会现象都可以被拿来做研究的时候，就是这门学科非常糟糕的状态。因为我们看不到一个统摄性的问题关怀或者一种向着完整社会解释方向的努力了。玛丽·沃特斯说美国社会学作为一个整体学科已经没有那么强的凝聚力了；魏昂德说很多美国社会学家的视野越来越狭隘，因为他们只关心自己的、美国的、非常局部的那么一点点的事情，不能面向整个世界和整个社会。我觉得这恐怕是这本书传递出来的很重要的一点。而这一点恰恰涉及何谓社会学的问题。

如果拿今天的美国社会学家，包括本书访谈的这些美国社会学家，与社会学形成初期的社会学家作比较，我们就会发现他们的不同。像马克思、韦伯、涂尔干、齐美尔、滕尼斯，一直到索罗金、帕森斯、米德这些社会学家，在19世纪到20世纪初这段时间里的思考，完全不是一个碎片化的形态，他们有能力且努力用社会的逻辑去统摄整个人类文明的历史，当然主体是西方文明的历史，以及世界诸文明之间的比较。而我认为，这个视野在今天的社会学家那里已经彻底失去了。所以，一方面我觉得从这本书里边可以学到很多，但另一方面我也可以看出美国社会学的界限在哪里。而最关键的是，中国社会学是不是也要走一条当下美国社会学走过的道路。对于这一点，我其实是有所保留的。相反，我恰恰觉得今天中国社会学应该重返社会学创建之始的路径，因为中国社会学还没有太多的积淀，还有许多东西需要被发现，被整体发现。因此，我对美国社会学家对于今天社会学存在问题的认识有同感，对他们的批评有同感，但同时在未来社会学发展的取径上、在未来社会学努力的方向上，我的看法跟他们并不完全一致。我认为重点在于我们都要检讨今天社会学存在的问题，而我们检讨的很重要的资源，一个是现实社会当中发生的总体变化，另一个是我们要回到经典时期去看古典社会学家的视野，因为他们都是伟大的历史学家和文明研究者。

什么是社会学？我认为，社会学最伟大的地方并不只是在于它表面上的包容性和多元化。因为表面上的包容性和多元化，到最后一定会发展成一种"杂多"。社会学家真正了不起的地方，体现在那些伟大的社会学家都能够通过非常开放的视野和几乎囊括各个领域的研究，最后创立出自成系统的一套理解世界统一性的观点。这一点我觉得非常重要，也是整个学科的精髓。或许这个统一性并不像经济学家的统一性那样是定理性的。就像菲利普·戈尔斯基说的，理性选择理论被提出来之后，人们都以为找到了社会科学的一个统一架构，但实际上没过多久这一憧憬就瓦解了。尽管如此，我仍然觉得社会学最了不起的地方就在于，每一位经典的社会学家都构建了自己的理论统一性。这就是我对社会学的理解。

本书中安德鲁·阿伯特把社会学解释得最有趣。他认为可以从两个角度来理解社会学：一个是作为既存的社会结构的社会学（就业市场），一个是作为知识的理想型的社会学（理想体系）。今天我们面对的就是就业市场，还有谁去真正关心理想体系呢？他说的理想体系，就是我说的经典社会学家所建立的内在思想体系的统一性。所以，我觉得我们既要学习美国社会学的优点，也一定要看到它的局限。否则的话，我们亦步亦趋地跟着学，到头来只会学得更难看，而且会把自己时代变迁的重大问题全都遗漏了。我不觉得社会学天然就会对社会有感受力。如果一个学问变得越来越微小、越来越局部、越来越碎片，那其实就是它丧失感受力的表现。赵鼎新说得好，现代社会学忽视直觉，试图消除智慧。所以理解社会学很难。为什么？因为每一个假设、每一个学科的前提，都是要靠一个好的社会学家自己去摸索和确定的。社会学似乎给我们的感觉是各"家"都自说自话，而且每个人都可以做一些小的领域的研究、发现各种社会现象。其实并不是，因为他们努力的目标是建立统一性。我认为这是社会学和经济学最根本的区别。

听了您刚刚说的，我立刻就想到了塔尔科特·帕森斯，因为他曾尝试建立所谓的统一性。所以是不是可以这样理解：面对当下社会学呈现的碎片化状态，我们现在其实需要更多像帕森斯那样的社会学家出现？

塔尔科特·帕森斯其实对于美国政治，对于美国人的人性，对于内在的社会行动和意义，对于整个美国社会的内在构造的逻辑机制，都有一整套完整的判断，甚至对于美国的教育都有一整套完整的判断。这不是今天专门做一个分支领域研究的社会学家所能理解的。帕森斯是非常了不起的。如果回到美国1929年大危机所引发的整体社会结构的巨变，我们就会发现帕森斯所努力的就是综合美国自身文明的传统和西方文明传统的根基部分，同时探索出一个社会整体构造的方向来。如果不理解罗斯福新政，不理解美国自身在19世纪末20世纪初的转变，就不容易理解帕森斯的思想。我们今天批评帕森斯，都是从他理论的抽象性的角度去说的，但是如果不回到美国历史当中，怎么能明白他抽象中的具体是什么？我这里并不是为帕森斯辩解，因为帕森斯的很多东西我们在理论上都有批评，但是我们要承认他的努力。我们理解帕森斯的努力，就像理解涂尔干、韦伯、马克思一样，需要重新回到那段历史，回到那段文明中的具体过程，回到世界不同文明历史的相互比照中才能看清楚这一点。至于我们现在是不是需要更多像帕森斯一样的社会学家，准确地来讲，我不觉得一定要有那么多像帕森斯一样的社会学家，关键在于我们需要不断地去理解像帕森斯这样的人，我们才能有社会学的未来，才能真正知道社会学是什么。但是自从美国人迷恋所谓的中层理论以后，这种努力就消失了，直到今天情况更加恶化。

美国社会学为什么会发展为今天这样的形态？用您的话说就是，为什么建立统一性的努力会消失，反而开始迷恋中层理论？

我们可以从生命历程（life course）的角度来理解为什么如是说。本书访谈的这些人，年纪最大的应该便是柯林斯吧，80岁左右；最小的可能也是在60岁左右，除了个别更年轻一些的。以1968年前后为例，这一时期对于整个欧洲和美国都是非常重要的，我们也可以更宽泛地说是20世纪60年代末到70年代初这段历史时期。在这一时期，就像坎贝尔说的那样，美国青年也同欧洲的学生一样，掀起了反战运动、民权运动、反越战运动等。如果说1968年左右他们差不多是十几岁的话，那他们的学术成长就浸染在各种运动的氛围里，或者受到同辈的影响。就像弗兰克·道宾说的，在他小时候他的父母就会带他参加各种反战示威运动。阿尔文·古尔德纳在1970年出版《西方社会学正在到来的危机》（*The Coming Crisis of Western Sociology*）时，已经是很成熟的社会学家了，他所代表的那一代社会学家，应该比本书访谈的这些社会学家要年长一辈，甚至不止一辈。而那一代社会学家真正受到的教育影响，一定来自二战和二战之前。

拿这两代人作一下比较就会发现，本书访谈的这一代社会学家，从他们的成长期来看，应该受到以下两方面的影响：一方面，项目体制实际上从 20 世纪 60 年代开始就已经在美国发育得相当成熟了，美国高校从二战以后就承接了大量的国家项目，这就导致在所谓的研究体制里，存在一个庞大的由国家资金和市场资本驱动的体制；另一方面，60 年代末和 70 年代初的美国为这些年轻人留下了所谓的社会运动的痕迹。所以，这本书里的很多美国社会学家都会提到查尔斯·赖特·米尔斯，都很崇拜他。

这一点非常有趣，也非常吊诡。因为从体制上来看，我们可以说这是一套自由研究、自由思想与国家、市场资源捆绑起来的体制。可与此同时，这些美国社会学家在年轻时却沉浸在一个反体制的氛围当中，他们的心态带有反体制的强烈印记。这本书中大概有一半以上的社会学家都提到过他们在年轻的时候会非常努力地阅读马克思的经典著作，这一点恐怕是很多中国的年轻学生未曾料到的。因为在某种意义上，左倾思想在他们心中留下了非常深刻的印记并播下了种子。因此，他们实际上是把这两种矛盾性的东西奇怪地结合在一起的。这种影响使他们最终都转到对公民社会的研究，对很多美国社会问题的研究，以及我们现在说的对少数族裔、弱势群体、种族、性别、不平等、差异的研究，但在推动研究的方式上，他们却采用了体制化和资本化的项目制形式。而且，特别是在冷战结束后，整个世界的单一化格局使这种内在矛盾进一步得到强化。一方面，学者们似乎只有靠社会运动及其相关研究才能寄托他们的政治理想，甚至是幻想；另一方面，他们则更加依附于这种单一体制造就的学术单向评价体系、单向研究模式。

我想借此说的是，看一批学者、看一套研究，一定要看它的历史面向。在本书访谈的这批社会学家的心里，他们一方面要跟体制作对，要斗争，要抗衡；另一方面由于美国庞大并且稳定的政治和社会体制，他们所有的研究必须在体制内进行。我几乎在他们所有人的身上都看到了一种双重性的东西——在他们内心里总有一个眷恋和向往，希望社会要更平等一些，差异要更小一些。但是在现实里，在现实的学术体制下，他们又不能在自己的生活里实现这一点，必须要遵循体制来做研究，这才是这一代社会学家身上最为突出，也最为纠结的特质。

如果我们再去看20世纪60年代已经成熟的社会学家，比如欧文·戈夫曼、阿尔弗雷德·舒茨、阿尔文·古尔德纳，包括像兰德尔·柯林斯也是他们中的一员，还有哈罗德·加芬克尔，这些人为什么会在60年代对帕森斯式的社会学产生一种反动？譬如柯林斯就提出了"激进的微观社会学"，我觉得这是社会学要进入一个更加彻底、更加微观和完整的社会学形态当中去做研究的一种努力。这些人所受的教育都是经典理论教育。换句话说，他们身上并不是体制和反体制双重构成的结果。他们所受的教育都是二战前后的教育，而且二战给出了一个强烈的世界性问题的刺激。所以，从现实的历史变革的刺激力度和他们所得的经典学养来说，都和本书访谈的这一代美国社会学家是不一样的。正因如此，60年代已经成熟的社会学家才会在理论上、在观察世界的重要方法变革上提出如此大的创新。这同样也说明了本书所访谈的这一代社会学家普遍存在的一个问题——反体制在某种意义上和反经典是同步的。这一代社会学家在接受教育的时候当然也都受到过经典的影响，但是我认为在他们内心深处，经典并不是一个神圣的学术存在。去美国留学的人都能感受到从那个时代奠定下来的一些专业培养方式，比如说阅读一些文献文本，着重某些主题、着重某些方法，把以前经典社会学家的理论抽离和分解出来之后再去阅读，而不是完整地去面对一个人、一本书的整体思想体系，从而进入到他们的内心世界并了解他们的全局视野。在所谓的专业培养这部分，他们已经把经典的整合性和社会的整合性解构了，再加上历史上这一时期出现的反传统、反体制、反经典的内在情绪，共同塑造了今天美国社会学某种程度上碎片化的结果。我认为，若说真正的社会学家本该具有总体的社会关照以及系统化的人文和科学素养，那么，这一代美国社会学家在知识结构上是有所欠缺的。

当然不是说所有人都是如此。譬如安德鲁·阿伯特就不一样，他是芝加哥学派当下的代表。他在访谈中回忆他高中的老师，有诗人，有美国高中基础希腊文课本的作者；到哈佛以后他成了罗杰·雷维尔的助理；他在大学期间读了很多的书，可以说无所不读。他就受到了更丰富的具有文明内涵的学术给养。在今天的美国社会学界，已经很少能见到有这样学养的、有这样关怀世界的视野的知识型研究者，而我们看到更多的是一些工具型的、课题型的人才。柯林斯说，帕森斯和戈夫曼都是研究弗洛伊德的专家。柯林斯讲起这些故事非常生动，他说戈夫曼很狡猾，如果有人问戈夫曼一个理论问题，他会说他只是个做田野研究的。柯林斯的这句话听得懂不容易，因为在戈夫曼看来，只有经历过特别好的经典的训练，才能看出田野的每一步都是理论问题。他还说赫伯特·布鲁默是一个天生的理论家，这里所说的理论在于布鲁默能够在现实生活里发现未知的问题。这一点不跟苏格拉底一样吗？我觉得布鲁默真正的理论内在素养是非常高的。但坦率地说，这都是那一代人了。通过对比两代美国社会学家，我们就可以看出，这两代人的实质差别，就是对于经典社会学的思想传统和问题视野是否给予足够尊重并予以继承。所以，我反倒觉得这个世界越发展，社会学研究越封闭，没有真正地向阔远和纵深处开发。

正因为美国社会学长达数十年处于目前这样一种状态，所以它的中层理论才会非常发达。社会学家可以把局部的研究、细致的研究和分支的研究推到极端，把小的理论模型做得非常出色，但与此同时，他们越来越不知道社会学究竟是什么了。从理论模型（theoretical model）的角度来说，罗伯特·默顿这些人做出了杰出的贡献，今天的美国社会学就是遵循这样一个方向发展的。但问题是，从真正的理论想象力的角度来说，今天的美国社会学基本上都是欧陆的"舶来品"，书中访谈的美国社会学家的底子都来自米歇尔·福柯和皮埃尔·布迪厄等人的理论构造。他们已经不愿意去构想一个复杂而完整的世界了，只把欧洲富有想象力的学说拿来切割，将它中层化。今天的中国社会学也同样如此，那些让人感到时髦的学说其实都是在美国"洗了个澡"，再加以片断化的肢解。整个美国社会学没有真正意义上具有极大想象力和创造力的理论创新，他们的很多理论都是借来的。这是美国社会学存在的一个很严重的问题，他们的学术想象力其实不是他们自己生产的。而且越是如此，他们就越容易浸淫在方法中，以方法排段位、唯方法是从。

任何学术的创新和大发展，都在于对学科前提做根本性的讨论、跨文明比照的启发，以及推动时代的巨大变动。但是中层理论恰恰跟这三点完全不同。因为中层理论产生于一个结构比较固化的时代里，社会没有产生特别明显的革命性变化，所以人们才会习惯于一种相对常规性的生活，研究亦如此。尽管好多人研究社会运动，但其实越强调社会运动就越说明社会是常规的，而且很多运动都是一种观念的投射而已。美国 20 世纪 60 年代末的社会运动在我看来都不是能够真正改变历史的大运动，而是知识分子或想象或推动的只发生在局部社会空间里的运动，它不会对整个社会的思想产生强烈的刺激。如果有人拿美国的社会运动模式来研究中国的革命、研究法国大革命，我认为是不恰当的。由于中层理论在某种意义上不是去迎接社会发生的巨大变化，所以它自然就会在社会研究的精致模型上发展。今天我们写学术论文的路数，全都是对既有研究的修补，这就是标准的美国"八股"、美国模式（American Model），就是一种所谓的理论和方法局部修补的套路。但是中层理论也有很多值得肯定的地方。其实默顿提出中层理论是有一种美国实用主义传统的内在理想支持的，只不过今天很多人忘掉了这层底色。这一点和欧洲观念论的系统、和英国经验论的系统都不一样。实用主义其实落实在一个米德所讲的现在的时间观上。这是中层理论非常重要的一个实质的理论关系。但问题是当它形式化之后，大家就不明白这一点了。

赵鼎新老师在书中的一个观点是，因为中层理论，美国社会学不再拥有智慧了。您是如何看待这种说法的？

我刚刚提到了社会学和经济学的区别，但是如果我们去看那些伟大的经济学家，无论是约瑟夫·熊彼特，还是晚近的道格拉斯·诺斯、罗纳德·科斯以及更早的亚当·斯密或大卫·李嘉图，他们其实都是伟大的思想家。在他们那里并没有围绕一个学科的、大家全部认可的基本假设。他们所有的问题都在于把这个基本的假设再往前推一推，这样一来不仅涵括的社会存在的内容更为丰富，而且我们看待世界的方式也会因此而改变。所以，我一直觉得伟大的经济学家一定就是伟大的思想家，而且在他们眼里，整个世界并没有独立区分出一个所谓的经济现象。一个真正的学科并不在意学科之间的差别。社会学同样如此。西方从苏格拉底开始，中国从孔子开始，就在讨论"学"是什么。"学"的是整个世界所有的事情，你生活里的每一个阶段，每一个他人，甚至你在世界上游走的每个地方，都是你观察、思考和疑问的对象。然后你不由自主地把这些东西慢慢地联系起来，这才是"学"的本质。所以一个人如果单纯地认为自己是一个社会学家，然后又认为自己是一个分支社会学家，并且是在分支社会学里只做某一领域研究的社会学家，这个人怎么会有智慧呢？

人要有智慧或者有直觉，首先需要一个自我解放的过程，特别是在今天学科发展到如此密集压抑的状态下。我在《学术生活是一场赌博？》那篇文章里谈到，一百年前韦伯在《科学作为天职》的演讲里就提到，这个问题已经存在于德国，存在于整个欧洲，但是我们在一百年的时间里非但没解决他揭露的问题，反而让它越来越严重了，我们要对此有清醒的认识。我想说，并不是因为时代在变迁，我们能够通过网络、图书馆或者大数据获得越来越丰富的知识和信息，我们的学问就会越做越好。最关键的问题是我们能不能回到自然的状态，作为生活在这个世界上的一个具体的人去面对具体的历史和社会处境，以及世界上发生的各种各样的事情。这首先是一种自我解放，也是一种知识和学问上的解放。学是无处不学，问是无处不问。这一点才是社会学能够不断探讨它存在的基本道理的一个最重要的途径。

今天很多的学者在某种意义上就是一个项目经理。因为他们只关心自己研究的问题，然后不断地收集数据和材料，仅仅阅读涉及他们所关心的那项主题的研究文献，再拼命地重复，每天忙得不可开交。这跟去公司上班有差别吗？做完一个项目，再接下一个项目。这根本不是什么学问的智慧的表现。我个人认为，任何一个公司的老板本身都不是这种思维方式。所以我才说，要让社会学重返一种发现的智慧。要有自由度，首先需要进行自我解放，当然自我解放不意味着遗弃以往，对于我们自己以往留下的痕迹和意见，我们要不断地检讨。就像约翰·坎贝尔说他从年轻的时候起就读赫伯特·马尔库塞的书一样，其实那时候所有的年轻人都在读马尔库塞。只不过到了一定阶段，在深入理解社会的时候，一个人要不断地对自己曾经的经历进行反思。他确实从那里成长，但要清醒地认识到他从那里获得给养的同时也同样拥有了局限。中国社会学如果想要拥有真智慧，首先就要打破既有的各种界限，多去尝试那些非常规的研究。我说的常规指的是既有的从各个地方学来的那些例行化的研究方式。如果一个人没有对这个社会的投入，没有更多的知识，没有更宽的眼界，不去动些心思，我觉得学问的智慧就没有着落。

拥有智慧不是靠一两个人就能做到的，因为这不是个人的问题。其实，每个人都很难超出自己的时代。比如说现在这个时代，学科或者学术建制都非常完整了，在各个方面对每个人都有条件要求，若不符合这些条件，就活不下去。整个学术世界构造了一个类似于资本体制的庞大的学术体制，用模拟资本的方式构建一套系统的指标，把一个人所有的成长阶段都加以定位和指标化。在这其中，所有人都会非常局促。举个例子，很多美国留学生或者中国学生都体会到了，在硕士和博士阶段，不发表论文就是一条警戒线，如果他真的不发表，他就毕不了业。但是如果一个人把全部心思都放在发表文章上，那我认为他根本没法真正做到耐心系统地阅读经典，构建一个完整的理解方式，或者把心思投入到对别人和对整个世界的理解中。如果是这样，我认为他已经离学问很远了。所以，过早地逼着年轻人进入一个指标化、技术化的过程，就是这种学术资本主义体制的根本问题。

至于自我解放，并不是很多人都可以轻松地做到。但目前的环境和制度不是说就没有这样的空间。自我解放不一定完全靠自己，也靠机遇，但是一定得有这种意识。社会学家一定要对各种事情都感兴趣，而且能相互连带地思考，就像韦伯、齐美尔那样。在不断思考的过程中，他会构建出自己的一个视角（perspective）。至于这个视角是带有社会学色彩的，还是带有别的学科色彩的，并不重要。一个人一旦有了这个觉悟，就不需要担心自己会不会很努力地去做一件事，他就可以对很多事情持有怀疑态度，有自己读书的独特体悟，有构建出系统看法的可能。这一点特别重要，因为他能放下了，他不太在乎了。这样，他就没有那么多的心理负担和压抑感，就可以进行自己喜欢的思考。

杰弗里·亚历山大和我说，社会学是介于科学和人文之间的，但是他也说，现实却是社会学似乎不得不表现得更像科学才能获得其他人或者其他学科的尊重和认可。霍克希尔德说社会学是一门艺术，她觉得现在大家对数据的痴迷已经替代了人的思考。您对此怎么看？

首先要消除一些误解，即把科学与人文对立来看。比如说，为什么数学就不能是人文性的呢？数学也可以说是人文性的、艺术的。我在本科学大数定理证明的时候，就觉得数学是一件非常美妙的事情。它非常有趣、非常奇妙，而且超出了一个人的纯理性判断。当我看那条曲线的时候，发现它其实是很漂亮的。我想说的是，并不会因为有了更多的数据，社会学就变得更科学，也并不会因为有了数据，研究天然就是科学的。关键在于当我们面对数据的时候，我们有多少智慧和能力能够体会到这其中的社会关联的意涵、人性的意涵。最无聊的就是,有些人把这些数据只当成一个材料看,当成他课题的一个必备要件、一套工具。在这一点上,数据和我们访谈的那些材料,和历史文献没什么差别。历史学也存在这些问题,一个人如果只把材料当成材料的话,到最后他也一定是一个非常枯燥的历史学家。他既没有什么发现的能力,也没有像陈寅恪那样的想象空间。

坦率地说,我对定量研究充满了期待。为什么?首先,就像涂尔干当初在《自杀论》中所发现的那样,社会现象中的数学关系总是内在地与人的状况密切相关的。在不同的社会历史和不同的文化处境里,这些关联是不一样的。其次,它可以揭示出在特定的时代和空间中,人的存在究竟遇到了哪些机遇、哪些麻烦、哪些挑战。进而我们需要回到一些更为基本的问题上去:社会的具体构成是什么?它是怎样一种存在?人性的基础究竟在哪里?因为现代世界构建了一整套密集度特别大的传播、交换和共居的方式,所以数据是非常重要的。我们期待的是这样的研究,而不是强调有了数据、有了方法就是科学,我认为这是最低级的科学。我们一方面需要从美国那里学习比较先进的数据技术、研究方法,以及他们对这些的理解,另一方面也需要回到自己本身的问题上来。

所以我同意亚历山大说的,社会学介于人文和科学之间。但是这个科学不是韦伯定义的科学,如果按照韦伯定义的科学,科学就是科学,人文也是科学,精神也有精神的科学,文化也有文化的科学。霍克希尔德说社会学是一门艺术,她是从表达的意义上说的。这个艺术不是我们狭隘理解的艺术,而是在修辞、在话语、在叙事、在思想构造等各种意义上来理解的人文艺术。她说社会学即便是一种科学的严谨研究,也需要通过人来表达,而且最终也要通过人来理解,所以它一定会涉及在表达当中的人的感受和人的反应。这就是说,社会学在表达上一定离不开人文的东西。我觉得霍克希尔德讲得没有错,亚历山大也没有错。因为社会学真正发现的未知部分一定不是从科学既有的结果和规律中来的,而是通过人文的手段来获得的。

如果一个社会学家是带着一个比较完整的自我感受来面对世界的,他的反应就不会是一种所谓模型式的反应。霍克希尔德研究情感,她觉得我们可以慢慢用科学的手段摸索出提炼和逻辑化情感的方法。这个时候研究是可以科学的,但是要发现情感,发现这一被我们遗漏掉的非常重要的社会构成,依靠的却是人文给予的素养。弗兰克·道宾讲到马克思、韦伯、齐美尔研究经济现象的时候,他说这种研究所体现的便是社会学家所独有的想象方式,与经济学家有所不同。他的意思是说,一个人首先要对经济现象有一种人与人之间关联的初步直觉和感受,才能不断地将它分析化和系统化。再比如说芝加哥学派,从罗伯特·帕克一直到安德鲁·阿伯特,他们皆认为美国的社区(community)是美国社会整体团结的基础。田耕写了篇论文①,我觉得写得非常好。芝加哥学派认为,在美国迈入一个现代社会,特别是很复杂的社会形态的时候,社区就成为美国社会的一个伦理承载体。这其实就是人文的关怀。没有这个关怀,社区就变成了一个纯客观的研究对象,就不可能成为这个伦理承载体。

我一直认为人文在某种意义上就是社会学"发现"的基础。如果社会学只是以"狭隘"的科学为自己的目标,它就没什么出路了,到最后只会变成对数学、物理学,以及经济学的模仿,离自己的生命力越来越远。

所以从社会学研究最根本的目的和结果来看,社会学一定要重返人文世界。社会学的起点在人文,重点也在人文。即便是大数据研究、模型研究,其最终目的还不是要关心人的未来会向哪里去吗?还不是有一大堆文明的内在矛盾存在吗?还不是有很多伦理问题存

---

① 田耕:《人文、生态与社区——重温帕克〈城市〉》,《社会发展研究》2016年第3期。

在吗？如果不关心这些，那他最后不就变成了韦伯所指的没心没肺的专家学者吗？今天要把社会科学与人文学科切断，单纯地追求一个所谓的科学目标，我觉得非常莫名其妙，而且很可怕。因为做任何研究都有一种发自内心的惦念。社会学的内在动力就在于，对他人的关照，对世界的关照。它内在是有一种惦念、一种依恋的，像涂尔干讲的那样。作为一个人，他一定要依恋某个人（attach to somebody），或者依恋某件事（to something），这是不可或缺的人性基础。真正的科学是包含所有这些的。

我还想问您一个问题，是有关人才培养的。我在访谈中问过很多美国社会学家，他们是如何看待中美各自在培养社会学专业学生上的差异的。您又是如何看待这个问题的？

从教学体制来讲，美国是成功的，但是我们一定要明白它成功在哪个地方。它的成功在于它寻找到了比较系统化地培养学生基本素质的一套办法。比如说，美国大学的本科阶段有很多小班教学，当然在很多文理学院就更加明显了。当学生开始专业学习以后，就会有一套系统性的文本和教育方式，以及我们常说的学术坊（workshop）、研讨会（seminar）等比较成熟的学术研讨制度来保证教学质量。我去芝加哥大学访问的时候就很感动，因为大家总是在一个学问的系统里不断地钻研、沟通和切磋。就这一点来说，美国确实非常了不起。所以美国教育体制培养出的学生一般都不会太差。但我不认为这套体制就是培养最优秀的学者的体制。在某种意义上，从学生必须受到学术训练的这一层来说，专业学习很多是靠主题性文本获得的，这样他们就失去了通过接触那些最经典的文献而进行自由探索的机会，而一个学科最重要的基础，恰恰在于与其曾经存在的最伟大的思想的接触程度。我一直觉得这套专业学习本身可以说是学科化的过程，也可以说是纪律化的过程，在这一点上我同意福柯的说法。但是，美国最优秀的社会学家，一定是冲破这个过程才会获得研究的创造力。我不认为有一个绝对好的体制能确保培养出我们天天讲的大师来,大师的培养恰恰在于你能给他留出多少空间,宏大想象的空间,自由想象的空间。在这一点上,我觉得也没有多少体制能够完全解决这个问题,我只能说这都是我们在设计教学研究的体制里需要考虑到的问题。

美国社会学还有很多优点值得我们去学习。首先,它依然保留着长久的学术传统。其次,当一个人拿到终身教职(tenure)的时候,他在某种意义上就获得了非常大的自由空间去做自己真正感兴趣的研究,评价体制也没那么刻板了。所以,我们需要向美国学习,学习他们学术共同体中相互促进的形态、学术自由的相对灵活的体制等,但同时也一定要看到他们的限制性在哪里。一个人在学习的过程中只有把一件事情不断地颠来倒去地看,才能够真正做到学以致用、学到好的东西。因为我去美国交流的时间并不长,在芝加哥大学待了一年,我也没资格来说这个问题,但是从我的观察和对美国学者的多年了解来看,从总体上来讲:一方面他们在专业上比较规范,而且走得也相对比较远,但另一方面他们仍然受到了庞大的意识形态和体制的限制。就美国社会学长期的历史发展来说,我不认为今天的社会学处在其最好的时期和最好的形态。中国学者一定要注意到这一点,才可以真正做到"他山之石,可以攻玉"。

最后,请您谈谈对这本书的评价吧。

关于这本书,我虽然不能说它是一项特别了不起的工作,但我觉得这是一项很有价值的工作。今天很多去美国留学,特别是从事社会学研究的人,普遍存在的一个最大问题就是他们中的绝大多数人到美国以后做的反倒是关于中国的研究。我认为在这种情况下,一方面他们并没有因为去留学而对整个世界产生系统的了解和研究;另一方面,正因为要做中国研究,所以他们急于去寻找方法,反倒对美国的整体学界、社会、政治以及美国在全世界的位置及其在各个方面的一些做法和面临的挑战缺少关注。由此,我们也很难去了解美国学者在学术上的努力、他们的创造力和自身限制在哪里。这项工作的不同之处就在于你走到了第一线，真正去了解美国社会学家在想什么。从访谈的人选来讲，尽管有一定的随机性，但是随机并不意味着就不科学，只要有这么多社会学家，从不同的角度、方向去谈他们的想法，就是有收获的。我一方面是抱着学习的态度来看这些访谈内容的，另一方面我真是基于对美国社会学现状及其整体布局、构造、知识形态的认识去理解这本书的内容的。所以我认为这是一项特别有意义的工作。坦率地讲，有的留学生在美国待了十年，也不一定会做这样的工作，有这样的了解程度。而且从访谈的问题上来说，虽然并不全面，而且一定存在欠缺，但是这些问题已经涉及社会学作为一个学科、它和其他学科之间的差别、学科内部的张力，还有美国社会学家的成长经历、研究经历、教学和研究之间的关系以及他们在关注什么、担忧什么，社会学的许愿和公共性的关联，等等。所以总体来说，通过访谈内容还是大体能看出美国学者的整体想法的。

我觉得这本书有几个优点，我们可以沿着这个方向去努力、去尝试加以理解：第一点就是从社会学的内部、外部和它的本质出发，让大家对访谈的内容有一个基本的印象。

第二点是通过访谈把社会学家自己的一个生命历程架构出来。本书涉及很多内容：社会学家遇到的困难是什么？他在研究中的转机是什么？为什么会出现这样的转变？这个转变的契机是什么？他在思想上、在现实中受到了哪些影响？教与学的关系是什么？等等。一个社会学家的学术生命历程，在某种意义上是一个时代的学术生命历史的侧面反映。通过这些，我们就不会把社会学的当下定型化。今天年轻人最大的问题就是，自以为在学校里学了社会学，在杂志上看到了最新的论文，便以为这就是社会学，社会学就该如此。社会学在历史发展过程中有各种各样的形态。美国有米德的时代，有帕森斯的时代，有中层理论的时代，以及今天模型化的时代，中间还有像索罗金那种百科全书式的社会学家。

美国社会学究竟是怎么发生的？安德鲁·阿伯特说美国社会学

一开始是神职人员掌握的宗教形式,为什么会如此?为什么到20世纪初就发生了改变?为什么从1975年以后社会学的教职和职位就基本固定不变了,而以前却做了大量的扩充?这些难道不应该研究吗?这是从美国现有的局部材料中看到的一些情况,但是别的国家也有这些情况存在。所以我才说,这些都是我们需要研究的,也是我们自省的方式。这是这本书的第二个特点,就是能够从一个社会学家的生活和他的学术研究去看美国社会学的形态和历程。

第三个特点我也觉得很好,就是找到这些社会学家最重要的一本著作去讨论。我们可以从这些社会学家的关照点,他的关怀、他的方法、他的理论的思想继承关系,甚至是从他可能看似毫无关联的一些其他的思想契机和灵感里去找他是如何开展研究的。阿伯特在讲《职业系统》那本书的时候就非常有意思。从他的研究历程来看,他一开始并不是作为一个纯粹的社会学家来做研究的,之后才慢慢地找到了特别的视角和方法,这个过程很重要。

社会学有独特的立体结构,就像他们所研究的社会一样。本书给我们提供了很多可供研究的空间和自我反思的空间。它为我们展现的并不是纯粹值得仿效的模板,而是促进我们进行不断学习和反思的机会。无论是当下学科发展的途径和学科体制与学科历史之间的关系,还是学科自身历史发展的过程和脉搏,以及它形成伊始的那种文明发展的契机,这些都是需要我们研究的大课题。

我们今天到国外学习的大多是研究中国的方法,这虽然没什么不好,却一定不是我们的目标。我们的目标应该是去研究世界上各个地方的学科的发展,它的历史,它曾经产生的想象,它怎样构建了安德鲁·阿伯特所谓的不同时期的理想体系。只有这样,我们才会越来越清楚自己是谁,自己的目标是什么,自己努力的方向是什么。经典社会学家曾经构建的大视野、大格局,从人性深处、整体社会以及不同文明之比较而形成的自我认识,才是社会学最终的方向。中国社会学只有建立这样一种基于自身和他者的双重认识,才会有光明的未来。

Christopher Winship

克里斯托弗·温希普
（哈佛大学迪克·蒂什曼社会学讲席教授）

克里斯托弗·温希普（Christopher Winship）是哈佛大学迪克·蒂什曼社会学讲席教授（Diker-Tishman Professor of Sociology），也是哈佛大学肯尼迪政府学院教授。他曾担任哈佛大学和西北大学社会学系主任。1992年加入哈佛大学之前，他是西北大学社会学、统计学和经济学教授。温希普于1972年获得达特茅斯学院社会学和数学专业的学士学位，1977年获得哈佛大学社会学专业的博士学位。他从1995年以来就一直担任《社会学方法与研究》（Sociological Methods & Research）杂志的主编。由于在社会学方法论领域的卓越贡献，2006年他被美国社会学协会方法论分会授予保罗·拉扎斯菲尔德*奖（Paul Lazarsfeld Award）。温希普是国际公认的使用非实验数据进行因果推论的统计方法专家。他和史蒂芬·L.摩根（Stephen L. Morgan）合著的《反设事实和因果推论：社会研究的方法和原则》（Counterfactuals and Causal Inference: Methods and Principles for Social Research）被视为因果推理方法的"圣经"。

2017 年 2 月 11 日

哈佛大学威廉·詹姆斯大楼（William James Hall）

教授，在您眼中什么是社会学？如果让您给它下个定义，您会怎么说？

我会说，社会学是关于社会的研究。社会学之所以重要，是因为社会当中存在很多的制度（institutions），而我们对这些制度之间的相互关系很感兴趣。尽管单独地研究这些制度很重要，譬如单独地研究经济，研究政治，但更重要的是能够从一个全局的角度来认识它们。

那么在您看来，人们关于社会学的定义是否很难达成一致？

的确，它可能很难获得一致的认可，但我不认为这是一件很重要的事。你知道吗？我之所以想成为一名社会学家就是因为社会学所涉及的领域非常广泛。你如果了解我的话就知道，我其实对很多问题都感兴趣。在我看来，一个人能在其职业生涯中尽情地研究他所感兴趣的问题是一件非常难能可贵的事，那种工作令人感到兴奋！

您觉得社会学何以成为一门独立的学科？如何区别社会学和人类学、心理学、统计学，还有经济学？我知道您以前在西北大学的时候是社会学、统计学和经济学教授，所以我觉得您更有资格来回答这个问题。

你应该知道，经济学仅仅研究结构的某一方面，而社会学研究结构及其内在的相互关系，所以在这一点上经济学和社会学存在很大的不同。心理学研究个体如何思考和行动，而社会学则坚持在他人行动的背景下研究个体行为。

社会学中出现了很多分支学科，譬如经济社会学、政治社会学、历史社会学等，您如何看待社会学内部出现的这种分工？

我认为我们有太多的分支学科了。结果就是，取决于你如何计算，你可以说现在已经有30个分支学科了，也可以说有72个分支学科了，但是不管在哪个分支学科领域，里面就只有那么一些人在研究他们共同关心的问题。可我认为这不利于学科的发展，因为你知道的，如果真想推动学科向前发展，那就应该组织很多人致力于回答一个同样的问题，并且在这个过程中，大家可以展开辩论，然后取长补短。因此，我认为目前的社会学发展得不太健康，原因就是我们有太多的分支学科。

所以您认为哪种情形会对社会学的发展更有利，学科整合还是多样化？

我觉得如果我们有，譬如十个分支学科，那么社会学可能会发展得更好。我们其实有一些非常明确的问题，以政治学为例。为什么人们会投票？又为什么按照他们的方式投票？我们其实已经掌握了很多关于这些问题的答案，而且还在不断地研究，因为有很多的政治学家在研究这些问题。再譬如劳动经济学。更多的教育投入对于收入会产生什么影响？我们其实已经看到有成千上万的文章在回应这一问题。因此我认为，这才是科学发展的正确方式，因为观点就是在辩论的过程中逐步明朗起来的，越辩越明。

那么，您如何看待定性和定量研究方法之间的关系，以及从事定性或定量研究方法的研究人员之间的关系？

首先，我两种方法都用，我也会把两种方法都教给学生。其次，我觉得我本人在结束社会学方法论之争的问题上起到了一定作用。如果回到20世纪60年代、70年代甚至80年代初，即便是顶尖的社会学系，往往也只认定用一种正确的方法来研究世界。当然，有些人认为这种方法应该是定性的方法，而有些人则认为应该是定量的方法。而我认为这在一定程度上是对认识论机制的误解。在我看来，不同的方法好比是不同的光学望远镜，它们被用来探索不同频率的光线。所以真正重要的不是你用什么样的工具，而是你要研究什么样的问题。（尽管我偏重定量研究，但）我培养了很多如今非常有名的民族志学者，像马里奥·斯莫尔，他现在是哈佛大学的教授，以前是我的学生。这里还放着他写的一本书。但是我也有不少学生，他们成了非常厉害的定量研究方法专家。

您认为现在是否还存在定性和定量方法之争？

顶尖的社会学系不存在这样的问题，但是在差一点的系，我想还是存在的。我认为所有的方法之争都会产生巨大的影响，因为所有人都忙着争斗而不是着手开展好的研究。在我看来，从不同的方法中，学者可以发掘出不同的观点和看法，这在一定程度上有助于我们反思我们所学到的知识。在我给研究生开设的高级统计课上，我会把那些对定量研究而言很重要，同时对定性研究也很重要的问题提出来。

很多人都想知道，社会学到底有什么用？

我们都很关心社会的发展，而社会学在一定程度上为我们提供了一个更加宏观的视角来思考这一问题。有时候社会科学家，尤其是社会学家，能够给公众提供非常有用的真知灼见（insights），帮助他们理解那些非常重要的社会现象。而且我认为，从更一般的意义上来说，社会学在鼓励公众，也就是一般意义上的非社会学家，以一种更广泛、更宏大的方式去思考问题。我们每一个人其实都生活在一个非常局限的世界中，而我们所生活的世界和其他人所生活的世界很可能大不相同。我们需要去认识整个世界，而我认为社会学有助于我们去认识整个世界。

您认为十年或二十年后,社会学会是什么样的?

我想社会学可以朝着很多方向去发展。通常来说,当社会出现政治骚乱的时候,学生们就会对社会学很感兴趣,因为社会学是人们批判社会、揭露社会问题的有力工具。所以如果我们去看那些学生运动,一定程度上主要是左翼激进的学生运动,总会激发社会学的活力。与此相反,我认为在华盛顿,有些人正在试图中断对社会科学研究的资金支持。如此一来,社会学很有可能会成为最先受到影响的学科之一。那会对社会学产生非常严重的影响。同时我们也注意到,共和党中有些人正在干涉政府的数据收集工作。如果他们得逞,那么一些重要的研究就没法继续下去。所以我认为,在选举特朗普(Donald Trump)①当总统的问题上,我们在一定程度上犯了错。不过很显然,他能不能连任将会是一个问题。只是国会原本想做的很多事情究竟能有几件会最终落实?我们料到特朗普上台会抵制我们,但是接下来会不会有针对特朗普的抵制?我不知道,让我们拭目以待。这个过程会很有趣,但我认为现在还很难说。

您为什么选择成为一名社会学家?您最初在达特茅斯学院学的专业是社会学和数学,为什么那个时候就会选择社会学?

我出生在一个医生家庭。我的父亲是一个精神病医生,我的母亲是一个精神病社会工作者,我的三个姐妹中有两个也是精神病社会工作者。我的父母离婚以后,我母亲又嫁给了一个精神病医生。受他们工作的影响,我从小就喜欢思考关于人的问题,但我认为我家里人的观点都是错误的,因为他们都把注意力聚焦在个人身上而忽视了个人以外的东西。再有就是我小时候数学很好,所以选择数学专业和社会学专业对我来说就是再自然不过的一件事了。我有中度诵读困难症(dyslexia),所以不太可能选择英语或者类似的专业。

---

① 唐纳德·特朗普,美国共和党籍政治家,2017年1月20日在华盛顿宣誓就职,正式成为美国第45任总统。

您觉得您的研究兴趣和您个人的生活经历之间是否有关系？

显然是有关系的，而且重要的部分尤其如此。譬如我现在和波士顿警察局合作进行的研究，还有我在第四世界运动（the Fourth World Movement）① 中所做的工作，以及在推动大波士顿区域创新研究（Boston Area Research Initiative）② 中所做的努力，这些都是我很感兴趣的。至于统计，我强烈地认为人们应该去学习如何严谨地思考，而我选择统计的部分原因就在于那是学习如何严谨思考的一种方法。当然，哲学或许更有助于人们严谨地思考，不过统计是在思考现实世界中的数据。从这个层面来说，我喜欢统计，因为数学很有趣。

您认为您的老师在培养您对社会学的兴趣方面是否发挥过重要作用？

我想"培养"这个词可能不准确，更多的应该是一种"支持"。我之前上的是一所私立高中，在我高中的最后一年，我和一个朋友做了一项针对全校学生的调查，然后我就带着一大堆问卷跑到了达特茅斯学院的社会学系，我说："我来了，电脑在哪里？我想要分析我的数据。"达特茅斯学院是个非常棒的地方。有一个老师叫詹姆斯·A. 戴维斯（James A. Davis）*，我后来读本科的时候就跟着他学习，他非常支持我。而且他当时正致力于把数学和社会学结合在一起。还有一些老师，像数学系的鲍勃·诺曼（Bob Norman），他当时也在社会学系做研究。所以我差不多是在 16 岁的时候就打算成为一名社会学家了，因为我得到了很多人的支持和鼓励。

---

① 第四世界运动是一个由贫困人口和来自其他背景的、致力于解决由于长期贫困导致的排斥和不公正的人士组成的支持网络。

② 大波士顿区域创新研究旨在刺激大波士顿地区的原创性尖端研究，这些研究既在推动学术发展，也在改善城市公共政策和实践。

您如何评价您大学时期上过的课？那些课是不是都很有趣，还是有的也很无聊？

我的大学经历非常精彩。达特茅斯学院的学生从整体上来说都对课堂很感兴趣，他们都很聪明。任何时候我出现在一个教授的办公室说："我想和你谈谈我的想法。"他们都会说："太好了，快请坐！"（**但我还是想问，你们那时候会逃课吗？**）不会，不会。所以我敢说，在我申请研究生的时候，如果我需要很多教授写推荐信，那我就一定能拿到很多教授写的推荐信。达特茅斯学院不是一个特别注重研究的地方，但很注重教学，那里没有社会学专业的研究生。但是如果你很聪明，而且又对很多问题感兴趣。天呐，你要知道，那些老师会缠着你不放的。

大学期间您都喜欢读哪些类型的书？

毫无疑问是数学和统计学方面的书，这也是我现在的阅读喜好。我和妻子度假的时候她总会嘲笑我，因为我旅途带的书有一半都是和数学与统计有关的，没有小说！（**我正想问您是否喜欢读小说。**）不，我想可能是因为我做的研究本来就涉及很多领域，自然也就涉及大量的阅读，而这些阅读基本上就占据了我所有的阅读时间。所以我确实没有太多的时间去阅读其他的书，也许等我退休以后，我会去读小说。我妻子总是喜欢给我推荐小说，她经常说："你应该读读这个，这个简直太棒了。"但是我从来不读，哈哈。

那么哪些人物，譬如马克斯·韦伯（Max Weber）*、卡尔·马克思（Karl Marx）*、埃米尔·涂尔干（Émile Durkheim）*，或者其他社会学家对您的影响最大？

达特茅斯学院不是一个特别注重理论的地方。事实上，当我准备 GRE（美国研究生入学考试）的时候，我还专门找过教授，告诉他们"我要自学一些课程，因为我要参加考试，所以你们就别让我去读那些书了"。很遗憾，你提到的那些人对我而言都没有太大的影响。不过我当时参加了一个实用主义研究的兴趣小组，实用主义当时是社会学中一个比较新的理论视角。说到实用主义自然要追溯到约翰·杜威（John Dewey）*、威廉·詹姆斯（William James）*，我们现在所在的这栋楼——"William James Hall"就是以他的名字命名的，还有查尔斯·桑德斯·皮尔斯（Charles Sanders Peirce）*，我的大部分理论兴趣都用来研究实用主义了，实用主义在一定意义上正是在他们三个人的基础上获得了长足的发展。

当您成为一名社会学教师以后，您想教给学生什么？或者您想让他们从社会学中学到什么？

我希望他们学会如何严谨地思考关于人的问题。我希望他们能够尽量发散性地思考。此外，我非常希望他们能在意识到数据重要性的同时，始终怀有对数据的质疑态度，成为一个批判的数据使用者。我还希望学生能意识到他们头上既戴着一顶学术帽子也戴着一顶政治帽子，这两顶帽子不同。一个人应该知道什么时候戴什么帽子，这并不是说两种帽子不能同时戴，只是一个人的研究不应该只是用来服务于他的政治抱负，一个人的政治倾向也不应该影响他的研究。

您是如何平衡教学和科研的？我想这对很多年轻的学者而言，尤其在中国，是个很大的挑战，所以我很想知道您是如何平衡的。

这的确很难。很显然，当一个人讲课的内容刚好是他在进行的研究，那就非常好了。我之前发表的一些文章就来自我讲课的内容。当你讲课的时候，原本以为自己很清楚的东西，在尝试解释给别人听的时候，才发现自己并不是真的很清楚。这就好比你只看到了立方体的一面，但你其实应该看到它有六个面。所以从这点来说，我认为教学是很有帮助的。我觉得哈佛特别好的一点就是对于任何规模的课程，都有一个对应的教学系统，教授们不需要做很多的评分工作，这样我们就有更多的时间做研究。但是我认为对于所有研究型大学的老师来说，教学和科研之间的矛盾的确很严峻。尽管我们都希望有更多的时间做科研，但是我认为，客观地来说，教学对我们是很有帮助的。

除了教学和科研，我知道您曾经甚至现在都承担了不少行政工作，那么您如何平衡家庭与工作？

我不知道，（也许）一个星期工作100个小时吧，哈哈。我想这一定程度上取决于一个人是否喜欢这份工作。有些行政工作我很喜欢，但不是全部。（那您最喜欢哪一个？）我想是我担任西北大学社会学系主任的时候，当时全系三分之一的老师都是刚招进来的，因为新人的缘故大家都很兴奋，我们当时招了很多非常优秀并且年轻的社会学家。

在您的学术生涯中有没有经历过坎坷？您最终是如何度过的？

我和很多同学分享过我的坎坷经历。我从本科毕业到博士毕业虽然只用了三年半的时间，而且我毕业的时候手里还有三篇独立发表的文章，但是在我去求职的时候，我记得我面试了12个地方，结果没有一个愿意给我提供工作的，因为他们都不明白我在说什么，我讲的内容可能涉及太多的数学知识。事实上，唯一对我感兴趣的还是一个经济学家。所以我博士毕业以后并没有马上成为助理教授，我一共做了三年的博士后，第一年在威斯康星大学，后面两年在芝加哥大学。我在芝加哥大学的时候，还遇到了著名的经济学家詹姆斯·赫克曼（James Heckman），他是2000年诺贝尔经济学奖得主。后来，我的运气就来了。因为西北大学以定性研究著称，但是那里的经济学家却打算开启一项本科生项目，叫作社会科学的数理方法。西北大学社会科学部主任就和社会学系的领导说："我愿意给你们提供一个教师岗位，但这个人必须要能教数理社会科学。"所以很突然地，我就在西北大学找到了工作。三年以后我就拿到了终身教职。我经常给我的研究生讲这个故事，因为我觉得让他们认识到这一点很重要，那就是在你人生的某些时刻你会觉得自己非常失败，前景一片渺茫，但是你要相信，一切都会云开雾散。你知道吗？当我还在做博士后的时候，我压根不会想到有朝一日我会成为哈佛大学的教授，因为那时我觉得自己能随便在一个什么地方当个教授就非常不错了。

您还记得您发表第一篇文章时的感受吗？我想那应该是1977年，发表在您拿到博士学位的前一年，对吗？

对，那时候我正要毕业，我想它是在我毕业前一年被接收的。（**所以在那之前您没有发表过文章？**）是的，那篇文章是我在本科毕业论文的基础上修改而成的，我当时很高兴，也很兴奋。（**我想问您这个问题是因为在中国发表论文挺不容易的，所以我想知道您当时的感受。**）在美国发表文章也很不容易。《美国社会学杂志》（*American Journal of Sociology*）用了两年时间才决定不发表我的文章，害我不得不另投其他期刊，那让我非常沮丧。所以第一次发表对任何人来说都很重要。

您从1995年起就担任《社会学方法与研究》的主编，那您有没有察觉这期间社会科学领域在量化研究方法上所呈现的趋势或变化？

一个很重要的问题是，尽管《社会学方法与研究》标题里没有"定量"这个词，但它一直以来都是一本定量研究的杂志。不过经过我多年的努力，它现在涉及的方法领域更广泛了。你应该知道，它现在也接收了很多采用了不同定性方法的文章，包括历史研究方法。这其实也是我对抗方法之争的一种努力。《社会学方法与研究》将来会接收和发表各种研究方法的文章。

您会给社会学专业的学生什么样的建议？

很不幸的是，我认为现在研究生发表文章的压力非常大。你知道的，我毕业时发表了三篇文章，那在当时已经是非常少见的了，因为没有人会那样做。但是现在不一样了，学生普遍面临很大的压力。我想我的建议就是，别盲目地投入到无意义的发表竞赛中去，尽量发表高质量的文章。做学术的部分乐趣就来自于长时间地思考疑难问题，而发表的压力会影响和破坏这种乐趣，所以不要盲目地发表。当然，每个人都渴望拥有成功的事业，在你申请终身教职的时候，你不可能还悠闲地坐在那儿说："啊！我正在写，正在思考。"可是另一方面，能让人真正获得成就感的其实是发表或出版那些有深刻见解的作品，通过作品影响人们看待事物的方式。但是我们现在进入了一个非常疯狂的时代，各种期刊层出不穷。在我还是一个研究生的时候，如果有人想做某一方面的研究，他自然会坐下来阅读和这方面有关的所有文献材料。但是今天呢？你可能花十年的时间都没法真正开始，因为现在文章发表的速度太快了，你永远也读不完。所以我认为，尽管现在发表的文章数量增加了很多，但要论实际贡献的话，并没有几篇好的文章。

那么如何扭转这种情形？

我认为互联网有很大的潜力。我一直想建立一个关于社会学的参考网站，上面罗列关于社会学的文章和书籍。我想给每篇文章或书打分，从一颗星到五颗星，每个人可以选择一个主题，然后说："给我筛选这个主题下的所有五颗星的文章和书籍，我要读五颗星的，不读一颗星的。"我觉得这就有点像你到一个城市，想知道去哪家餐厅吃饭，但是没有人会给你建议，而那里又有好几百家，甚至上千家餐厅，你知道你不可能吃遍每一家餐厅，这时候互联网就可以派上用场了。互联网会告诉你，好，你想去这类餐厅，这儿有一家五星的，那儿有一家四星的，你甚至可以参考一些以往顾客的评价。我们现在在杂志上可以读到书评，我希望将来也有针对期刊的刊评。我想这样的话编辑也会更加负责地审核他们要发表的文章。而且你知道吗？因为这个过程会很快，所以我们也能得到更多的反馈，知道什么样的研究有价值，什么样的没有。去年，我和几个人合作的一篇评论发表了，我们写的那篇评论针对的是 2008 年发表的一篇文章，而原本 9 个月的时间就应该发表的东西，却用了 9 年的时间。因此我认为互联网有很大的潜力，但是我想这也许需要花点时间，而且我们需要一些企业家，一些知识分子企业家，因为他们能够推动这种项目的发展。

您觉得作为一名社会学家对您的改变或影响是什么？

就像我刚才说的，我 16 岁就打算成为一名社会学家，这和我的家庭有关。我 5 岁就开始和家人讨论人以及人如何工作的问题。我认为，对我来说，很难说成为社会学家改变了我的人生，因为我几乎是在很小的时候就打算成为一名社会学家，所以有趣的问题应该是，如果我不是社会学家会怎么样？**（的确，那么如果不是社会学家，您觉得您现在会在做什么？）** 我刚刚也在想，我可能会做组织咨询顾问，去麦肯锡（McKinsey）或波士顿咨询（Boston Consulting Group）这样的公司，因为我喜欢思考组织和组织如何运转以及如何更有效地运转的问题。我大学毕业是在 20 世纪 70 年代，那时候刚好赶上了越南战争，那会儿我还留着长头发，一直留到肩膀，还有大胡子，我一会儿给你看看照片。那时候进入商界不太可能，不过你知道，如果真的那样做了，或许也会很有趣。

社会学让您感到幸福了吗？

我觉得称不上幸福，很多时候我乐在其中，当然有时候也不快乐。如果用一句话来概括的话，那就是所有的研究，都是 10% 的灵感加上 90% 的汗水，10% 的灵感部分非常有趣，但是 90% 的汗水部分,天呐!很痛苦。就像你现在在做的这个(访谈),你有好的想法,也喜欢思考,但是现在你必须把它弄成一本书,那会花费你很长的时间。

相关人物介绍

保罗·拉扎斯菲尔德(1901—1976),美国社会学家,哥伦比亚大学应用社会学研究所创始人。拉扎斯菲尔德被认为是经验主义研究的杰出代表,因为他在统计调查、小组访谈、情境分析等方面都做出了巨大贡献。与他同期的著名人物是罗伯特·K.默顿(Robert K. Merton),拉扎斯菲尔德和默顿同年受聘到哥伦比亚大学,前者成为著名的方法论专家,后者则成为著名的理论家。

詹姆斯·A.戴维斯(1929—2016),美国社会学家,他是将定量统计方法应用于社会科学研究与教学的先驱人物。1972年,担任全国民意调查中心(NORC)主任的戴维斯建立了针对社会科学研究的国家数据项目和美国综合社会调查(GSS),随后还协同创立了国际社会调查项目(ISSP)。综合社会调查在美国是除人口普查数据外被社会学利用得最多的数据。戴维斯除了在芝加哥大学任教以外,还先后在耶鲁大学、达特茅斯学院和哈佛大学任教。

马克斯·韦伯(1864—1920),德国社会学家、哲学家、法学家和政治经济学家。他的主要贡献是在经济社会学和宗教社会学领域。在《新教伦理与资本主义精神》一书中,韦伯提出禁欲的新教伦理是西方资本主义诞生的主要原因。韦伯和马克思、涂尔干被视为西方社会学的三大奠基人。

卡尔·马克思（1818—1883），德国思想家、哲学家、经济学家、历史学家、政治理论家、社会学家和革命社会主义者。他最著名的作品是《共产党宣言》和三卷本的《资本论》。马克思的研究对后世的知识、经济和政治都产生了深远影响。

埃米尔·涂尔干（1858—1917），法国社会学家。他的首部社会学著作是《社会分工论》。1895 年，他出版了《社会学方法的准则》，同时创建了欧洲第一个社会学系，成为法国历史上第一个社会学教授。1898 年，他创立了《社会学年鉴》。

约翰·杜威（1859—1952），美国哲学家、心理学家和教育改革家。他的思想在教育和社会改革中都具有深远影响。杜威是实用主义哲学的主要代表人物，被公认为是功能心理学的先驱。

威廉·詹姆斯（1842—1910），美国哲学家和心理学家。詹姆斯是 19 世纪后期的主要思想家之一，许多人相信他是美国有史以来最有影响力的哲学家之一，被公认为"美国心理学之父"。

查尔斯·桑德斯·皮尔斯（1839—1914），美国哲学家、逻辑学家、数学家和科学家，实用主义创始人。他因对逻辑学、数学、哲学、科学方法论和符号学的贡献以及创立实用主义而受到后人敬仰。

Peter V. Marsden

彼得·V.马斯登

(哈佛大学伊迪丝和本杰明·盖辛格社会学讲席教授)

彼得·V.马斯登(Peter V. Marsden)是哈佛大学伊迪丝和本杰明·盖辛格社会学讲席教授(Edith and Benjamin Geisinger Professor of Sociology)。他1973年从达特茅斯学院获得社会学和历史学专业的学士学位,1975年和1979年分别获得芝加哥大学社会学专业的硕士和博士学位。1987年加盟哈佛大学之前,他一直在北卡罗来纳大学教堂山分校任教,并担任过社会学系副主任和主任特别助理。到哈佛大学以后,他分别在1992—1998年和2002—2003年两度出任社会学系主任。他还分别在2000—2003年和2005—2010年两度出任组织行为专业博士学位项目的招生委员会主席。2011—2015年,他出任哈佛大学文理学院社会科学部主任。马斯登的研究兴趣集中在社会组织,特别是正式组织和社会网络领域。他对社会科学方法论和医学社会学也很感兴趣,并从1976年开始参与美国综合社会调查的数据收集工作。

2017 年 2 月 18 日

哈佛大学威廉·詹姆斯大楼（William James Hall）

教授，您眼中的社会学是什么？如果让您给它下个定义，您会怎么说？

在美国，至少从实践的角度来说，社会学是一门非常广泛的学科，涉及很多不同的领域。如果学生问我什么是社会学，我会说社会学是关于群体的研究。有些人研究非常具体的群体，像组织；有些人则研究更加松散（diffuse）的群体，像社会运动；还有些人研究人们的集体行动，而参与集体行动的人往往具有一些相同的特征，譬如来自同一个国家或者同性别等。总的来说，我认为社会学家已经达成的共识是，我们要研究的是群体而不是个体特征，要研究群体对个体的影响。所以，社会学家在很大程度上关心的是群体与个体的关系，这是一种双向的关系：个体组成群体，但是反过来个体又受到群体的制约。这就是我所理解的社会学。

社会学何以成为一门独立的学科，不同于心理学、人类学或其他社会科学？

我认为仅仅为了区分社会学的话，接着你刚才的问题来说，心理学在很大程度上是围绕个体的研究，而且至少在美国，这种趋势还在不断增长。心理学研究人的大脑，很多心理学家都在研究大脑的物理属性以及大脑如何作用于人的思维。现在很多的社会心理学家，他们当中有一些人还任职于心理学系，正在研究个体的思想和大脑在群体背景下的工作机制，但是重点还是放在个体身上。我认为社会学和人类学的区分相对难一些。事实上也的确如此，因为在美国的很多大学，社会学和人类学专业通常被放在一个学院。尽管在哈佛这两个专业是分开的，但是在很多美国的大学或者学院，社会学和人类学这两个专业通常是在一起的。我认为从实践的角度来说，社会学和人类学还是有一些差异的。至少在美国，人类学家更倾向于使用定性的调查方法，而社会学家则有一整套不同的调查方法。我的研究主要依赖于定量方法，哈佛的很多同事也都使用定量的方法做研究。至于人类学，我认为他们专注于做定性研究，只有很少一些人专注于做定量研究。我认为人类学家，至少在美国那些被称为社会人类学家的人，他们经常做跨文化研究，经常做田野调查，有时候他们会选择去一些小的、偏远的地方。但是现在更多的人类学家会去非洲或者东亚国家，通过田野调查深入了解那里的一个社区或者群体。这可能不是社会学的研究策略。当然社会学和人类学也存在理论上的差异，而我说的这些都是实践上的。我认为社会学和其他社会科学相比，涉及的范围更加广泛。不同于经济学，经济学喜欢用特定的模型分析人们在日常生活中的行为，其中的一个原则就是考虑成本和收益。我认为社会学不存在这种特定的理论模型。至于政治学，政治学是有关政治的研究，因此在很大程度上，局限于制度领域，而社会学则涉及很多非制度领域，还有那些不是特别制度化的领域。有关社会运动的研究就是在关注非制度化的政治行动。当然也有政治学家研究社会运动，但是我认为政治学的重心依然是研究制度化的政治行动。

所以是社会学的视角、方法和理论使社会学成为独立学科的，您是否同意？

所有这些都是社会学的特点，不过没有哪种社会学的方法是只限于社会学家使用的。尽管很多方法都得益于社会学家的贡献，但是现在这些方法在很大程度上已经被运用到整个社会科学领域。所以在美国，我们看到了不少交叉学科的研究，许多学科开始以各种方式结合在一起。举例来说，社会学有一个分支叫政治社会学，但是政治社会学和比较政治学在一定程度上有交叉，尽管这两门学科举办不同的会议，有时候也引用不同作者的观点，但是它们研究问题的视角却存在很大程度的重合。我认为在社会科学领域，很多学科是相互区别的，不同于制度化的组织，但从研究主题上来说，是在趋于一致。

社会学里面有很多的分支学科，您如何看待社会学里涌现出的众多分支学科？此外，什么情况对社会学的发展更有利，是学科整合还是多样化？

我想每一个人对如何发展社会学都有自己的看法。我从事专业社会学教学与科研工作40年了，所以我在这个领域也算有一段时间了。在这期间，社会学理论变得更加多元化、跨学科化，研究主题也延伸到很多方面。在20世纪五六十年代的美国，功能主义理论范式占据着主导地位，塔尔科特·帕森斯（Talcott Parsons）[*]是非常有名的社会学家，他在这里（哈佛）度过了人生的大部分时光。尽管功能主义那时候并不是唯一的理论范式，但相比今天，功能主义在当时确实占据了社会学理论的中心位置。可是现在，美国社会学协会具体有多少——我记不清了，可能有51个分会或者更多。有些人批评说社会学太分散了以至于分支学科之间没有了共同语言。这么说当然有一定的道理。我认为在理论整合方面现在确实不如从前。但是另一方面，我们在某些领域的研究却更深入了。学科分化很正常。我认为，随着学科的发展，学科会变得更加专业化，而随着对知识探索深度的不断增加，要想同时在几个领域都有深入的研究会变得越来越困难。

您如何看待社会学内部的定性和定量方法之间的关系，以及采用定性方法和定量方法的研究人员之间的关系？您认为社会学内部是否存在定性和定量方法的分歧？如果存在，这种分歧对社会学的影响是什么？

显然在社会学里存在定量和定性方法的分歧。关于这一点，人们其实已经讨论了很久，至少存在社会建构的分歧。我一直认为定性和定量方法只是用来认识世界的不同方式，（通过定性和定量方法）可以了解世界的不同侧面，（两种方法）大体上取长补短。当然，在不同的阵营，都会有人认为他们做研究的方法才是唯一有效的。如果你去看我做的研究，（我的研究）很大程度上依赖于量化的数据，而且我认为通过定量的方法可以学习很多东西。但是，我认为研究方法有很多，尽管我的研究主要依赖于调查和各种类型的量化数据，但是这种调查和量化数据不能产生深度的理解。相反在社区或村落，通过结构访谈或拓展田野的方法可以获得更多的有深度的见解，因此采用定性方法的研究人员获得的不同深度的理解是采用定量方法的研究人员无法从数据之中简单获得的。我认为近年来在社会学中出现了令人兴奋的改变，那就是在调查中开始运用成熟的混合方法，不仅把两种方法放在一起使用，而且相互启迪，把二者共同设计到研究计划中。这种努力在我看来不单单是定量和定性方法之间的妥协，而是将二者各自的优势拿出来取长补短。坦白地说，我认为哈佛大学社会学系在这方面做得就非常好。哈佛大学社会学系在美国是最早一批——即使不是第一个——为研究生开设定性研究方法课程的院系。我们鼓励学生根据他们要回答的问题，以及相应的所能采取的数据收集方式来选择研究方法。

社会学有什么用？您认为十年或二十年后的社会学会是什么样的？

关于社会学十年或二十年以后会是什么样子的，我想我能说的不多。我不确定我能预测并且说出一些有价值的看法。至于社会学有什么用？我认为，过去社会学只适合那些立志成为社会学家和那些教别人如何成为社会学家的人来学。不过现在在美国，情况已大不相同。尽管还是有很多社会学家是在大学从事社会学科研和教学工作，但是社会学家掌握的技能，尤其是收集数据和分析数据的技能，当然（社会学家所掌握的技能）不止于此，这些技能适用于很多不同类型的社会研究。很多社会学家为咨询公司或研究机构服务，如监测一段时间的非法药品使用趋势，监测人口趋势，以及（研究）人们如何对城市政策施加影响，等等。所以，学习社会学能够培养学生在信息泛滥的社会开展高水平的社会调查的能力，而关于社会的信息又无比重要，所以很多社会学家投身到了信息社会之中。

您为什么选择成为一名社会学家？我知道您在达特茅斯学院学的是社会学和历史学专业，您当时为什么会选择社会学？您的父母在您选专业的问题上是否对您产生了影响，还是您是自己决定要学社会学的？

我完全是自己决定要学社会学的。尽管在我家里很多人都是老师，当然不是全部，我的父亲就不是老师，他经商，但是其他人不是教这个的就是教那个的，因此教学对我而言并不陌生。可选择社会学并不是我父母促使我去做的。最近我也和很多学生讨论过这个问题，因为他们像你一样也问了我类似的问题。我从事社会学科研和教学一定程度上是很偶然的，我也不觉得这是什么不同寻常的经历，因为这条路并不是事先计划好的。当我还是一个高中生的时候，我就特别喜欢数学，而且数学成绩特别好，所以上大学以后，我就选了很多数学课去听。我也一直在寻找机会，希望用我所学的数学知识做一些有意义的事。等到大学二年级的时候，我上了一门关于初级调查分析的课，我发现那门课不仅需要我所掌握的数学知识，而且还涉及美国20世纪70年代初爆发的社会问题，那些都是非常有意义的社会问题。于是我被那门课吸引了。后来我觉得应该多了解一些历史，顺便说一下，我上过的一堂历史课碰巧是关于中国历史的，所以我知道一些中国20世纪70年代以前的历史。总之，因为我对社会学关注的问题很感兴趣，加上我又掌握了一些数学技能，所以社会学就成了我的最佳选择。此外，我当时也很清楚我想留在学校工作。

回到大学时代，您的老师在培养您的社会学兴趣方面是否发挥过重要作用？

当然了，毫无疑问。对我影响最大的老师叫詹姆斯·戴维斯，后来我到哈佛工作，我们还成了同事。相比其他人，他对我的影响最大，我之所以成为一名社会学家，和他应该有很大关系。他就是我上面和你提到的那个调查分析课的老师。

您如何评价当初上过的大部分课程？都很有趣，或者有时候也很无聊？

我不会说所有人的课程都很无聊，但是相比而言有些课程更加生动有趣，也更有帮助。（所以我很想问您一个问题，在达特茅斯学院读书的时候你们会不会翘课？）是的，有时候吧，尽管我喜欢学校，我从五岁开始就一直待在学校，到现在我已经在学校待了很多年。我喜欢学校，总的来说课堂对我而言非常有趣，是个不断激励我学习的地方。我不会说我每堂课都去，但是大多数时候我会去，而且我会很用心地听。

读大学时，您读得最多的社会学家的书是谁的？您为什么喜欢读他或她的书？

我最早读过的一本，也是我一直保留到现在的一本书叫《初级调查分析》（*Elementary Survey Analysis*），那本书非常有影响力。还有一本书是哈佛大学社会学教授乔治·霍曼斯（George Homans）*写的《人类群体》（*The Human Group*），这本书对我也很重要。除了詹姆斯·戴维斯的初级调查分析课，对我影响比较大的课就是关于小群体的。我在20世纪70年代初接触的有关小群体的课程逐渐衍生发展成了社会网络和网络分析,而《人类群体》这本书一定程度上是关于小群体研究的理论综合,是乔治·霍曼斯在社会学家和人类学家进行的小群体研究的基础上写出来的,那本书里面的一些网络图像(network imagery)对我也产生了很大的影响。

您成为一名社会学专业的教师以后想教给学生什么?或者您希望学生从社会学中学到什么?

我讲授的大部分内容都是关于研究方法与技术的。我开定量研究方法的课,也开社会网络的课。通过这些课程,我希望学生可以学到一些技术和方法,用来帮助他们分析和解答他们想要解决的问题。至于其他课程,我这学期还开了一门组织分析的课,我给本科生上这门课,我的一个目标就是希望他们能够更加了解他们所面对的事物和生活的世界,提前了解这些对他们而言会有帮助。我想大部分社会学家都在试图告诉人们,作为群体一员存在要比作为孤立的个体存在重要得多。个体是可被观察的、具体的,而群体却没有表面上看起来那样显而易见,所以我告诉学生,集体和群体层面的现象才是我们研究的对象。除此以外,我相信所有社会学家都有一些有价值的东西想要教给学生。

您的研究兴趣集中在社会组织,特别是正式组织和社会网络,您现在研究的是社会科学的方法论以及医学社会学,所以我的问题是,您是如何构建起自己的研究兴趣的?我的意思是说,您为什么会选择在这些领域进行研究?

我不认为所有这些东西都是完全计划好的。(是的,但是它们之间相互联系吗?)是的,从大一点的范围来看它们是相互联系的。但是,如果你四十年前告诉我说我将来会做健康和医学社会学的研究,那么我恐怕就要问你为什么。因为那在当时对我而言是无法想象的。但是有些领域,譬如定量研究,是我自己想要研究的。在我读研究生的时候，社会网络研究中的网络分析已经是一个正式的研究领域了，那时候主要是研究信息。这个领域非常有意思，有很多未解决的问题，你可以在里面进行探索研究，而且每个人都希望能够研究出解决办法。所以我认为进入有些领域在一定程度上是有意为之的结果，而进入其他领域则纯属机遇。譬如医学社会学，其实是因为我在哈佛有一些人脉关系，这让我和研究这一问题的人建立了联系，后来我发现我的一些研究兴趣和他们的契合，所以我们就想看看我们之间能不能合作，到现在我们已经合作了一段时间了。我记得哥伦比亚大学社会学系教授罗伯特·默顿*曾经谈到过偶然性和发现的规律，（他认为）每个人的职业生涯都存在一定的偶然性。现在回过头来说自己曾经有过一个宏大的规划是很容易，但事实上，很多时候你只是刚好碰上了这种偶然性和机遇罢了。

您如何平衡教学与科研？在您看来二者之间是什么关系？

在我上课的时候，我优先考虑上课的问题，因为学生把自己人生当中的一部分时间（用来听我的课），我觉得我对他们是有责任的。对于我而言，至少在每个学期，上课始终是最重要的。在此期间，我会见缝插针地找时间做研究，但是到了暑期，或者休假的时候，科研就成了重点，所以这大概就是我平衡二者的方法。我认为在哈佛，我们都很幸运，因为教学和科研在一定程度上是重叠的。如果我们想要和研究生一起探索新的领域，我们可以开设相应的研究生课程，所以教学和科研对我而言并不是截然对立的。我发现一个人只有在讲课的时候才知道他是不是真的明白了一些东西，因为要给别人解释清楚，自己首先要清楚。有时候，一个人的研究也会得益于他的课堂。因为和那些聪明的本科生、研究生在一起，你会获得不同的思路。有时候我突然产生一个想法，我会把脑子里闪过的想法写下来，然后在课堂教学的过程中进一步梳理。所以能和这些聪明的学生在一起让我感到十分幸运，而选择教书这一职业让我感到十分荣幸。

除了教学和科研，我知道您曾经有过很多行政工作，因为您曾经是社会学系主任、文理学院社会科学部主任，那么您如何平衡工作与家庭？

这对所有人来说都是一个挑战，不管你有没有行政工作。从事行政工作实际上是一项殊荣，大多数人在教学的同时也喜欢从事一些行政工作，他们做这些工作并不仅仅是为了获得报酬，当然能获得报酬毕竟也不是什么坏事。但是对于大多数人而言，相比较于其他职业，工作与休闲的界限变得更加模糊了。对于我而言，我尽力让这个界限清晰起来，特别是在晚上，工作与家庭的界限要很明确，因为我认为工作和生活都很重要，不过这需要你刻意为之。我认为有些社会学家在很多不同的机构兼职，遇到一些唯利是图的机构，只要你不拒绝，他们完全可以吞噬你，所以你必须要抵抗，多给自己一些属于自己的时间。尽管人们处理事情的方式不一样，但我认为明确界限，知道适可而止很重要。当然，一年之中有些时候，特别是在学期开始和结束的时候，工作会相对繁重。不过其他时间就会相对轻松一些，这时候就可以把之前牺牲的本来用于家庭娱乐、朋友聚会的时间再补回来。

在您的学术生涯中有没有经历过坎坷？您最终是如何度过的？

我不得不说我很幸运，这是真的。我的意思是说，你或许会有解决不了的问题，或许遭遇过人生危机，从这个意义上来说，每个人都经历过坎坷。但是，坦白地讲，我很幸运。我工作过的学校都很支持我，无论在哈佛还是在北卡罗来纳大学教堂山分校。我遭遇过人生危机，因为家人的健康或其他问题，但是也没有那么多，总的来说我很幸运。这些事情都很难预料，而且很大程度上你需要在危机发生的瞬间就想出解决办法，因为这些事情发生的时候不会事先通知你，而它们又会发生在每一个人身上，我们都要尽力去处理。不过我觉得，我真的很幸运，因为在我遇到这些问题的时候，我所任教的学校都会尽力地支持我。

让我们来谈一下您的书《美国生活中的社会趋势：基于 1972 年以来的综合社会调查的发现》（Social Trends in American Life: Findings from the General Social Survey since 1972），这本书出版于 2012 年，并获得了美国舆论研究协会（American Association for Public Opinion Research）的图书奖。您当时为什么会想写这本书？这本书背后的故事是什么？

这本书的故事背景其实就是美国综合社会调查①。你善意地说这本书是我写的，但我其实只是主编。那本书里有几章是我写的，而它实际是一本论文集。这本书是用来庆祝我认为是美国自 1972 年以来非常重要的一个研究项目而写的，现在已经是这个项目实施的第 45 个年头（2017 年）了。这项雄心勃勃的研究项目旨在前瞻性地追踪社会趋势，这一调查已经实施多年，从最开始的每年一次到现在的每两年一次。这是一个非常了不起的项目，是由我之前提到的老师詹姆斯·戴维斯率先发起的。我之所以不遗余力地去推动这本书的出版是因为这个项目从开始到现在，已经为很多不同类型的研究提供了数据支持，研究主题涉及种族关系、性别角色、休闲方式、工作、幸福等，而得益于这一项目发表的文章数量已经超过两万篇，可是至今还没有出版过一本书来总结这一项目的价值。所以在综合社会调查 35 周年之际，我们打算写一本书，系统地整理已有的研究成果。我认为综合社会调查对美国社会科学研究起到了非常重要的作用，所以应该通过一定的方式总结它的贡献。如果让我一个人写的话，我觉得我的知识储备和能力都远远不够，所以我就想不如组织各个领域的专家，他们大都参与过综合社会调查的工作，请他们基于综合社会调查的数据写一写各自领域出现的一些变化趋势。当然，我很感谢美国舆论研究协会对于我们工作的肯定。

---

① 综合社会调查（GSS）是一个基于当代美国社会的数据收集项目，旨在监测和解释美国人民的态度、行为和属性的变化趋势。

您在写这本书的时候遇到的最大困难是什么？

最大的困难就是让最后一个人尽快完成自己的那部分工作。因为在某种意义上，为完成整本书的编辑，其他人都在等待（最后一个人）。因为我做过很多统稿工作，所以最不希望看到的就是，当最后一个人把自己的那部分成果交上来的时候，最早上交成果的那批人不得不重写，因为他们已经在那里等了大概五年或八年。但是在做这本书的时候，每个人差不多都在两年之内把自己的那部分成果交了上来，所以我们很幸运。但这的确是集体合作的一个问题，而且我不得不承认，我有时候就是那个拖到最后还没交稿的人。我认为，这是我在主编这本书的时候面临的最大挑战，不过我挑选的都是对各自领域非常熟悉、曾经使用过综合社会调查数据的人，而且幸运的是，综合社会调查的数据库组织管理得非常好，也不存在什么技术问题，所以我们就避免了很多集合成书过程中可能会遇到的问题。

您认为社会学家应该写什么类型的书？我的意思是，您觉得社会学家有没有必要写书给学术界以外的读者看？他们该怎么做，以及是什么影响到了社会学家去触及更广范围的读者？

我恐怕不是回答这个问题的最佳人选，因为我的大部分成果都是面向学术界的。尽管我认为这是社会学扮演的一个很重要的角色，但绝不是社会学唯一可以扮演的角色。我的同事，他们在用平实质朴的语言富有成效地著书立作，在他们的作品里面看不到只有社会科学家才能看得懂的专业术语。你知道，用专业术语并不是为了让普通人看不懂，而是因为专业术语有它的科学功效，是用来服务专业群体的交流的，但是在学术圈之外，专业术语确实影响到了普通人去理解我们所做的研究的意义和其中所隐含的信息。我认为有人通过杂志、博客、出版物的形式来交流，有人写书不仅为了专业人员，也会考虑受过教育的公众，所有这些方式都很有效。尽管这不是我个人倾向做的工作，但是我发现很多社会学家正在朝着这个方向努力。我认为我们目前的主要问题是没有努力去改进写作的质量，有时候知道怎么写得短小精炼也很重要，但是写得短小精炼要比写得冗长累赘付出更多的努力，所以这大概是我们大多数人都不那样做的原因。

从您的经验来看，美国和中国的社会学专业的学生是否不同？您会给两个国家的社会学专业的学生什么样的学习建议？

我关于中国学生知道的不多，我不确定我是不是对中国学生有足够的了解，所以不知道美国学生和中国学生有什么差别。哈佛有很多研究生来自中国或者讲中文的国家，我发现他们和美国学生没有显著的差别。相反我觉得我对那些在这里学习的中国学生的英语口语和写作能力之强感到吃惊，如果是我去学中文，我恐怕永远达不到他们的水平，所以我很羡慕这些学生。我的确觉得中国和美国学生之间不存在明显的差异。除了努力学习，我也不知道我还可以给出什么更好的建议。终身学习非常重要，当你还是一个研究生的时候，你一定要做足准备去学习能使自己变得专业的东西，而变得专业就意味着你要不断地学习。如果只是去读研究生，接受了几年的训练然后就开始实践，那么实践几年后你就会发现，你被年轻的一代人超越了，因为他们在不断地学习新的东西。所以我认为，学习如何学习以及学习如何自主学习是很重要的技能和习惯。我还想建议学生去研究那些他们真正感兴趣的问题，吸引他们注意力的问题。有些人尝试去研究那些在他们看来时髦或者流行的东西。如果你真的能投身进去也没问题，但是如果只是因为觉得从中有利可图的话，那么恐怕你不会做得很好。所以在选择你要研究的问题时，记得听从你内心的召唤。

您是什么时候决定成为一名社会学家的？作为一名社会学家对您的改变或影响又是什么？

我不知道我能不能回答你的这两个问题。我之前已经说了我成为一个社会学家的过程。现在我可能需要做一点自我心理剖析，才能回答为什么。我读大学读到一半的时候就决定将来要留在学校。我当时其实能在学校找到几份报酬不错的工作，而从事社会学教学和科研显然是其中的一个选择。我想我能想到的就是这么多。（您觉得社会学让您感到幸福吗？）我一直被社会学所吸引。在学校工作的一个好处就是你不断地被激励，同时也在不断地激励别人。你会面临新的挑战，但同时也被鼓励去迎接新的挑战，所以你不会感到乏味，你也不应该觉得乏味，因为你有很多推陈出新的机会。社会学家研究的一些话题可能会很枯燥，我的意思是说社会生活总有不尽人意的地方，而且重复学习也不会让你感到快乐。我不会说我总是很快乐，但是我很少感到乏味，这已经非常不错了，是这个时代的一种殊荣。

谢谢教授，谢谢您和我们分享您的故事和经历，我会把这些带回中国分享给我们的学生和年轻的学者。

好的，我希望他们中的一些人能够从我的"胡言乱语"中获得一些有益的启发。

相关人物介绍

塔尔科特·帕森斯（1902—1979），美国社会学家。他开创了社会行动理论和结构功能主义，被认为是20世纪社会学发展历程中最有影响力的人物之一。他的学生罗伯特·贝拉、克利福德·格尔茨、爱德华·劳曼、罗伯特·默顿、尼尔·斯梅尔塞、兰德尔·柯林斯等人都在各自领域对社会学的发展产生了深远影响。

乔治·霍曼斯（1910—1989），美国社会学家，行为社会学和社会交换理论的开创者。霍曼斯以其对社会行为的研究和他的作品而闻名于世，其代表性著作有《人类群体》、《社会行为：它的基本形式》(*Social Behavior：Its Elementary Forms*) 等。

罗伯特·默顿（1910—2003），美国社会学家。他人生的大部分时间都奉献给了哥伦比亚大学社会学系。默顿被视为现代社会学的创始人，他提出了"意外后果""参照群体""角色紧张"等著名概念，尤其是"自我实现的预言"概念的提出给他带来了巨大的学术声誉。1994年，默顿被授予国家科学奖章，以表彰他在社会学领域的贡献。

Mary C. Waters

玛丽·C. 沃特斯
（哈佛大学约翰·L. 洛布社会学讲席教授）

玛丽·C. 沃特斯（Mary C. Waters）是哈佛大学约翰·L. 洛布社会学讲席教授（John L. Loeb Professor of Sociology）。她的研究方向是移民问题、族群间的关系、移民子女身份认同的形成以及自然灾害的长期影响。沃特斯于1978年获得约翰·霍普金斯大学哲学学士学位。1981年、1983年和1986年分别获得加利福尼亚大学伯克利分校人口学硕士学位、社会学硕士学位和社会学博士学位。她自1986年开始在哈佛大学任教，2001—2005年出任社会学系主任，2007年春季学期和2013—2014年出任代理系主任。沃特斯于2006年当选为美国艺术与科学院院士，2010年当选为美国国家科学院院士。

2017 年 3 月 7 日

哈佛大学威廉·詹姆斯大楼（William James Hall）

教授，在您眼中什么是社会学？如果让您给它下个定义，您会怎么说？

社会学是关于人类社会的研究，它涉及很多其他社会科学也会涉及的研究范畴，但是社会学家一致认为社会独立于经济、政府和文化而存在，社会包含所有这些东西，但同时又以自身的方式存在。

您认为就社会学的定义而言人们是不是很难达成一致？

我不知道，我其实很想听听别人的观点。社会学是一个非常包容开放的学科，它会涉及很多不同的主题，我认为社会学有足够的包容度来迎接（人们关于它的）不同定义。

那您认为社会学何以成为一门独立的学科？我的意思是，社会学如何区别于人类学、哲学、心理学？我知道您在本科的时候学的是哲学，后来学的社会学，所以您或许可以告诉我们这之间的差别。

我觉得社会学家在研究社会不同侧面的时候会想到，社会是由个体和群体之间的关系组成的，而且群体不单单是个体决策和行动的总和。所以我认为这种看问题的视角是社会学家所拥有的不同于其他社会科学的地方，但也有很多其他重合的方面。

社会学里面有很多的分支学科，您怎么看待社会学内部的分化？什么情况下对社会学发展更有利，学科整合还是多样化？

我想可能就是最近几十年，社会学分解出了很多不同的领域和专业方向，但与此同时，我觉得社会学和其他学科之间的壁垒也逐渐被打破了。所以有趣的是，和以前相比，社会学作为一个整体学科没有那么强的凝聚力了，但是我想这个问题在所有社会科学领域都出现了。

您如何看待社会学定性研究方法和定量研究方法之间的关系？

我认为两种方法都非常有用。我在研究中既会用到定量研究方法，也会用到定性研究方法。我认为方法要和问题匹配，所以我认为两种方法互相补充、取长补短。而且我认为我们感兴趣的大多数问题都可以从两种方法的叠加使用中获益。

很多学生都很关心一个问题，即社会学有什么用，您会怎么回答这个问题？

是有很多学生关心这个问题。社会学其实有很多不同的用途。首先是教会你用批判的、分析的眼光来看待你周围的世界。其次是透过社会政策让你明白，你可能通过干预社会，让事情变得更好。我还认为，社会学的方法和视角对于商业、市场以及非政府组织都非常有用。我想社会学专业的学生可以在不同行业和领域大放光彩，并且将他们通过社会学训练所培养的能力运用到工作中去。

您认为十年或二十年后的社会学是什么样的？

啊哈，预测可不是那么容易的一件事。我想快速发展的各种类型的数据和分析技术、统计技术意味着我们将会继续学习关于社会生活的新知识，这些新知识是我们之前想象不到的。我还认为社会学的分析对于解决人类面临的挑战依然是非常重要的，譬如世界各地都在发生的移民问题，或者气候变化问题。将来在自然科学和社会科学交叉的地方也会出现很多问题，所有这些问题都有待于社会学的分析，以帮助我们理解为什么单个的个体可以自在地行动，而汇聚起来的个体行动却在集体层面受到制约，同时也面临新的机遇。

您是如何成为一名社会学家的？我知道您在约翰·霍普金斯大学的时候学的是哲学，后来在伯克利学习的是社会学和人类学，最后在伯克利拿到了社会学博士学位。所以您并不是从一开始就学习社会学的，但是最终却选择成为一名社会学家。您能告诉我这背后的故事吗？

我最初之所以选择哲学是因为哲学专业的学分要求比较低，这样一来我就可以去上其他我感兴趣的课。因为当时我要自己挣学费去完成学业，而我很幸运地在社会学系找到了一份工作，是在那里做研究，所以我又在工作中学会了如何开展研究项目，而且我在三个学校都做过研究助理，正是通过这种方式我逐渐对社会学研究产生了兴趣。

在您选择专业的时候，您的父母有没有影响过您，还是您自己做的决定？

是我自己做的决定。我是我们家八个孩子中最大的一个，也是第一个上大学、离开家的那个，所以我的父母就觉得不管我做什么都应该没问题。(那您觉得您父母的职业对您选择专业是不是产生了影响？)可能是的，因为我的母亲是大学教授，我的父亲是律师，所以我从很小的时候就知道教授是做什么的以及拿到博士学位会怎么样。我那时就明白，能让我感兴趣的除了学术就是那些让世界变得更加美好的工作。

现在请您和我一起回到您的大学时代，我想了解一些您在学生时代的生活。您觉得您的老师在培养您的社会学兴趣方面是否发挥过重要作用？

是的。在我读大学的时候，我遇到了一些非常了不起的老师。我仍然记得他们。我当时和一个叫理查德·M. 普费弗（Richard M. Pfeffer）的教授学习，他是研究中国的政治学家。我最早选的课程中就有一门课，那要回到20世纪70年代，那门课叫"改变中的中国"（Changing China）。我们当时读了很多关于中国的非常精彩的书，我觉得正是因为如此，我才开始学习社会学，因为它让我看到了一个完全不同于我们的世界。而我的老师可以讲一口流利的中文，他花了很长时间研究中国，所以我们当时学到了很多关于两个社会的不同历史知识。

在您读大学的时候，您最喜欢的是什么课？

上面提到的那门课就是我最喜欢的一门课。我还上了很多哲学的课，因为我很喜欢推理，我觉得这对我的一生都有很大帮助，因为它教会了我如何从重要的问题出发进行推理，还有在回答问题的过程中要有逻辑。我还上过西敏司（Sidney Mintz）*教授的人类学的课，他是研究加勒比社会的专家。（在我上他的课）很多年以后我写了一本关于西印度移民来美国的书，因为他是最早从事这方面研究的人类学家之一，所以我那时和他取得了联系，和他讨论了我的那本书。

您在约翰·霍普金斯大学读书的时候，学生们会不会翘课？

哈哈，翘课，嗯，有时候会的，事实上我经常翘课。因为那时候微积分的课都在早上，而我一般都睡得很晚，所以我早上根本起不来。因此，我大学第一个学期的成绩非常差。我大学成绩最差的时候就是大一第一个学期,因为我睡懒觉不去上课。现在想想那真是一个非常愚蠢的做法。

您当时喜欢读什么类型的书?

我喜欢读各种各样的书,我喜欢读小说,也喜欢读非小说。我读研究生的时候,所有社会学家都在读马克思、韦伯和涂尔干,所以我把马克思、韦伯和涂尔干的书都读了,那的确对我产生了很大的影响。我还读了一些阿莉·霍克希尔德的质性研究作品,我在伯克利的时候她是那里的教授,还有尼尔·斯梅尔塞(Neil Smelser)*的书,他是帕森斯学派的理论家,还有迈克尔·布若威(又译麦克·布洛维)的书,他当时研究制造业和劳工,他是一个马克思主义社会学家。所以我想我读了很多书。

在读马克思、韦伯或者涂尔干的书的时候,您有没有觉得他们的书很难理解?

他们的书实际上和我读哲学的时候学的东西很接近,所以他们的书对我而言相对容易。因为我在大学的时候就读了很多马克思的书,我读研究生的时候读得就更深入了,所以相比统计学和人口学,读他们的书对我而言相对轻松。尽管我也学习统计,但是理论阅读对我来说似乎更容易。

当您从一个学生变成一个老师以后,您想教给学生什么?或者您希望他们从社会学中学到什么?

我认为学生最重要的是要学会深刻地思考、批判性地思考,不要以为之前认为是对的就一定还是对的。所以我喜欢让学生们去提问题,去质疑证据,去思考证据和事实与观点之间的差别。绝大多数时候,课堂上的学生所持的观点会受他们各自的成长经历影响。

我认为，应该学习一些知识，如概率、抽样的代表性，因为学生来自于不同的背景，而他们理所当然地认为他们自己的背景和其他人的是没有差别的。我认为要打破这种思想壁垒，让他们明白他们思考的方式以及他们经历世界的方式都是被影响过的，特别是被他们的成长环境影响过的，所以我要引导他们去提出一些并非理所当然的问题。

您的研究兴趣集中在移民融入、移民子女的过渡、种族身份认同上，那您是如何构建自己的研究兴趣领域的？

我的博士论文是关于第三代移民，或者第四代、第五代移民的种族身份认同的，他们的祖父母或曾祖父母最早移民到美国，这一点和我自己很像，因为我的祖父母、外祖父母都是移民，所以我对那些早已摆脱了移民身份的人的种族身份认同很感兴趣。那是我的第一个研究项目，随后我找到了工作，在此之前因为已经写了白人移民的书，所以我开始思考黑人移民，然后写了我的第二本书，就是关于黑人移民身份认同的。从那以后我开始进一步拓展，尝试从一个更大的视野来研究移民问题。

您也在做自然灾害的社会、人口和心理影响方面的研究，以及"卡特里娜"幸存者韧性项目（RISK Project）①，我觉得这二者之间似乎没什么联系，这是一个新的领域。

其实也有一点点的联系。我当时在麦克阿瑟基金会（MacArthur

---

① "卡特里娜"幸存者韧性项目（The Resilience in Survivors of Katrina Project）是对"卡特里娜"飓风期间居住在新奥尔良的低收入父母的纵向研究。2003年，在"卡特里娜"飓风席卷新奥尔良之前，有1 019名低收入家长参加了旨在提高社区大学生教育水平的研究。该研究测量了飓风前参与者的经济状况、社会关系以及身心健康。尽管在2005年8月暂时中断了这项研究，但它却提供了一个难得的机会来研究灾难对脆弱人群及其家人的生活造成的后果。

Foundation）研究小组工作，他们把来自不同社会科学研究背景的人组织在一起研究问题，主题是研究未成年人向成年人过渡的问题。当时小组里面有个人正在全国各地做一个围绕社区大学生的项目，他是一个经济学家，他们当时在研究如何让人们留在社区大学。但是"卡特里娜"飓风袭击了他们当时在新奥尔良的一个试验点，于是他们就对这个地方失去了兴趣，这样我就接手了，因为我觉得应该有人站出来研究一下飓风对这里居民的影响。于是我就开始我的研究，和心理学家琼·罗兹（Jean Rhodes）一直坚持到现在，我们坚持了11年，随后我开设了灾难社会学的课，还有气候变暖，我觉得这也是一个越来越严重的问题。而且自然灾害和移民之间有很多交叉联系，所以我找到了研究的方向，很幸运这个项目被我接手了。

您既要做很多的研究，还要去上课，那您如何平衡科研与教学？

我做得不好，而且总是被甩在后面。（但是您觉得二者是相互关联的吗？）是的，我试着把我在做的研究拿到课堂上去，同时也从课堂上获得关于我的研究的一些灵感，所以它们二者相互影响。

除了教学和科研，您还担负了很多行政工作，您现在是社会学系主任，所以您是如何平衡工作与家庭的？

我觉得我有一个很体贴的丈夫和三个非常宽容的孩子，我只有努力去平衡，而且当你有了孩子以后，你会发现老师是个很不错的职业，尽管工作时间很长，但是工作的灵活性也很大。

在您的学术生涯中有没有经历过坎坷？您最终是如何度过的？

我想每一个从事学术研究的学者都会有被拒绝的经历。即使你做的是对的，你同样有可能被拒绝。你不得不提交你的成果，不得不提交资助申请,还不得不学会厚着脸皮,以免遭到拒绝后感到沮丧。如果基金或杂志拒绝了你的成果,那你要继续坚持,因为最终你会成功。还有,我觉得把工作和家庭平衡好也很难,尤其是当你的孩子还很小的时候,他们会生病,或者他们不想你离开等,所以的确不容易。你总会觉得自己所做的工作没有达到原本期望的水平,或者觉得自己为家人付出的远远不够。

让我们来聊一下您的《黑人身份认同》(Black Identities)这本书,这本书出版于 2001 年,并且获得了很多学术大奖。您最初为什么会想写这本书?您能不能告诉我们这本书背后的故事?

这背后有一个和学术有关的故事,也有一个和个人有关的故事。学术的故事是,我的第一本书是关于白人的,所以自然就会产生一个对应的问题,那就是黑人会是什么样的,而且当时还没有人去研究黑人群体的种族多样性。个人的故事是,我的弟弟当时在纽约的一所学校工作,作为一个白人老师,他发现他的学生都是非裔美国人。但是后来通过和学生家长聊天他发现,他们有些人是移民,有些人则是非裔美国人。然后他就和我讨论了很久,他告诉了我他的发现,而我觉得从社会学的角度来说,这是个很不错的研究。所以在他教书的那个社区,我开始了我的研究。

写这本书的时候,您遇到的最大困难是什么?

非常难介入我要研究的对象,因为我想访谈西印度移民、非裔美国人和白人,而且要找一个他们共同工作的场所,我尝试进到医院,因为我知道那里有我需要的这三种人,我努力了好几个月都没办法获得在那个医院进行研究的许可。最后我是在一个学校,通过访谈中产阶级和提供食品服务的工人完成的研究,那些工人实际上来自一个餐厅,那个餐厅就在当时的世贸中心里面,所以"9·11"

事件发生的时候，那个餐厅被烧毁了，我不知道我当时访谈过的那些工人是不是也在那场灾难中不幸丧生了。

根据您的经验，美国和中国的社会学专业的学生是否不同？您会给将来想要从事社会学研究的学生什么样的建议？

我有不少来自中国的研究生，也有不少本科生。我想说来自中国的学生，似乎都不愿意在课堂上参与讨论，他们刚来的时候都不太适应这一点，而我非常希望他们勇于在课堂上打断我，质疑我讲的内容，或者说，我希望他们告诉我他们的想法，而不是只听我讲课，可是他们只期待我讲课。不过我的学生都非常聪明，适应能力也很强，所以一段时间以后我就发现没有什么差别了，他们都会参与到课堂讨论中来。

您可以给仍在校学习社会学的学生提一些建议吗？如果他们将来也想成为社会学教授或者社会学家的话。

我觉得如果你想知道自己是不是应该从事学术研究，那么最重要的一件事就是尝试自己去做一个研究项目，因为读别人的研究、写评论、批判别人的研究和自己去做一个研究完全是两回事。有时候人们很擅长阅读和写作，但是轮到自己去推进研究项目的时候就发现举步维艰了。他们会觉得这个过程太孤独、太恐怖了，因为有太多要考虑的问题。举例来说，在哈佛，学生在大学的最后一年要写一篇毕业论文（senior thesis），这样一来就需要开展一项独立研究，或者类似这样的大项目，这种经历会让学生明白他们是不是真的喜欢做研究，所以我觉得这是他们要做的很重要的一件事。

作为一名成功的社会学家，您的秘诀是什么？

哈哈，我没有什么秘诀。我运气很好，因为我遇到了很多非常好的老师，得到了来自同事和朋友的帮助。还有一件事我经常会说，那就是平衡工作和生活很重要。我认为有时候人们把工作看得太重，结果把自己累垮了，因为他们没有平衡好，他们工作太辛苦了。人们经常会说成功的关键在于努力工作，这是有一定道理的，不过工作太辛苦也会让自己脱离生活的轨道。

作为一个社会学家，对您的改变或影响是什么？

这个很难回答，因为我从事这一行已经很久了。我觉得它让我对新的观点变得更加开放，让我学会批判地思考，这也是我一直在努力教给学生的。我知道这是一份非常好的工作，我可以研究任何我想研究的问题，我有很大的自由度，可以按照我想要的方式去思考和研究我所感兴趣的话题。因为思想自由，所以我乐在其中。

社会学让您感到幸福吗？

是的，我有一份非常好的工作，所以从这个角度来说，我选择了正确的职业，因为我的工作令我感到幸福。尽管我已经在这里做了 31 年的教授，来这栋楼也已经 31 年了，但是每一天对我而言都是新鲜的，学生的面孔是新鲜的，研究的话题是新鲜的，上课的内容是新鲜的，还有新的同事，我从来不觉得乏味。因为总有让我感到兴奋和挑战的事等着我去做，即便有时候我要做一些并非必须要做的事情，不过那只占了我工作的很小一部分。

相关人物介绍

西敏司（1922—2015），美国人类学家，因研究加勒比海地区、克里奥尔化（creolization）和饮食人类学而闻名。他的著作《甜与权力：糖在近代历史上的地位》(Sweetness and Power: The Place of Sugar in Modern History) 被认为是文化人类学和食品研究中最有影响力的书籍之一。

尼尔·斯梅尔塞（1930—2017），美国社会学家。塔尔科特·帕森斯的学生，与帕森斯合著《经济与社会：经济和社会理论整合研究》(Economy and Society: A Study in the Integration of Economic and Social Theory) 一书。他的研究涉及集体行动、社会学理论、经济社会学、教育社会学、社会变革等诸多领域。《集体行为理论》(Theory of Collective Behavior) 被认为是其代表作之一。斯梅尔塞最重要的贡献是为经济社会学的发展奠定了基础。

Ezra F. Vogel

傅高义

（哈佛大学亨利·福特二世社会科学荣休讲席教授）

傅高义（Ezra F. Vogel）是哈佛大学亨利·福特二世社会科学荣休讲席教授（Henry Ford II Professor of the Social Sciences Emeritus）。1930年，傅高义出生于俄亥俄州的一个犹太人家庭。1950年他从俄亥俄卫斯理大学毕业以后，前往军队服役两年。1958年傅高义在哈佛大学社会关系系获得博士学位，之后他到日本学习日语，研究日本的中产阶级家庭。从日本回来后，他受聘为耶鲁大学的助理教授。1961—1964年，他获得博士后的资助，前往哈佛大学学习汉语和中国历史。随后他成为哈佛大学的讲师，1967年晋升为教授。后来，傅高义接替费正清（John King Fairbank）*成为哈佛大学东亚研究中心的主任（1972—1977）和东亚研究委员会主席（1977—1980），随后出任国际事务中心美日关系项目部的主任（1980—1987），1987年以后成为该项目的名誉主任。从1993年秋到1995年秋，傅高义暂别哈佛，在国家情报委员会担任东亚国家情报官员。回到哈佛以后，他被任命为费正清研究中心主任（1995—1999），并成为亚洲中心（1997—1999）的首任主任。傅高义于2000年退休。在其职业生涯中，他发表了几十篇文章、评论和会议论文，出版了多部关于中国、日本和美国与东亚关系的著作，并围绕诸多议题组织学术和政策会议。他著有《日本第一：对美国的启示》（Japan as Number One: Lessons for America）、《先行一步：改革中的广东》（One Step Ahead in China: Guangdong under Reform）、《邓小平时代》（Deng Xiaoping and the Transformation of China）等多部作品。

2017年3月8日

哈佛大学，傅高义教授家中

（傅高义教授坚持用中文接受采访，为方便阅读，在不影响原意的基础上，我对原文做了一些修改，对个别处进行了删减。）

教授，您眼中的社会学是什么？如果请您给它下个定义的话，您会怎么说？

就我个人来说，我想了解社会，最初是想了解美国社会、美国家庭、美国环境，后来研究日本，想了解日本社会，再后来是研究中国，想了解中国社会。所以持续学习是我的动力，也可以说我很想学习。

您觉得社会学能够成为一门独立的学科，以区别于其他学科的特点是什么？

这个问题的确很复杂，因为社会学的内涵是一直在改变的。有的人说社会学包括经济、政治，涵盖全面的社会。我在哈佛大学上学的时候，他们把心理学、社会心理学、人类学、社会学放在了一起，所以我们是在社会关系（social relations）系学习。那么我想了解如此多面的社会，想要了解全面的社会就是我的目标。

现在有很多刚刚接触社会学的学生，他们都很好奇——"学社会学有什么用？"您会怎么回答他们这个问题呢？

我个人是个学者，我想要了解社会，至于社会学怎么用，还有经济学怎么用，那是政治家考虑的问题。我认为制定国家政策应该了解社会。在国际关系方面，为了搞好一个国家的外交关系，应该多了解别的社会。我认为美国在这方面做得不好，因为我们挑起了一些战争，我认为那是不了解社会的表现，比如说越南战争，我觉得很多战争是没必要的。所以应该去多了解社会，什么是可能的，什么是不可能的，应该多了解。我认为了解社会的确很重要，非常重要。但是政治家不一定这么想。

接下来我想问一些您上学时候的事儿，您先在俄亥俄卫斯理大学读书，后来到哈佛大学读社会学的博士。我有一点好奇的是，您在卫斯理读书的时候，也学的是社会学吗？

我在俄亥俄卫斯理大学读书，它是我生活的那个小镇上的大学。我是在那个地方出生的，所以我在上小学的时候就已经认识了一些教授，我朋友的父亲就是教授。我本来想研究社会福利，但我不知道该学什么专业。我之所以想研究社会福利，是因为我的父母都是从欧洲移民来的，他们跑到美国，在美国生活得非常开心，生活得非常好，这样我就想研究社会福利，那是我最初的想法。我慢慢地发现我的性格适合做学术，而且我希望能够继续学习，所以我就选择了学术道路。

也就是说您是到哈佛以后才选择学社会学的？

不是的，我在俄亥俄卫斯理大学也专门学了社会学。我当时以为社会学是研究社会福利的，尽管我学的是社会学，但我的目标是研究社会福利。后来我去军队服役，在军队工作了两年。那时刚好赶上朝鲜战争，但是我的运气好，留在医院工作。由于那个医院是治疗精神疾病的，我就想了解一下精神疾病是怎么回事，所以我在哈佛研究美国家庭、美国社会和精神疾病的关系，那是我最开始的研究方向。

这也是您最早去日本的一个原因是吗？

这就有一点复杂了。我拿了博士学位以后，一个教授和我说：

"你没去过国外,如果你不了解外国社会,那么你怎么可能了解自己的社会?你应该多了解外国社会。"我博士论文本来是研究美国的精神疾病家庭,去日本也是想了解日本的精神疾病家庭情况,但是一去日本,我发现精神疾病的问题不如全面地了解社会重要。所以我回到美国以后,先在耶鲁大学医学院工作了一年。到了第二年,我得到一个机会,一个教授给了我一个机会。他和我说:"要是你想研究东亚的话,你为什么不学习中文?"我说:"我无所谓,我从来没想过。"他说:"你应该先学习中文。"当时刚好有一个机会。因为麦卡锡时代结束了,美国开始意识到要了解中国,尽管美国当时还没和中国正式建立外交关系,但是考虑到将来两国一定会建立外交关系,所以应该趁早多了解中国。哈佛有个基金会想要帮助人们多了解中国,费正清他们那批人就认为应该在美国大学开设有关中国的课程,应该有专门的一群人分别研究中国的经济、政治和社会,但要用美国的那套方法来研究中国,这样的话既符合美国大学的传统,也可以了解中国。当时哈佛大学没有一个人可以教有关中国社会的课,一个教授找到我说:"如果你成功了,我们可以培养你,现在给你一个机会,先去学两三年,要是你做得好,我们可以把你留在哈佛。"所以我用了两三年的时间学习中文,还有中国的历史等。

您还记得在您读书期间对您影响比较大的老师有哪些吗?如果有的话,对您的影响主要在哪些方面?

塔尔科特·帕森斯,他那种全面的想法。他自己说一个理论,一个社会学理论,或者一种结构,要想了解它,就要考虑得比较全面。他考虑了社会里面的政治、经济、人与人的关系,还有传统。他的想法就是什么都要了解一下,要考虑全面,要系统地考虑经济、社会和政治,以及它们之间的关系,所有这些都要考虑,所以我受到他这方面的影响比较大。还有一个朋友,他不算是教授,他是英国人,他姓罗纳尔多(Ronaldo),比我大五岁,在我之前先在日本做了研究。他的日语非常好,是个非常了不起的学者。他当时是专门去日本研究日本社会的，我则向他学习。

　　后来我开始研究中国、学习中文，那时候还没有办法到中国去。当时在哈佛有一些人研究苏联，他们要学习俄语，可是当时也不能到苏联去，所以就找到那些从苏联"跑"出来的人，还有就是看苏联的报纸、杂志和书，因为没法进入他们的社会。同样我学中文的时候，受到了他们的影响。因为我没法去中国，所以就在想怎么从外面多了解一下。我们做社会学研究最好是能进入到那个社会，看看情况，跟人谈话，但是如果没有办法进入的话，那就只好用其他方法，譬如看他们写的东西，还有访谈那些"跑"出来的人。那些研究苏联的人就是这么做的，我也利用了他们的方法。因为当时不方便去广州，所以我就去了香港。在香港，从中国内地来的人主要是广东人，所以我开始研究广东。研究广东还因为材料比较多，比如报纸，像《羊城晚报》《广州日报》《南方日报》，这三个报纸比较容易接触到。1973年，我参加了一个访问中国的代表团，那是我第一次到中国内地，当时访问团到了中山大学，有一个教授就找我谈话，他问我说："你是哈佛的？"我说："我是。"他就告诉我说他也是哈佛毕业的，1947年他在哈佛拿到一个硕士学位，这个人当时是中山大学的副校长，他叫夏书章。我们就成了朋友。20世纪80年代的时候，他邀请我到中山大学，所以我就又去中山大学待了两个月。但是当时的环境还不算宽松，我问他们问题他们都说"不方便回答"。我想去一些地方看看，他们会说"还没对外开放"。我认为1973年、1980年两次访问中国对我来说是有好处的，因为那让我知道了中国当时是多么贫穷、环境多么紧张。我认为我运气非常好，因为第一次到访中国的时候还没有改革开放，改革开放很重要，我看到了改革开放的成绩。我认为广东的经济特区影响非常大，所以我总觉得自己运气太好了，我见证了深圳特区的发展，那个发展后来影响到了全国。

您是做海外研究的，研究中国也好，研究日本也好，您觉得在做海外研究的过程中自己遇到的最大障碍是什么？一般的学者可能首先会说语言，但是您的语言好像没有任何问题。

有问题，我还要不断地学习。

除去语言，您觉得您遇到的最大障碍是什么？

我认为语言很重要。现在在中国，十几岁的人就已经开始学英语了，我28岁才开始学日语，31岁才开始学中文。我去日本的第一年是专门为了学日语的，但我认为我做得还远远不够。有些学者觉得他们自己进步不够快、发展不够快，我认为我自己反倒是发展太快了，我在教书的时候已经能讲日语和中文了，虽然还不够好。所以我一方面要继续学习语言，另一方面还要继续了解社会、继续教书，这的确不容易。在我打算写《邓小平时代》那本书的时候，我已经退休了。那时候我可以讲一些中文，和普通人对话，如果他们说得慢一点，没有口音的话，我可以大概明白他们说的是什么。但是为了和中国的高级领导人见面，我觉得我还是要提高自己的水平，所以我退休以后继续学习中文。

说到高级领导人，我特别想问您一个问题，因为您用差不多十年的时间写了《邓小平时代》，本来是想写给美国人看，让他们去了解中国的，但反倒是在中国引起了很大的反响。您访问了很多邓小平身边的亲人、工作人员，包括我们国家很多重要的领导人，甚至包括我们的前国家主席。所以我想知道，作为一名社会学家，您是如何访谈到这么多如此重要的访谈对象的？

江泽民主席是在1997年访问哈佛的。这的确是我努力促成的一件事。当时在哈佛大学，有些教授觉得不应该让中国的领导人来哈佛，因为他们认为中国不够重视民主。我认为那是不对的，我认为应该邀请江泽民主席到哈佛来，所以我积极促成此事。有一个中国朋友，他是武汉来的，他认识一些北京的朋友。我跟他合作，他回到中国帮我促成此事。还有就是出于约瑟夫·奈（Joseph Nye）*的考虑，他现在比较有名，因为"软实力"的概念就是他提出来的。他当时领导的美国国家情报委员会，邀请我去专门研究东亚，所以1993—1995年，我在华盛顿工作。我因此认识了中国驻美大使馆的一个人，后来我们也成了朋友，他帮了我很多忙。

在日本的时候，我不知道自己为什么也很有名。我一直认为，要了解一个社会，用帕森斯教授的观点来说，应该全面。我把家庭了解了以后，就想再了解一下政府和商业领袖。所以1975—1976年我专门去日本研究这些方面。因为我在哈佛认识了一些日本朋友，他们就给我介绍了一些日本的商业领袖，但有的不想见我。1979年《日本第一》那本书出版以后，我在日本多少有了点名气。我会开玩笑地和我的一些日本朋友讲，当初我想见某某公司的董事长，他的秘书就问我："为什么要见我们董事长？你要写个报告，说明为什么想要见他。"于是我就写了报告，但是他的秘书和我说不确定什么时候才能让我见到他。我打了三四次电话都没见到。后来《日本第一》出版以后，那个董事长主动给我打电话说："傅教授，您想吃什么？我想请您吃饭，您什么时候方便？"哈哈。当时在美国研究日本的人并不多，比较能干的几个教授我都认识，我在日本的朋友也非常多，遍布各个领域，经济界、政治界，当然还有学术界。我也利用了哈佛这个平台，认识了很多人。

所以，说句不好听的话，我是来关系（搞关系）。他们问我："你们怎么见面的？""你怎么认识这么多中国人？"我就说："噢，我会来关系。"（**您是乐于交朋友。**）哈哈，对，交朋友，还有交朋友的朋友。

相关人物介绍

费正清（1907—1991），哈佛大学终身教授，著名历史学家、美国最负盛名的中国问题观察家、美国中国近现代史研究领域的泰斗、

"头号中国通"、哈佛东亚研究中心创始人。生前历任美国远东协会副主席、亚洲协会主席、历史学会主席、东亚研究委员会主席等重要职务。费正清致力于研究中国问题长达 50 年,他的著作绝大部分都在论述中国问题。

约瑟夫·奈(1937—),美国政治学家,曾出任卡特政府助理国务卿、克林顿政府国家情报委员会主席和助理国防部长,后来担任哈佛大学肯尼迪政府学院院长。约瑟夫·奈是国际关系理论中新自由主义学派的代表人物,他提出的"软实力"(Soft Power)概念在克林顿政府和奥巴马政府时期都非常流行。

John L. Campbell

约翰·L. 坎贝尔
(达特茅斯学院社会学系教授、丹麦哥本哈根商学院政治经济学系客座教授)

约翰·L. 坎贝尔(John L. Campbell)现任达特茅斯学院社会学系主任。1974年,他从圣劳伦斯大学获得社会学专业的学士学位,然后分别在1977年和1984年获得密歇根州立大学和威斯康星大学麦迪逊分校社会学硕士和博士学位。坎贝尔曾在多所著名大学任教。他的第一份教职是在华盛顿州立大学,之后他去了威斯康星大学帕克塞德分校,1988年开始在哈佛大学任教。1992年,他被哈佛大学任命为约翰和露丝·黑兹尔讲席副教授(John and Ruth Hazel Associate Professor),1996年他以教授身份加盟达特茅斯学院。坎贝尔的研究兴趣涉及经济和政治社会学、比较政治经济学和制度理论。他撰写了大量关于能源和税收政策、美国经济演变、东欧后共产主义社会转型、企业社会责任、全球化、政策制定过程中思想和专家的作用等的文章和著作。贯穿他研究中心的是他对制度如何影响国家政治经济及其变化的关注。

2017 年 3 月 11 日

达特茅斯学院西尔斯比大楼（Silsby Hall）

教授，在您眼中什么是社会学？

什么是社会学？我想，如果你去问十个社会学家，你会得到十个不同的答案。对于我而言，社会学是研究社会；研究群体，包括小群体、中等群体和大规模群体；研究制度，包括制度如何发挥作用、如何制约行动又如何促进行动的学科。我想这就是我的回答。

如果我请您给社会学下个定义，您会怎么说？一个精简的定义。

社会学是有关社会及其制度（institutions）的研究。

您刚刚说到，十个社会学家可以给出十个不同的答案。那为什么人们在社会学的定义上会有这么多不同的看法？

我认为是因为社会学和其他所有社会科学都存在一定程度的交叉，这让社会学在社会科学中显得有点特别。举例来说，我们有社会心理学家，社会学系的社会心理学家会用一种方式来研究问题，而心理学系的社会心理学家则会用另外一种不同的方式来研究问题。譬如在达特茅斯学院的心理学系，他们会把你放进磁共振成像的机器里，然后通过向你提问的方式来观察你大脑神经突触的变化。而如果是一个来自社会学系的社会心理学家，他会观察你是如何就提问本身做出反应的，以及你的面部表情是什么等，所以这是非常不一样的。但重点是二者之间有很多的交叉，有一些是社会心理学家研究但社会学家也研究的问题。我做的研究偏重政治与经济，所以和政治学、经济学都有关。因此我认为，社会学是一门具有集合性（collective）特点的学科，这是它的优点，有时候也是缺点。

社会学何以成为一门独立的学科，以区别于哲学、心理学、人类学？或者说，社会学所拥有的独一无二性是什么？

应该是跨学科性。举例来说，如果你去看政治和经济社会学家在研究的问题，当然也是我主要在研究的问题，里面多少会涉及一些组织行为学，涉及一些政治学，还有一些经济学，而且相比其他任何学科所涉及的社会理论都要多。此外，社会理论的本质是不同的，方法论也是不同的，这再一次体现了社会学的集合性特点。在方法上，我们有很多的选择，定量和定性的方法、历史的方法等。我想正是跨学科的本质构建了社会学的独一无二性。

社会学里面有很多的分支学科，像政治社会学、经济社会学、历史社会学，您认为这种分工是好还是不好？

这取决于怎么看了。我认为有好的一面，因为对于我来说，最有趣的问题总是介于政治和经济之间，所以从跨学科性有利于发现有趣的问题的角度来说，我觉得这是优势，是加分项。但是不好的一面是人们会问你："你究竟是做什么的？你是政治学家吗？你是经济学家吗？"我说："我是社会学家。"然后他们会说："可是听你说的感觉你什么家都是。"所以有时候对于社会学家来说，想要告诉别人自己是做什么的并不容易。有时候，我发表文章就会遇到一些问题，因为编辑不知道你的文章应该归于哪一类，你的文章是不是真的适合他们的杂志，还是你应该投给别的杂志，诸如此类。

您认为什么情况下社会学会变得更好，更加多元化还是强调学科整合？

我的确不知道。我想说它将来是什么样的就是什么样的。社会学有一个问题，那就是它不像经济学有一套核心的准则去遵守，它没有那样一套所有人都期待的理论准则，所以社会学内部才会出现很多围绕认识论的争辩，争辩究竟该如何从事社会学研究，争辩正确的理论和方法应该是什么。这有时候就导致了社会学学科内部的混战，这是经济学不会出现的问题，政治学可能也会出现混战，但是不像社会学这么多，所以我想这有时候的确是个问题。

您如何看待社会学中定性研究方法和定量研究方法之间的关系？

我认为要根据你的问题选择合适的方法。我既做定量研究也做定性研究，有时候分开做，有时候在一起做，我还做过很多历史研究。选取什么样的方法取决于你提出了什么样的问题。

在社会学内部是否存在定性研究方法和定量研究方法的分歧？

我认为这在以前是存在的，之前有围绕方法展开的争斗。19世纪晚期、20世纪初就有过非常激烈的争斗，到了20世纪六七十年代，这种争斗变得非常白热化。社会学内部曾经出现过非常强烈的转向定量研究的趋势，部分是因为社会学想要树立起自己的科学形象，而为了让自己看起来更像是一门科学，就需要有独特的公式、计算机模型以及类似这样的东西。我认为人们最终意识到了那场争斗其实是非常愚蠢的。我来举个例子，在我刚刚涉足学术圈的时候，我认识一个非常厉害的统计学家，他当时是美国国家科学基金会（National Science Foundation, United States）的成员，那时候他刚好要去位于华盛顿的国家科学基金会评选。等他评选回来以后，我就问他评选得怎么样。他摇了摇头，说："这几天发生的事儿实在太让人感到意外了。"那时候对数线性模型在统计分析中正处于热门阶段，所以他说："你简直不敢相信有多少申请人为了能够拿到资助就把对数线性模型写进他们的申请书里去。"尽管那和他们要做的研究完全不相干，但在当时却是热门，所以人人都在用对数线性模型，他们或许在想："我也应该用这个模型，因为这是趋势。"尽管这和他们要研究的问题完全没关系，和他们要用的数据完全不相称，但他们还是认为这是他们应该做的。不过谢天谢地，那个时代已经过去了，人们现在变得更加理智了。现在，我们系既有做定量研究的也有做定性研究的老师。在我们招聘的时候，我们不会根据应聘人所使用的方法来决定要不要聘用他，我们所依据的标准是他研究的质量，我们会评估他所做的是不是一个不错的研究。

很多刚开始接触社会学或者想学习社会学的学生会问："社会学有什么用？我将来能干什么？"您会怎么回答他们这个问题？

我得说，首先要确保你自己上了很多的方法课，因为那样你就能掌握一些技能，这些技能在很多公司里面都用得上，你没必要非得成为一个做学术的社会学家。在美国，有很多的社会学家是在学术圈工作，但也有很多是在为政府的研究机构服务，如在统计局工作，在国会预算管理办公室等类似的地方工作。他们还会为智库、私人机构工作，哪里需要定性或定量研究，他们就可以在哪里找到工作。我们的学生有去顶尖咨询公司的，有去政府部门的，有去社会福利组织的，有去非营利组织的，还有去公司工会的，反正涉及各行各业。关于这一点，我还可以给你讲一个有趣的故事。我去年在丹麦待了一段时间，一次我和一个人坐在一起吃饭，他之前在一家非常著名的国际咨询公司工作，后来可能是厌倦了，所以就自己开了一家咨询公司。他的想法是要组建一个可以使用各种方法的咨询机构，所以他雇了统计学、人类学、社会学、经济学、政治学方面的专家，然后由这些人组成小组开展咨询业务。如果你雇了他的公司进行咨询，譬如咨询为什么你的公司利润总是不高，那么人类学专家就会列席你们公司的会议，然后从你和公司员工之间的互动开始着手研究；同时统计学专家会根据你的商业模式帮你构建运营模型；政治学专家则会和你的公司员工交流，而且如果你有政府联络办公室的话，他会负责把这部分工作承担起来。当我问他是怎么想到这种经营模式的时候，他说："因为在读大学的时候我上过社会学的课。"

我知道您从一开始就学习社会学，您当初为什么会选择社会学？是您的父母影响了您，还是您自己做的决定？

我的父母其实很反对我的选择，因为我的父亲希望我成为一个商人。而选择社会学的背后其实涉及一些历史原因。我成长在20世纪60年代，那时候的美国很混乱，民众的政治热情非常高涨，民权运动、反战运动、反越战运动等此起彼伏。一开始我想当医生，所以我在大学的时候，读的是医学预科生，那也是我最初的计划，但是为了毕业我不得不申请一些社会科学的课程，那是学校的规定。我当时对社会科学知之甚少，更不知道什么是社会学，从来没听说过，也从来没上过社会学的课，所以就选了一门"社会学导论"（Introduction to Sociology），我非常喜欢那门课，然后我就想，"我要再上一门"。我也果真那样做了，结果我发现自己很快就喜欢上了那门课，我在那门课上表现得也非常好。于是我就想，这或许才是我真正感兴趣的。由于我渐渐对医学失去了兴趣，所以就决定主修社会学，我也的确这么做了。

毕业以后，我不知道我接下来想做什么，我就去酒吧做了一名酒保，这可把我父母气坏了。不过一年半以后，我就决定不再继续做酒保了。我永远不会忘记那一天。那天酒吧非常安静，有一些老顾客在喝酒、看电视、聊天，然后有个坐在吧台的人就和我说："约翰，你以后想做什么？"我说："你在说什么啊？"他说："你不可能一辈子都做酒保吧，对吧？"我说："不，我想不会。"他说："那你想做什么？"就在那一瞬间，我也不知道接下来这句话是从哪里冒出来的，但是我想了一下，然后很大声地说道："我想我会成为一名社会学专业的老师，我觉得我会比在大学时遇到的所有社会学教授都讲得好！"当我大声说出来并且听到我自己很大声地在说这句话的时候，我头上仿佛出现了一朵"云"，上面写着："嘿，没错，那是个好主意，或许你真应该好好想想这件事。"如果我能找到一个读书赚钱的活儿，而且读的书都是我之前读过的，那就太好了。做酒保的好处就是你是在晚上工作,你早上九点钟起来以后发现找不到人和你玩,因为大家都在工作,而我刚好又住在大学城,那里有非常好的书店和图书馆,所以我就一直在读社会学的书。后来我想:"或许我可以找到一个既读书又赚钱的办法,去读研究生。"这大概就是我的故事。

上大学的时候,您喜欢读什么书?

那时候是20世纪60年代,所以我读的都是非常激进的新左派的东西(radical new left stuff),譬如赫伯特·马尔库塞(Herbert Marcuse)*的《单向度的人》。在我大学快毕业的时候,我上了一门理论课,然后就开始对马克思和韦伯特别着迷。但是当时只有一门理论课,而我希望能有更多,所以我就去找给我们上理论课的那个老师,我和他说:"下个学期你不给我们上课简直太可惜了。"然后他就问我:"为什么这么说?"我说:"因为我刚喜欢上阅读你给我们讲的这些东西。"那时候是60年代,我尤其喜欢读马克思。然后他说:"你可以自主学习。"我说:"什么是自主学习?"他说:"如果你同意,我们可以列个阅读清单,然后你开始按照上面的来读。"他接着说:"我现在就给你一个'A'作为这门课的成绩,所以你就别管考试的事了,接下来你想做什么?"于是我们列了一个阅读书单。书单上第一本书就是《资本论》(第一卷)。天呐,有六七百页。于是我就开始从头读起。所以我读了很多理论方面的书。我也读过一些社会心理学方面的书,因为我对社会心理学也很感兴趣,我想这就是我怎么开始阅读的。

那么您第一次读他们的书的时候会觉得很难吗?像马克思、韦伯、涂尔干。(当然了,很难。)我的意思是很多学生都有同样的感觉,有时候我们打开书,读几段,然后我们就把书合上了。(或者睡着了。)您也有过类似的经历?

是的,那些东西很难读。马克思的劳动价值论,如果你之前没有一些经历的话恐怕很难明白。不过我觉得马克思的东西读起来很有趣,因为他偶尔也会陷入争辩中,即使是在他的科学文献中也是如此,而他使用的语言又总是非常犀利,你可以透过他的语言看到他所流露出的激情。我遇到过的最大困难是阅读韦伯,因为他的句子太长了。有时候一句话有半页长,又是德语翻译过来的,真的很难读,但是如果坚持读下去,你会发现韦伯是个非常了不起的学者,不过坚持读下来很不容易,绝对不容易。

您认为您的老师在培养您对社会学的兴趣方面是否发挥了重要作用?您还记得他们吗?为什么觉得他们对您的影响很大?

当然,我想应该有三到四位老师对我影响很大。第一个就是在大学期间遇到的那个让我自主学习的老师,他在一定意义上为我打开了学术的大门,引领我走了进去,让我第一次对社会学产生了浓厚的兴趣。后来我去读研究生,我当时实际有两个导师,他们负责指导我的硕士论文,而我写了一篇非常离经叛道的硕士论文,我想很多人都不会鼓励我写下去,但是这两位老师非常支持我。我当时并没有意识到,不过我现在明白了,他们当时可能在想:"这是有点离经叛道,但是可以让这个家伙去试一试。我们不想扼杀学生的创造性。"所以他们在某种程度上让我明白,时不时地冒点风险,计算一下自己倒霉的概率,然后鼓起勇气、孤注一掷,也是有可能成功的。但我当时是在那个学校读硕士,等我拿到硕士学位以后我就转学去了另一所大学。于是我又遇到了两位对我事业发展非常重要的老师。一位是伊万·塞勒尼(Iván Szelényi)*,他是来自匈牙利的避难者,后来在威斯康星大学麦迪逊分校找到了工作,我也是在那儿拿到的博士学位。他是一个研究韦伯的学者,非常聪明并且非常宽宏大量。同样是在写毕业论文的时候,我又写了一篇离经叛道的论文。但是他却给我开了绿灯,并且鼓励我把它写完。所以那是一段非常充满正能量的经历。然后我在麦迪逊校区上了几门政治学系的课，一位叫利昂·林德伯格（Leon Lindberg）*的研究比较政治学的教授开启了我对比较政治和经济分析的兴趣，这也差不多是我到目前为止一直在做的研究。所以我会说这些人对我产生了很大的影响。曾经有一段时间我在想，我应该从社会学系转到政治学系。可是我已经通过了社会学的大部分考试，我不想因为要转到政治学系就重来一遍。我最终的博士论文更有点像是政治学论文而不是社会学论文，利昂，这个政治学家，才是我论文的真正指导者，而伊万，那个社会学家，在某种程度上只是站在台前的人。不过我们之间已经商量好了，所以他们两边都觉得没有问题。

自从您成了一名社会学专业的老师以后，您想教给学生什么？

这是个非常好的问题。我想应该有两件事。第一是培养学生批判性思考的能力，你知道的，不能因为我不同意你所想的和所说的，就去阻止你思考和发言。我们可以进行辩论，就像你可以对我书里面的观点发表不同意见一样，我也可以对你的意见表示不同意，这都没问题，我们仍然可以在结束了一天的辩论以后找个地方喝杯啤酒。所以这是第一件事——批判性思考。第二，因为我做比较政治经济学研究，所以我认为去学习和了解其他社会是非常重要的。美国社会学倾向于研究和谈论美国社会，这在一定程度上没什么问题。但是我认为，除非你也能去学习和了解其他发达的资本主义国家和发展中国家，不然你不可能真正地认识美国。所以在我的课上，总会有一些跨国元素在里面。此外，我觉得历史也很重要。有时候我真的对美国学生历史知识的匮乏感到吃惊。而以上提到的这些，我认为都非常重要。

您的研究兴趣非常广泛，那么您是如何构建自己的研究兴趣领域的？这和您的人生经历有关吗？

是的，你应该记得我成长在20世纪60年代，所以我对社会问题以及当时究竟发生了什么总是充满兴趣，我非常喜欢查尔斯·赖特·米尔斯（Charles Wright Mills）*的模型，是他提出了"社会学的想象力"（sociological imagination）的概念。他的观点是，你既要了解个体的生命历程，又要了解他所处的更宏大的社会背景。我想我参与的每一项研究都是受到现实事件的启发。我的博士论文是关于商业化核能产业在美国走向失败，而在别的国家却欣欣向荣的问题，这个研究是受1979年的三里岛核事故①的启发，（我很想知道）为什么核电站引发的灾难性事故会发生在发明了核技术的国家？这是第一个研究。接下来的研究是美国经济的治理，我们把20世纪80年代的美国和二战结束不久后的美国做了比较，二战结束不久后的美国是世界霸主，美国无论在政治、经济、意识形态、军事上都拥有至高无上的权力。但是突然间，到了20世纪80年代，美国经济开始下滑。出了什么问题？所以第二个研究——美国经济的治理，是对美国八个不同的行业繁荣又衰落的制度轨迹的分析，并试图从中发现问题。紧接着是一个关于东欧转变的合作研究项目，研究在柏林墙倒塌以后，制度发生了怎样的转变。我之前在美国背景下做了一些关于税收政策的研究，一定程度上和东欧经验有关，因为他们也想知道该如何改革他们国家的税收结构。我做这个研究还因为税收在当时的美国已经成为一个非常重要的政治问题。所以我总是对外面发生的事情很感兴趣。

那么您如何看待科研与教学的关系？二者之间如何相互联系？
就像这样（交叉手指），缠绕在一起。

您觉得您是否擅长处理科研与教学之间的平衡问题？
（这个问题）你可能要问我的学生，看我处理得怎么样。我觉得

---

① 三里岛核事故发生在1979年3月28日，位于美国宾夕法尼亚州的三里岛核电站第2号反应堆（TMI-2）发生爆炸。这是美国商业核电厂历史上最重大的一起事故。

我处理得还不错，因为我一直在努力平衡。但是科研与教学的关系对我而言是非常重要的，影响好坏参半。举例来说，我几年前写了一本关于全球化背景下的制度变革的书，写这本书也是因为很多人开始意识到世界正在变成一个全球经济体。我很想写这本书，但是我也知道这意味着有一两年的时间要用来研究、阅读以及写作。所以我就开了一门相关主题的课程，我先备课做好笔记，然后和学生讨论，最后把备课的笔记整理成了这本书的不同章节，书写得越来越好，课堂内容也越来越丰富。我有几门课都是这样的，上课的内容就是我在研究的东西，把我的研究搬到课堂上来，而在课堂上的收获反过来又进一步改进了我的研究。这是唯一的方式，不然学生会在你的课堂上睡觉，他们会对学习材料感到厌倦。那对他们而言简直太糟糕了。

除了科研与教学，我知道您还有很多行政工作，那您是如何平衡工作与家庭的？

一方面，我的女儿已经长大了，她已经从家里搬出去了。所以照顾孩子对我而言不再是一个问题了。不过她无论何时都是我最在乎的人。我的妻子也是一个研究员，她很忙，我也很忙，但是我们都非常理解彼此需要空间来完成各自的工作。即使这样我也不得不说，平衡工作与家庭的确是个挑战，因为教学和科研已经让我忙得不可开交了，有时候行政事务又必须优先处理，最后我会感到有点透不过气来，但是还好。

您在事业发展的过程中有没有经历过坎坷？

事业发展的前期很难。一些原因是我们已经谈到过的。我研究生毕业以后在学术人才市场的处境并不乐观。这是由几个原因导致的。首先是我自己的错，我当时觉得我读研究生的主要任务就是写毕业论文，然后把它写成书出版，这么想没问题。但问题是我在写毕业论文的时候，我应该在写的同时就把其中一些已经写好的部分拿出来发表，可我当时想的却是："不，我要全部写完再发表。"所以当我去学术人才市场找工作的时候，我的简历上可以说什么都没有。而我又赶上了美国社会学人才市场非常糟糕的时候，竞争非常激烈。尽管我是从美国最好的研究生项目毕业的，但我并没有什么可以拿得出来"炫耀"的文章。我当时的处境很不好，部分是因为我在规划自己的事业上表现得太愚蠢了，部分是因为当时糟糕的人才市场让我成了牺牲品。再加上我的导师那时候在美国还没有名气。他那时候刚刚从匈牙利来到美国。不像我的一些同学，他们的导师都很有名气，所以他们的导师拿起电话就可以和对方说，你应该看看我的学生怎么样。我的导师那时候甚至不知道该拿起电话打给谁，所以他并没有帮到我。这不是他的错，但是情况就是这样。还有一个原因就是我当时从事跨学科的研究，政治社会学、经济社会学、组织分析都沾点边儿。那时候还是20世纪80年代，还没有经济社会学的说法，也很少有人谈论组织分析，我似乎走到时代前面了。以上这些原因共同导致了最终的结果。所以一定意义上来说，在我事业的前几年多少有些艰难，从一个工作跳到另一个工作，诸如此类。万事开头难。

如果我请您回过头去看那段坎坷的经历，您认为是什么让您度过了那段时光？

哈哈，愚蠢？坚持？我不知道。我就是在做我喜欢的事情。虽然有几次我都在想，或许我应该放弃，然后做点别的。但是我真的很喜欢我在做的事情，我非常喜欢教书，非常喜欢科研，非常喜欢写作，所以我想我就待在那儿，继续工作。最后我的机会来了，所有事情一下子就都变好了。

让我们来谈谈您的书《产业坍塌》（*Collapse of an Industry*），这本书出版于 1988 年，我想这是您的第一本著作。您能不能讲讲这本书背后的故事？为什么要写这本书？

其实就是因为三里岛事件的发生。我当时对核技术、核技术的危险以及核技术的未来都非常感兴趣。我的导师，政治学专业的那个导师，他当时刚刚完成一个比较能源政策的项目，我一定程度上参与了部分文献研究工作，结果我发现那些事情都非常有趣，也认为那是个很重要的话题，所以我就决定把它写成毕业论文。

那您在写这本书的时候遇到的最大问题是什么？

我面临的主要问题，知识上的还是专业上的？（**两个都可以，或者您需要更多资金，或者更多时间吗？**）不，我在读研究生的时候就收集了很多资料，那不是主要问题。知识层面，确实有点小问题，尽管花了我一些时间，不过最终解决了。主要是因为我一只脚踩在社会学里，另一只脚踩在政治学里。在社会学一边，我当时参加了威斯康星校区的一个叫作古典分析与历史变革的项目，那个项目在一定程度上是一个新左派项目，所以我读了很多路易斯·阿尔都塞（Louis Althusser）*、马克思和尼科斯·普兰查斯（又译尼科·布朗扎，Nicos Poulantzas）*的作品。他们都属于法国结构主义马克思主义（French Structural Marxist）那一派，他们的作品很鼓舞人心、很有趣，但也很难读。不过从知识层面来说，我发现所有这些人都在谈论生产模型，分析也停留在生产模型层次、资本主义对抗社会主义，这其实也没什么。但问题是当我开始上政治学专业课的时候，我意识到在生产模型中，在发达资本主义中，有很多不同的类型，就像美国不是法国，法国不是德国，德国不是丹麦一样。所以该怎么办？我该如何用一般的生产分析模型来解释不同的国家？那些人都在讨论资本主义和民主之间的矛盾，我该如何运用这一观点来解释商业化核能产业在美国走向衰落而与此同时在法国却繁盛起来的事实？这两个国家是同样的生产模型，一个成功了而另一个却失败了。于是，我就在知识层面感到困惑。不过这个问题在我引入制度分析以后得到了解决，制度分析是一种更加细微的方法，是我从政治学而不是社会学那里学到的方法。而问题的解决成了整个论文的关键，虽然花了一段时间，但我最终还是解决了那个问题。

根据您的观察，您认为中国学生和美国学生之间是否有差异？

（首先我得声明）我说的是一个基于不到五个案例的粗略的甚至夸大了事实的结论。如果我不得不基于一小部分学生做一个概括的话，我会说来自中国的学生在课堂上有点胆小，不太敢质疑我。这有时候会让我受不了，因为我希望学生来质疑我，这是美国的风格，美国的风格就是要表现得更加积极。这是一个很大的不同，也是主要的不同。第二点差异是，同样，我说的还是基于一小部分学生，达特茅斯学院是一个非常精英化的学校，吸引了很多非常优秀的学生，我们招收的中国学生比我们招收的美国学生要好，只需要稍微培养一下（就很棒了），而且中国学生在量化训练上的平均表现要比美国学生好得多。

您会给学生什么样的建议？包括中国学生和美国学生，帮助他们更好地学习社会学。或者对将来打算从事学术事业的学生，您有什么建议？

我的建议就是别犯我犯过的愚蠢错误，哈哈。如果要我给很多建议的话，我想我会说：首先，尽管这可能是陈词滥调，听起来很荒唐，但却是真的——做真正让你有激情的事，不要因为别人说你应该做这件事，你就去做，绝不要因为你觉得这么做会挣很多钱，你就去做。千万别这么想！做，是因为你真正喜欢它；做，是因为它能让你早晨从床上爬起来。而你一旦决定要做了，你就要尽你所能，找到最好的项目，接受最好的教育，和最聪明的人待在一起，努力地工作。这就是我的建议。

作为一个社会学家，对您自身产生了怎样的影响或改变？

应该说非常大。我的意思是说，它改变了我的思考方式，我想不仅是在这间办公室或仅仅是在课堂上，我觉得我是一个一周七天、每天二十四小时的社会学家。我觉得这是一件好事，我觉得它给了我一定的视角，一定的客观性，这是很多人没有的。我不是在抬高我自己，我就是想说，由于我接受了这样的训练，所以让我能够比接受了不同训练的人略微专业一点，去批判性地审视世界上正在发生的事情。我觉得没有什么比改变思考方式更加彻底的了。社会学已经融入了我的骨子里。

最后一个问题，您觉得社会学让您感到幸福吗？

这是个好问题。尽管有时候我不那么确定，但是总的来说，是的。即使是在艰难的时候，在最开始的三四年，我也非常喜欢我在做的东西。尽管我当时不确定我是不是会坚持下去，因为那时候我感觉很失望，但是我在做研究的时候还是很开心的。这一点是毫无疑问的。指导论文还有其他一些事都是非常有趣的。我是历经艰难才明白我们参与的任何一项研究，就像海水一样有涨有落，涨起落下，涨起落下，总是会有一个点，不管你是在写书还是在写文章，或是在研究什么，事情进展很顺利，就在你觉得差不多要搞定了的时候，突然你遇到了一个问题，你会想："我的天呐，这下完了，我做错了。"我总是会有那种感觉，就像胃在肚子里搅动一样难受："天呐，我怎么没有想到会发生这种事呢？"那种感觉像是眼睁睁地看着一辆火车向自己驶来，而自己却束手无策。我花了很长一段时间才想明白，这一切其实都很正常。如果哪一天像我说的这种情况真的出现在你的生活中，不要慌，只要你保持思考，就一定会想出解决办法。你或许需要后退一两步，并且稍微改变一点方向，问题就迎刃而解了。尽管有一些技巧能够帮助你避开那些问题，可是如果你已经陷进去了，那种感觉一定不太好。但是没关系，以我的经验，去健身房锻炼一下，透透气，或许就会有帮助。

相关人物介绍

赫伯特·马尔库塞（1898—1979），德裔美国哲学家、社会学家和政治理论家，法兰克福学派代表人物之一，以批判资本主义、现代科技、历史唯物主义和娱乐文化闻名。他最著名的作品有《爱欲与文明》（Eros and Civilization）和《单向度的人》（One-Dimensional Man）。

伊万·塞勒尼（1938—　），耶鲁大学社会学教授和政治学教授、美国艺术与科学院院士、匈牙利科学院院士。他致力于对国家社会主义和后共产主义社会的社会经济变迁进行研究，是这个领域当之无愧的开拓者和领军者。近年来，他重点追踪中东欧国家的社会不平等问题和社会福利领域内的"二次转型"。

利昂·林德伯格（1932—　），美国政治学家，威斯康星大学麦迪逊分校的荣誉退休教授，他的研究涉及政治经济学、欧洲政治、区域一体化。其代表作有《欧洲经济一体化的政治动态》（Political Dynamics of European Economic Integration）、《美国经济治理》（Governance of the American Economy）。

查尔斯·赖特·米尔斯（1916—1962），美国社会学家，曾长期执教于哥伦比亚大学社会学系。米尔斯一方面深受实用主义思想的影响，尤其是受米德、杜威等人的影响，另一方面又受韦伯、曼海姆的影响，米尔斯也承认马克思对他产生了巨大影响。米尔斯的著作无论在学界还是公共领域都产生了深远影响，代表作有《权力精英》（The Power Elite）、《白领：美国的中产阶级》（White Collar: The American Middle Classes）以及《社会学的想象力》（The Sociological Imagination）。1964年，社会问题研究协会（Society for the Study of Social

Problems）为了纪念米尔斯，特别设立了以他名字命名的米尔斯奖，以表彰杰出的社会科学研究人员。

路易斯·阿尔都塞（1918—1990），法国马克思主义哲学家，法国巴黎高等师范学院教授，法国共产党员，"结构主义马克思主义"的奠基人。阿尔都塞的代表作是《保卫马克思》(Pour Marx)。

尼科斯·普兰查斯（1936—1979），希腊裔法国马克思主义政治社会学家。他最初是列宁主义者，最终成为欧共体主义的支持者。普兰查斯的贡献主要集中在对国家的理论研究上，他同时致力于用马克思的理论来分析当代法西斯主义和20世纪70年代发生在南欧的独裁统治的崩溃。普兰查斯和路易斯·阿尔都塞一起，被认为是结构主义马克思主义的代表人物。

Frank Dobbin

弗兰克·道宾
（哈佛大学社会学教授）

弗兰克·道宾（Frank Dobbin）是哈佛大学文理学院和商学院联合培养的组织行为专业博士学位项目主席，斯堪的纳维亚组织研究共同体／维泽赫德国际组织研究项目（SCANCOR/Weatherhead Initiative in International Organizational Studies）主任，麻省理工学院·哈佛大学经济社会学论坛（MIT·Harvard Economic Sociology Seminar）的联合协调人。1980 年，道宾从欧柏林学院获得社会学专业的学士学位；1987 年从斯坦福大学获得社会学专业的博士学位。1987—1988 年他在印第安纳大学任教，1988—2002 年任职于普林斯顿大学，先后任助理教授、副教授、教授。2003 年，道宾以全职教授身份加盟哈佛大学，他的研究主要涉及组织、不平等、经济行为和公共政策，他是世界知名的经济社会学家。他的《打造产业政策：铁路时代的美国、英国和法国》（Forging Industrial Policy: The United States, Britain, and France in the Railway Age）和《创造平等机会》（Inventing Equal Opportunity）都获得了美国马克斯·韦伯奖（Max Weber Award）。

2017年3月18日

哈佛大学威廉·詹姆斯大楼（William James Hall）

教授，我的第一个问题是：在您眼中什么是社会学？

和其他学科相比，社会学更多的是在研究各种社会制度（social institutions）。我认为最有趣的（学科）就是社会学，因为你可以随时变换你的研究，你可以研究社会运动，也可以像我一样研究组织和商业战略、民族国家问题，但是其他社会科学学科倾向于研究某一种制度，如经济、政治。

如果我希望您给社会学下一个定义，您会怎么说？

社会学是用来研究高于心智和个体层面的各种社会制度的学科。

就社会学的定义而言，现在是否很难在学科内部达成一致？

我不这样认为，我认为大多数社会学家都或多或少地朝着相同的方向在努力。

那您认为社会学何以作为一门独立的学科而存在？

我认为有一些东西使得社会学不同于其他学科。首先是我们研究各种社会制度，不是某一种——这种或那种。其次，我认为不同于其他学科，我们的大部分工作都是在进行归纳，我们研究社会，是在努力解释而不是推理它，所以我们不会像经济学或政治学的分支学科那样，立刻从基本原理下手，我们不会那样做。我猜你这时候想说，心理学和人类学也是在进行归纳，但是我们不仅仅是归纳，而且还倾向于对不同的理论机制进行考量。举例来说，我们会研究权力，尽管这是政治学一直占据的话题，我们也会研究利己主义，尽管这是经济学一直占据的话题。

您提到了经济学，那么作为知名的经济社会学家，您能不能告诉我们经济学和社会学之间的差异？

过去，（经济学和社会学的差异）在某种程度上表现为我们研究的对象不同，尽管早期社会学家也会研究经济问题，譬如马克斯·韦伯过去研究过经济，卡尔·马克思过去也研究过经济，还有格奥尔格·齐美尔（Georg Simmel）*也研究过经济。但如今，我们倾向于研究很多相同的问题。我认为，（真正的）差异体现在社会学家会考虑很多的因果机制以及影响经济行为的因素，无论是组织行为还是民族国家行为。而经济学家的理论比较单一，尽管他们研究的机制范围相对狭窄，但是他们倾向于深入地研究这些机制，譬如成本—收益分析或者其他。他们更愿意在特定的机制上下功夫，做深入的研究，不过在我看来，在研究相同的问题时，相比经济学家，社会学家往往更能找出正确答案，因为社会学家不会把注意力仅仅局限在看似发挥作用的机制上面。

社会学里面有很多的分支学科，您如何看待社会学的分化？

过去二三十年，社会学是一个多多少少围绕着一个范式整体存在了很长时间的学科，所有或大部分的分支学科都建立在结构功能主义的基础之上，而且是以我们现在所在的地方（哈佛大学社会学系）为中心，不仅仅是以这间办公室为中心，因为有人告诉我，我所在的这间办公室曾经是帕森斯的办公室。毫无疑问，结构功能主义在一定程度上使社会学在理论层面实现了统一。尽管我们现在都认为结构功能主义是错的，没有人再自称是结构功能主义者，但是以前人们嘴上说得最多的就是结构功能主义。随着结构功能主义的退出，有趣的事发生了，更多的理论涌现了出来，但是这些理论都是在社会学的分支领域而不是总的学科层面产生的。

以我研究的组织理论为例，结构功能主义在20世纪70年代开始消退，到了70年代后期我们就有了新的理论范式，资源依赖理论（Resource Dependence Theory）、网络理论（Network Theory）、制度理论（Institutional Theory）和种群生态理论（Population Ecology Theory），它们构成了组织社会学重要的理论范式。可是这些理论不适用于解释社会运动，不适用于解释民族国家，也不适用于解释教育机制以及家庭等。可结构功能主义适用于解释所有这些领域，不过，组织社会学里出现的这种问题在其他领域也同样出现了。当然，现在有些理论也试图在多个领域发挥作用，制度理论便是其中之一。不过分支学科由于它们各自的一套理论观点逐渐开始变得孤立，我感觉我们的理论在学科层面已不如从前那么完整，因为不是每一个人都还在运用同样的理论开展研究，（运用什么样的理论）取决于你所在的分支学科是什么。因此我认为，这在某种程度上是一件不幸的事，因为这意味着整个学科被封装到了不同的筒子里面，所以如果你是一个研究社会运动的理论家，那么你有你的社会运动理论；如果你是一个研究组织的理论家，那么你有你的组织理论；如果你是一个研究教育、研究犯罪或者人口的理论家，那么你同样也有你们相应的理论。

但是与此同时，我也注意到一些重新整合的趋势。举例来说，随着经济社会学的兴起，那些过去的组织理论家、历史社会学家都开始进入经济社会学领域，结果他们从各自的理论范式中引入概念，这在我看来是非常令人兴奋的，因为这意味着出现了重新整合的可能性。在一些领域，我们也看到了在重新整合方面所表现出来的努力。举例来说，有一两本书正尝试把组织社会学里的观点和社会运动理论中的观点放在一起，杰拉尔德·戴维斯（Gerald Davis）*、迪克·斯科特（Dick Scott）和道格·麦克亚当（Doug McAdam）*，我忘了还有谁，他们几年前合著了一本书①，试图把两种理论的观点放在一起。尼尔·弗雷格斯坦（Neil Fligstein）*和道格·麦克亚当曾经写过一本《场域理论》(A Theory of Fields)，也尝试把两种理论的观点放到一起去。我认为这是近年来社会学出现的非常让人兴奋的

---

① Gerald Davis, Doug McAdam, W. Richard Scott, and Mayer N. Zald (eds.), *Social Movements and Organization Theory*, New York: Cambridge University Press, 2005.

事。我想说，从局外的角度来说，我们在一定程度上的分裂，以及发展各自领域理论的损失就是，尽管出现了很多小的不同的理论，但是从整体来看我们似乎没有理论。可是如果你去看大家在不同的分支领域所做的研究，你会发现，很多研究都可以追溯到韦伯、涂尔干、马克思和齐美尔。我的意思是说，我们其实有一些核心的理论观点，正是在核心观点的推动下，所有研究才向前发展，只不过有时候换了一个名称罢了。正如我之前说的，不像经济学，我们不会假定一种理论就足以支撑所有的经验研究。所以，尽管在一定意义上这是我们面临的一项挑战，但是我认为，我们要进一步地交流观点，譬如权力、制度再生产以及意义是如何在群体中构建的。这些观点分别来自马克思、韦伯和涂尔干，他们构建了我们研究的基础。你知道吗？每当有人说他构建了一个全新的理论的时候，我读完以后的感觉就是，这和涂尔干在《自杀论》里面试图说的东西好像没什么差别。

您如何看待社会学中定性研究方法与定量研究方法的关系？

我觉得人们对此会有不同的看法，取决于他们在什么地方，尤其是取决于他们在什么地方的社会学系。我很幸运在选择读研究生的时候去了斯坦福，因为在那里，定性研究和定量研究之间不存在分歧，即使是一些纯粹从事定性研究的人，像安·斯威德勒（Ann Swidler）*，也会和一些纯粹从事定量研究的人，如约翰·迈耶（John Meyer）*合作。我想说，尽管可能也会有一些分歧，但绝不至于产生隔阂。后来我去印第安纳大学教书，在那里，定性研究和定量研究就存在明显的分歧，我就理解为什么会有人说："噢，有些方面是我们在反对他们。"再后来我去了普林斯顿大学，在那里待了十五年，那里也不存在这种隔阂。当然，或许也和我自己有点关系，以至于我没有发现太多这样的问题。以我的早期作品为例，我的第一本书是基于不同国家的档案材料做的定性比较研究。在读研究生的时候，我也和几位老师合作过一些定量的研究，我觉得我不需要在二者之间做一个选择。但是我感觉，在顶尖的社会学系，可能存在一些定性研究和定量研究的分歧，不过哈佛和普林斯顿并不存在这样的分歧。总的来说，我认为哈佛和普林斯顿培养出来的学生两种方法都可以驾驭。我觉得，只要我们不是在不必要的错误的方法论界限上存在分歧就没关系。

很多刚开始接触社会学的学生或者想要了解社会学的公众想知道："社会学有什么用？"您会怎么回答？

就像我刚才说的，我认为社会学在一定意义上提供了关于社会现象的最正确的解释，因为社会学会把不同的机制，不同的因果机制都考虑在内，所以社会学研究的很多问题都渗透到了人们的思考方式中。当你在思考同辈群体或同伴的时候，当你在思考制度化的意义的时候，很多来自社会学的见解都会影响你如何去思考这个世界。

您认为十年或二十年后的社会学会是什么样的？

我认为社会学会朝着几个方向发展。正如我刚刚说的，社会学会向着理论统一的方向发展，如果让我以经济社会学为例来说的话，你肯定同意经济社会学的思想主要来自于组织理论的说法，而20世纪70年代的组织理论很大程度上就是结构功能主义，然后有一些马克思主义者开始从事组织理论研究，这样组织理论就分化出了两拨人。现在让我来谈谈经济社会学，结构功能主义那拨人沿袭了马克斯·韦伯的传统，研究制度如何再生产以及我们如何选择不同的制度；而马克思主义那拨人沿袭了马克思的传统，研究权力关系。我感觉目前在经济社会学里面，大多数人都不再以某一拨人的观点作为出发点。所以我可以想象得到，社会学会向前发展，那时人们会在不同的情境下灵活地使用各种机制，同时考虑其他可能的机制。我感觉很多分支学科都在朝着这个方向发展，在范式的选择上，理性而不是教条狭隘地使用各种概念，但是当马克思主义者和结构功能主义者之间存在隔阂的时候，站在其中一方的人绝不会认为另一方的解释是对的。现在我感觉我们已经超越了这种隔阂。

还有我看到了其他可喜的发展。在我自己的研究中，数据的可用性增加了，因为有很多机构在从非常细微的层面收集数据，国家也在从非常细微的层面收集数据。大多数欧洲国家利用个人的注册数据（register data）信息，就可以追踪他们的整个生命历程，通过学校，通过不同的工作，他们有关于各种事情的年度数据，甚至是非常细微的数据。我希望这种收集工作不会在美国发生，因为他们已经到了人们开了什么药都知道的细微程度，我认为这有点离谱，甚至侵犯隐私。所以我不是特别建议每一个国家都这么做。但是我们确实能够接触到那些令人难以置信的数据，用来帮助我们回答我们之前无法回答的问题。如果你看一下整个科学界，物理学家会告诉你他们面临的问题需要每年数亿美元的投资，但是在核项目以前，他们得不到那么多的钱，物理学家是用很少的钱来做核项目的。我认为在社会学里，我们也可以花同样数目的钱去收集基于个体的长时间的非常细微的数据，这很容易，如果我们能够花物理学家花的钱去做这件事。但是我们没有，部分原因是人们可能觉得没那么重要，或者他们有更重要的投资项目，反正和像物理学一样的学科预算相比，国家科学基金给社会学的预算只是很小的一部分。在我刚从事社会学研究的时候，我经常在想，如果我们能够有物理学的资源，我们也能做出非常惊人的成绩。不过现在我很受鼓舞，因为我意外地发现很多国家都已经在收集注册数据了，而且越来越多的科学家在使用这些数据。在我研究的领域，我研究最多的一个问题就是人们在公司的职业路径，以及公司战略和政策是如何影响男人和女人、黑人和白人、亚裔美国人和拉丁裔美国人的生计的。很多公司也在收集数据，事实上很多公司都有基于个人的令人难以置信的数据，包括他们在公司期间的事业发展情况，细致到他们从哪里来，离开后又去了哪里，什么时候获得晋升，获得了怎样的职业考评，挣了多少钱，在什么小组工作，而且越来越多的科学家在使用这些数据。所以我认为，社会学会向着大数据科学的方向发展，就像高能物理中的直线加速器一样，有几百亿的观察数据，我们也在朝着更多的数据和利用更多的数据进行更广泛的研究的方向发展，我觉得这让人感到非常兴奋。

接下来我需要您和我一起回到您的大学时代。我知道您从一开始就选择了社会学专业，您那时候为什么会想选这个专业？是您的家人对您产生了什么影响，还是您自己做了这样的决定？

这很难说。一定程度上，我的父母对我学什么并没有太大的影响，我想可能和我成长的年代有关。20世纪六七十年代是个非常自由开放的时期，我的父母都是左翼人士，他们都接受过高等教育，所以他们主张我去做我想做的事。我想他们对我是有影响的，因为他们都是社会工作者，他们都对社会问题感兴趣，他们也积极参与政治活动。在我很小的时候，我就被他们带去参加了很多民权示威活动，那时候有很多的反战示威、女权主义示威以及环境保护示威，而这些示威反映的都是社会学家在研究的问题。所以一定意义上，我觉得我对多样性和不平等问题的兴趣就来自于小时候在饭桌上听大人们讨论民权运动。至于我是如何对社会学产生兴趣的，我恐怕真的无法回答，因为我们上高中的时候没有社会学的课。我那时候以为我会学英语专业，或者成为一个画家，也可能去法学院。但是我上大学的时候确实遇到了几位非常了不起的教授，他们让我对社会学痴迷了起来，于是我选择了社会学专业。

这也刚好是我想问的。您认为上大学的时候，有没有一些教授或者老师在培养您的社会学兴趣方面发挥了非常重要的作用？

是的，我想这也是大多数人会选择社会学专业的原因，因为如果是父母催促你去学某个专业，那么他们通常会催促你去学那些更实际或者他们为你看到了清晰职业前景的专业。我的意思是说，尽管社会学专业也能够让你成为投资银行家或管理咨询师，就像经济学专业一样，但是更多的父母会认为："噢，我想让我的孩子将来成为投资银行家。社会学？还是算了吧。"因为他们首先会想到经济学。我认为父母不会催促他们的孩子去学社会学，也因为高中没有社会学这样的社会科学课程。在高中，社会科学指的就是历史学，学生会上历史课而不是社会科学的课。所以我认为大多数社会学家是在大学老师的激励下进入社会学领域的。有相当数量的社会学家投身于这个专业领域是因为他们的父母也是社会学家。

您上大学的时候最喜欢什么课？

坦白地说，我觉得我都非常喜欢，因为我觉得那些材料都非常有趣。我在欧柏林学院的时候有一门非常精彩的有关性别的课，但是我最喜欢的还是四门独立的阅读课。文理学院的优势就是你可以和教授进行一对一的交流。我想我那时候上了四门这样的课。在欧柏林学院，老师给我制订了四个独立的阅读计划，分别围绕马克思、韦伯、涂尔干和弗洛伊德（Freud）*展开，整个学期我就从他们的早期著作开始阅读，读了很多他们各自的作品。那段经历在一定程度上也让我意识到我想成为一名社会学家，因为通过阅读他们的作品，我发现一切都让人非常着迷。

所以，您读了很多马克思、韦伯的作品。我想知道，您还喜欢读哪些书？

在那些课上，我读过所有的原始材料，我读过《共产党宣言》《政治经济学批判大纲》《路易·波拿巴的雾月十八日》……反正我读了很多马克思的著作，基本上当时指导我的教授让我读的我都读了。我现在很高兴自己当初那么做了，因为那为我后来打下了牢固的基础，尽管那不是我当时非做不可的事，不过我觉得很有趣。

很多学生第一次读马克斯·韦伯的书会觉得很难读。您当时第一次读他们的书有同样的感觉吗，诸如韦伯、马克思和涂尔干？

他们中有些人的书确实要难读一些。我觉得《新教伦理与资本主义精神》很好读。我觉得涂尔干的大部分作品都很好读,不过我想我应该是从教授认为对我而言比较容易下手的书开始读起的,后来当我觉得还行的时候,我就继续读下去了。我猜这也是我后来放弃了马克思的《政治经济学批判大纲》的原因,因为那本书很难读。

大家都知道您是经济社会学家,那么您当初是如何进入这个领域的?

我本科毕业论文是关于社会运动、宗教运动的。坦白地说,我当初去斯坦福是因为我想去加利福尼亚,还有就是我本科的导师建议我不要申请哈佛,因为他刚从哈佛研究生毕业,他觉得哈佛社会学系在培养学生方面做得不好,所以我就没有申请哈佛。根据导师的建议我申请了四五所学校,当时我也没有做太多的研究,不过我以前去过斯坦福和伯克利,而我那时候打算继续研究社会运动。我选择斯坦福大学社会学系倒不是因为社会运动是那里的研究专长,而是因为它在加利福尼亚。后来,我逐渐对组织理论将往哪个方向发展的问题产生了兴趣,因为这个问题当时刚好在那里兴起。20世纪70年代,由于组织理论受到结构功能主义的影响,非常枯燥乏味,不过那时候组织理论发展得却非常迅速。所以我最先是对组织理论感兴趣,然后才对经济社会学感兴趣。如果早十年去读研究生的话,我不觉得在那些领域会有任何让我感兴趣的东西。所以,我是很偶然地进入经济社会学领域的。

自从您成了一名社会学专业的老师以后,您想教给学生什么?

我最喜欢教的是研究方法,而在刚刚过去的秋季学期我头一次教古典理论,我也非常喜欢教古典理论,而且你可以看得出来我为什么那么喜欢教古典理论(注:作者是课上的学生)。尽管我在本科的时候最喜欢的就是古典理论,但我之前一直没有机会教古典理论,所以现在能够有机会"回去"是件非常有趣的事。我认为每个人都需要这方面的基础,因为如果他们(有一天)觉得自己提出了一个新的概念，他们就知道这个概念到底是不是一个"货真价实"的新概念。如果的确是一个新概念，那么它和古典理论之间又是什么关系？此外，我知道说我喜欢教方法似乎有点不同寻常。其实我在普林斯顿大学教了很多年的方法导论，我在哈佛也教了很多年的方法导论。我之所以喜欢教方法是因为我们每天做的很多工作都是在收集数据，然后整理和分析数据，建构分析框架，所有这些都被我们使用的方法所限定。你知道，我曾经一度想过成为一名画家，尽管那是个错误的想法，不过我在斯坦福大学读研究生的时候还一直坚持上绘画课。学习有点像画画，你要喜欢画画，你要喜欢你在做的，譬如把颜料挤到调色板上，想一下你需要什么颜色，调出颜色然后画到画布上，如果你不喜欢做这些部分，还想成为一个画家，那是不可能的，你也不会因此感到开心，所以你要喜欢绘画的这些部分。因此我觉得在读研究生的时候，最重要的一件事就是去培养自己对研究的喜爱，包括研究的各个组成部分，也可以是一些部分，因为相比其他部分，我更喜欢另一些部分。我喜欢教方法是因为它对我来说是一项挑战，这就好比你是一个侦探，你要试图找到谁是幕后黑手，尽管你也知道侦探做的很多工作没有那么有趣，但在一定程度上这就是我们所要面对的事实，要想办法把它做好，找一种方式让法庭相信你是对的，或者作为研究人员，让读者相信你搞清楚了所发生的一切。我觉得这是我读研究生的时候学到的非常重要的一件事，我开始喜欢研究的过程，这也是我喜欢教方法的原因。我觉得这可能是一个不同寻常的回答，因为我应该说我喜欢教的是我所擅长的领域，当然我也喜欢教我所擅长的专业知识，我喜欢教学，我喜欢教本科生，喜欢教研究生。总之，无论是教什么课，都给我带来很多的快乐。

您是如何平衡教学和科研的？我想这对大多数大学老师而言都是一项挑战。

这的确是一项挑战。但是就像我刚刚说的，我喜欢教学，所以对我而言教学从来不是一件痛苦的事儿，我从来不会有这种想法："天呐，我实在不想去（给学生）上课了。"刚做老师的时候，有时候我会感到痛苦，比如我还没想好上课要讲什么，可是距离上课就只有一个小时了。我该怎么办？我用来平衡的方法就是多去实践。我认为想方设法成为一个高效的老师是一件很容易的事，那样你就不需要花五个小时的时间去准备一堂只有五十分钟的课。而且一旦你教了一两次以后，你就不再需要花那么长的时间去准备这堂课了。我觉得我也很幸运，因为哈佛没有要求我开设很多的课，我们好像一年平均开3—3.5门课就可以了。所以我不觉得这是件很难平衡的事，而且你要告诉自己，在教学上，就算你多花了两个小时去备课，也只能提升课堂质量的百分之五，而那堂课其实并没有提升百分之五的课堂质量的必要。有时候你还要告诉自己，本科生能够在课堂上吸收的知识是有限的。如果你对这个限度把握得好，那么你就知道你大概要讲多少，知道该让学生阅读多少材料。

在您的学术生涯中有没有经历过坎坷？您最终是如何度过的？

我一直都很幸运，我不能说我经历过很多的坎坷。至于对我而言最艰难的时候，我想我会说两件事：第一件是，我的妻子米歇尔·拉蒙特也是一位社会学家，但是学院却从来没有为我们这样的学术伴侣考虑过。因为美国的就业市场是随机的，所以米歇尔当时在得克萨斯大学教书而我在印第安纳大学教书。如果你去看地图的话，你会发现这两个地方隔得很远，而且没有直航的飞机，至少那个时候没有直航的飞机。我想说，对我们而言，找到能在一起的工作是很艰难的。但是我们都很幸运，因为那时候两所学校的社会学系都是位居前十的，我们找到的第一份工作都在前十的社会学系。我在印第安纳大学工作了一年半以后，我们一起去了普林斯顿，当时普林斯顿大学的社会学系还不怎么出名。我们一直在就业市场上找工作，找了三四年。那对我们而言是很大的压力，我们当时也不知道该怎么办，我们是真的不知道。

我想说的另一个让我们倍感压力的事发生在我们拿到终身教职的前几年。在读研究生的时候你可能会面临一些发表的压力，但是如果你想多待一年，或者因为其他一些什么状况，你是可以在研究生院多待一年的，你可以等准备好了再去就业市场找工作，所以如果你没发表文章，在博士第五年你可以延期一年。但是当你申请终身教职的时候，你必须在规定的日期前发表足够的文章，否则的话你就拿不到终身教职。那年普林斯顿有不下六个人想要拿到终身教职，学校也不停地和我们强调这一点。我做过计算，我们两个人都拿到教职的机会非常小，所以在截止日期前，我们都非常拼命地工作。我想那对我们来说是很艰难的一段经历。有一次我和孩子们一起翻看老照片，他们中有一个就说："等等，那张照片你看起来很显老，但那背后是我们出生前的房子，对么？可这张照片是五年以后的，你有我们三个孩子，可你看起来更年轻了。"我说："是的，可不是吗？"第一张照片就是我们拿到终身教职前几年的样子，可见我们那时候的辛苦和压力。大多数人看起来最糟糕的时候应该是他们有了小孩以后，而我们那时候比刚有小孩子的时候看起来还要糟糕。

您的两本书《打造产业政策》和《创造平等机会》都获得了马克斯·韦伯奖。我想了解一下《打造产业政策》这本书，您当时写这本书的时候面临的最大挑战是什么？它是不是您的博士论文？

两个问题的答案是一样的，是的。我面临的主要问题是，我当时对不同国家出现的不同的合理性概念感兴趣。我的博士论文打算从三个不同的国家入手，比较铁路时代、汽车工业时代、大萧条时代、电子产业时代四个不同的阶段都发生了怎样的变化。我要论证的是在铁路时代，不同的国家就如何促进工业增长发展出了不同的策略，然后它们在接下来的阶段不停地重复这套策略。但是当我写完以后拿给别人评论的时候，大多数人都说："你知道吗？有趣的问题其实并不是为什么这些国家一直在重复这套策略，而是它们为什么从一开始就选择了不同的策略。"这也就成了我写这本书时遇到的最大困难。尽管我写完了博士论文，但是等到出版的时候，其实是重新写了一本书，我关注的不再是最初的策略是如何被复制的，而是不同的国家为什么从一开始会发展出不同的策略。因此我之前做的研究基本就没用了，我不得不重新开始研究，显然我也不得不重新写作，因为我要解决的是一个不同的问题。但是我想说的是，在拿到终身教职前的那几年，为了出版那本书以及发表一些文章，我每天都在疯狂地工作，有时候我会觉得那样做很愚蠢，因为有些人可能花三个月的时间稍微修改一下他们的博士论文就拿去发表了。可能我就愚蠢在没有发表我的博士论文，我之前以为我将来会发表我的博士论文，我也的确发表了其中的一些章节，但我最终意识到，做什么事都提前有一个计划是好的。

《纽约时报》今天发表了一篇文章，标题非常有趣，所以我也想问："如果社会学家有像经济学家那样的影响力会怎么样？"您的回答是什么？

我读了这篇文章，非常有趣。我认为如果我们社会学的见解，譬如有关组织流程是如何再生产性别不平等、教育获得以及人们为什么会辍学的见解，能够被政策制定者严肃地采纳，那么这个世界会变得大不一样。我认为政策制定者通常倾向于只考虑来自于经济学家的简单模型，不是说这样做不对，只是很多因素没有被考虑进去。所以如果社会学家的见解能够被采纳，那么我们会看到更加富有成效的公共政策。举例来说，我最近读了一本非常好的书，是埃伦·贝里（Ellen Berrey）、鲍勃·纳尔逊（Bob Nelson）和劳拉·尼尔森（Laura Nielsen）几个人写的，这本书[①]是关于政府在促进工作

[①] Ellen Berrey, Robert L. Nelson, and Laura Beth Nielsen, *Rights on Trial: How Workplace Discrimination Law Perpetuates Inequality*, Chicago: University of Chicago Press, 2017.

场所的平等，包括男人与女人、黑人与白人之间的平等所做的努力，他们几个人在这本书中揭示了我们的体制，我们的法律体制没有帮助处于劣势的群体解决他们在工作场所遇到的问题，尤其揭示了那些在歧视诉讼中输了官司的人不可避免地会丢掉工作，进而处境更加贫困的问题，而且他们几乎总会输掉官司，即使他们赢了官司，他们也会失去工作，通常是被开除，或者遭到报复不得不选择离开。尽管他们赢了官司，获得了差不多三万美金的赔偿，但是这些钱并不足以弥补他们失去工作的损失。他们赢了官司以后还不得不支付律师费，所以即使他们赢了官司，他们付了律师费以后能剩下的也差不多就是两万美金。我们原本认为允许雇员起诉雇主可以抑制雇主的歧视，且这套系统解决了工作场所的歧视问题，但实际不然。所以如果一开始在制定公共政策的时候我们就想到这样的问题，社会学家发现了这样的问题，而国会认真听取了我们的意见，那么我们所发挥的作用就大不一样，同时也会出现更多有效的政策。我想说，在很多欧洲国家，社会学家在政策制定上发挥了很大的作用，而在美国，我们的政治体制主要是受国家经济的影响，或许英国也是这样，但是在法国、德国、意大利、北欧国家，社会学家发挥了很大的作用，中国也是如此。据我所知，在这些国家，政策制定者会更多地倾听来自社会学家的声音。

您对未来打算在社会学领域从事学术研究的学生的建议是什么？

在某种程度上，我想我的建议已经隐含在我之前说过的内容里了，那就是去想想你怎么才能做出一点贡献，你需要一个扎实的理论基础，你需要知道人们以前都说过什么，他们之前提出过什么样的概念，而且在开始之前，你要有一个扎实的方法基础，并且思考"我是真的想做这个吗"。在你想成为一个画家之前，你不应该去想我是不是想出名或者我是不是应该在一个大的艺术画廊开个画展，而应该去想我能不能坐得住，或者站得住，愿意每天花五个小时的时间，拿着一支画笔，托着颜料盘去画画。你需要想一想这是不是你想做的。（如果不是画画，而是）做研究，这是不是你想做的，但是不像画画（你是一个人在创作），做研究可以在一个小组里面，这也是做一个社会学家最有趣的地方，那就是合作的过程。

相关人物介绍

格奥尔格·齐美尔（1858—1918），德国社会学家、哲学家，德国社会学创始人之一。齐美尔被视为城市社会学、符号互动论和社会网络分析的先驱人物。其代表性著作是《货币哲学》(The Philosophy of Money)。

杰拉尔德·戴维斯（1961— ），美国社会学家，密歇根大学社会学教授。他的研究兴趣包括企业网络、社会运动和组织理论方面，代表作有《社会运动和组织理论》(Social Movements and Organization Theory)等。

道格·麦克亚当（1951— ），斯坦福大学社会学教授。他被认为是在社会运动中分析政治过程的代表人物，代表作《自由夏天》(Freedom Summer)获1990年的米尔斯奖。麦克亚当还在2003年当选美国艺术与科学院院士。

尼尔·弗雷格斯坦（1951— ），美国社会学家，加利福尼亚大学伯克利分校社会学教授。他在经济社会学、政治社会学和组织理论方面的研究成果丰硕，代表作有《欧洲的制度化》(The Institutionalization of Europe)、《市场的结构：21世纪资本主义社会的经济社会学》(The Architecture of Markets: An Economic Sociology of Twenty-First-Century Capitalist Societies)。

安·斯威德勒（1944— ），美国社会学家，加利福尼亚大学伯克利分校社会学教授。作为一名文化社会学家，她以《爱之谈》（*Talk of Love*），合著作品《心灵的习性：美国人生活中的个人主义和公共责任》（*Habits of the Heart: Individualism and Commitment in American Life*）以及经典文章《行动中的文化：符号与策略》（"Culture in Action: Symbols and Strategies"）而知名。2013年，斯威德勒当选美国艺术与科学院院士。

约翰·迈耶（1936— ），斯坦福大学社会学荣誉退休教授。他为组织理论、比较教育和教育社会学做出了杰出贡献，并以世界政体理论（World Polity Theory）这一看待全球化的新制度主义观点而知名。2015年，迈耶获得美国社学会最高荣誉——杜波依斯奖，以表彰他为推进社会学所做出的杰出贡献。

弗洛伊德（1856—1939），奥地利精神分析学家、心理学家，也是精神分析的创始人。他的代表作有《梦的解析》（*The Interpretation of Dreams*）等。

Mario L. Small

马里奥·L. 斯莫尔
（哈佛大学格拉夫斯坦家族讲席教授）

马里奥·L. 斯莫尔（Mario L. Small）是哈佛大学社会学系格拉夫斯坦家族讲席讲授（Grafstein Family Professor），哈钦斯非洲和非裔美国人研究中心（Hutchins Center for African and African and American Research）高级研究员。1996年他在卡尔顿学院获得社会学和人类学学士学位，又分别于1998年和2001年在哈佛大学获得社会学硕士和博士学位。2002年斯莫尔到普林斯顿大学任教；2006年加盟芝加哥大学，2011—2012年出任芝加哥大学社会学系主任，2012—2014年出任社会科学部主任；随后加盟哈佛大学。斯莫尔关于城市贫困、支持网络、定性和混合研究方法的著作和文章获奖无数。他分别在2005年和2010年获得查尔斯·赖特·米尔斯奖。

2017 年 3 月 24 日

哈佛大学威廉·詹姆斯大楼 (William James Hall)

教授，您眼中的社会学家是什么样的？

从不同的观点来看，社会学家是尝试理解社会世界不同侧面的人，这些不同侧面可以是社会关系的结构，可以是社会世界中决策的本质，可以是作为整体的社会分层，可以是随着时间流逝在社会中出现的各种变化等，社会学家对社会的所有方面都有兴趣研究。

如果让您给社会学下一个定义，您会怎么说？

最宽泛的吗？我认为社会学是有关社会的科学研究。

您认为目前在社会学中是不是还很难就社会学的定义达成一致？

是的，社会学是一个年轻的学科领域。尽管几个世纪以来，产生了很多社会学或类似社会学的作品，但是从一个正式学科的角度来说，或者从社会学应该是什么样的想法大体一致的时候开始计算的话，社会学最多只有一两百年的历史。所以，社会学是一个年轻的学科领域，一个就做某些事情的正确方法仍然存在争议的领域。因此，可以预见的是，我们会迈入一个在社会科学研究的正确方法上存在分歧的阶段。

社会学何以成为一门独立的学科？我知道您之前学过人类学和社会学，那么您能不能告诉我们这二者之间的区别？

我可以列举几点不同。我认为，如果有人告诉你他能够说出一个让所有人都满意的区别的话，那恐怕是假的。社会学本质上是和社会紧密相关的。如果仅仅这么说的话，恐怕还不能和其他学科区别开，我能想到的回答你这个问题的最好方式就是举例子。社会学家会像人类学家一样研究特定的社区，会像历史学家一样追寻随着时间推移出现的变化，会像经济学家一样研究经济过程，会像人口统计学家一样研究人口变化，会像心理学家一样研究个体认知和决策。社会学家研究而其他学科不研究，或者其他学科很少研究，又或者其他学科研究但不如社会学家研究得那么好的领域有制度研究、社区研究、组织研究、语境研究，还有文化研究和背景行为研究。其他学科会研究这些问题的侧面，而社会学把它们当作核心问题进行深入研究。我还应该把网络研究加上，网络研究本质上是一个深刻的社会学问题。

社会学里面有很多的分支学科，您如何看待社会学里面出现的这种分化？

我认为这在一定意义上是不可避免的。从这个意义上来说，我认为这可能并不是什么坏事，但是从另一个意义上来说，我认为出现分化是一件很不幸的事。我说不可避免是因为学科分化是专业化的自然结果，这在某种意义上不是什么坏事，因为我们能够更加细致、更加准确、更加成熟地研究问题。如今最好的网络分析可以研究潜藏很深的信息，这是最好的民族志学家做不到的，反之亦然，最好的民族志学家可以观察到社会的不同方面所发生的改变，而这也是最好的结构主义网络学家（structuralist network researcher）做不到的。从这些意义上来说，我认为学科分化是有利的。我之所以也觉得不幸，是因为学科分化会造成一种局面，那就是即使使用学科共同语言，还是会出现研究人员之间难以相互理解的情况，即便是一个很简单的问题，譬如在什么构成一项恰当的研究上，也难达成一致。如果你在做其他类型的研究，偏离了主流社会科学的期望，那么你的研究可能就难以获得学界的认可。

接下来的一个问题，我特别想要问您，因为我知道您是这方面的专家。您如何看待社会学中定性研究方法和定量研究方法之间的关系？

是的，这是我思考了很久的一个问题。有人会告诉你说定量研究是用来确定因果关系以及决定问题是否有代表性的，而定性研究是用来提出假设的。我认为这是一种过分简化的观点，一种不准确的观点。有很多的定量研究分支在一定意义上像定性研究分支一样是归纳性的、生成性的（generative）。在计算社会科学背景下很多被称作数据挖掘的研究和民族志学家做的研究是一样的，都在预先没有清晰概念的基础上，通过挖掘数据提炼观点、揭示模型。与此同时，假设检验是定量研究和定性研究都在做的。当然你可以通过实验或者调查来检验假设，但是你同样可以在田野中检验假设的内涵。对吧？你可以在田野中验证失败的假设的基础上提出新的假设。所以我不认为这些是定性研究和定量研究的差别所在。我认为尽管定量研究和定性研究都涉及各种各样的研究，但还是存在一些不同，其一是数据收集的方式，其二是数据分析的方式，其三是数据类型的差异。因为区分二者的差异涉及定量和定性的数据、收集数据的方式以及分析数据的方式，所以简单的区分并没有太大的意义。让我来举个例子，我们过去一直认为历史数据是定性数据，如那些来自特定时期的书信、日记、文件或其他的一些历史文本、历史叙述，它们都是自然语言，我们却可以用定量技术来分析这些定性的文本。你可以通过自然语言处理技术对那些数据进行定量的文本分析，而不仅仅是像历史学家那样进行传统的研究。因此我们可以用量化分析的手段来分析我们所认为的定性数据。事实上你能做的还不止这些。你可以研究一个历史文本，识别文本中的行动者，追寻不同行动者之间的联系，以网络结构的形式呈现他们之间的关系，然后通过分析定性网络数据的方式分析这个网络结构。因此，我认为定量研究和定性研究的区别，（我还可以给出很多这样的例子，不过暂时方便我们理解的区分就在于）它们涉及不同类型的数据、不同类型的数据收集方法、不同类型的数据分析方法。不过从长远来看，这种区分并不能真正解释我们现在在做的大部分有趣的工作，也和所谓的混合方法（mixed method）这个我们一直在用的术语不同。

社会学有什么用？您会如何回答这个问题？

它有太多用处了，（社会学可以用来）发现我们不了解的社会，判定我们关于社会的思考是不是正确的，理解社会发生的改变，发现社会变革背后的原因，理解社会稳定背后的原因，预测我们改善世界的想法发挥作用的可能，预测我们改善世界的想法是否会产生始料不及的后果。它还有很多很多的用处，我提到的这些都是我发现非常重要的。

您上大学的时候为什么选择学习社会学？您的父母有没有影响您，还是您自己决定的？

不，我的父母没有太多地干涉我。不过我在想，如果我成为一名工程师的话，我的父母或许会更高兴。我当时也非常喜欢工程师的工作。我原本以为我会成为工程师，从事编程和计算机方面的工作。而我之所以选择社会学是因为我在大学上过一门课，我当时在明尼苏达州的卡尔顿学院读书，那门课是关于社会理论的，任课的老师叫纳德·赛依迪（Nader Saiedi）。正是他的那门课让我对世界的认识发生了改变，那是我万万没想到的，之后我就决定要成为一个社会理论家。

所以说是因为一门课，或者说一个教授改变了您？那么您能不能给我们讲讲这位教授？因为我正想问您一个问题，那就是您是否认为某个教授在培养您的社会学兴趣方面发挥了很重要的作用？

当然是的，纳德·赛依迪现在仍然是卡尔顿学院的教授。如果我当初没有上他的课，我想我是不会成为一个社会学家的。纳德·赛依迪让我明白了历史上伟大的人物认识世界的方式各不相同，但重要的是，他们都能提供一套认识世界的方法，让我们看到在这个世界上从来没有看到过的东西。当我在他的课上第一次读到马克思、涂尔干、韦伯、齐美尔，还有后来的米歇尔·福柯（Michel Foucault）*、皮埃尔·布迪厄（Pierre Bourdieu）*的时候，我发现他们认识世界的方法和我的完全不同，宏大并且充满力量。重要的是，通过他们的方法我看到了我之前看不到的东西，譬如权力的运作、封闭系统和排斥系统的运作、分层和不平等、互动过程中少数人影响事态发展的程度、阶级以文化的方式呈现自己的程度。当然还有很多其他的观点，这些观点拓宽了我的视野，也改变了我的人生。

自从您成为一名社会学专业的老师以后，您想教给学生什么？

我尝试培养学生几方面的能力。首先是（让他们意识到）理论，尤其是社会学理论，是认识世界强有力的工具，因为理论能够提供一套认识框架，你可以通过这些框架看到很多你之前从来没有看到过，或者永远不会看到的东西。此外，我尝试培养学生用批判的眼光去评判理论的真伪。我的大部分研究都建立在社会学是一个年轻的学科基础之上，社会学是一门令人兴奋的重要学科。其实，关于我们生活的社会，我们并不真的十分了解，很多问题都有待于我们去解答。我想通过我的课程，把那些我们原本以为理解了的，但其实并不理解的问题揭示出来，培养学生以批判的态度去面对他们所生活的世界以及理论家揭示出来的世界。

您是如何构建自己的研究兴趣的，譬如个人网络和定性研究方法？我认为您对这些领域都非常感兴趣。

我可以告诉你这都不是计划好的。当谈到我自己的研究的时候，你会发现我其实是一个很糟糕的战略规划家。作为学者，我凭个人兴趣研究问题。我在研究一个感兴趣的话题的同时会对另一个话题也产生兴趣，而当我去研究另一个话题的时候，又会对下一个话题感兴趣，就这样一步步地形成了我自己的研究轨迹。

我的第一本书是关于波士顿的一个住房计划，我之所以研究那个住房计划，是因为我有一次以研究生志愿者的身份参加了一个社区的课后项目。那个社区看起来非常有趣，社区里面住的基本都是波多黎各人，属于低收入家庭，但是这个社区周围却是白人中产阶级、上层阶级的社区，所以街道的一边是针对拉丁美洲人的住房计划，另一边则是两个卧室就售价一百万的公寓大楼。这让人感到费解，而我觉得这很有趣。那时候，我其实正在研究那儿的一个小区，是另外一个小区，我当时替威廉·朱利叶斯·威尔逊（William Julius Wilson）*教授工作，我是他的研究助理，他让我联络小区的各种组织，我按照他的吩咐做了，不过我注意到了一个幼儿中心，这个幼儿中心为家长提供的服务超出了我的想象。对此我非常好奇。于是我开始研究作为组织机构的幼儿中心，我在想，是不是任何一个实体机构所提供的服务都会超出我们的预想。在研究过程中我发现，一些小区的家长会愿意把他们的孩子托付给他们几乎不认识的人（指幼儿中心的人）照顾。即使不知道他们的名字，家长也觉得相信他们没问题，尽管有些家长嘴上说他们不相信，但实际上还是会这么做。慢慢地，我发现我开始对人们如何决定相信谁，以及寻求帮助的人如何决定向谁倾诉产生了兴趣，于是就有了《与谁倾诉》（*Someone To Talk To*）这本书，这是关于人们做决定的时候找谁倾诉的一本书。所以就是一个问题到另一个问题再到下一个问题，这慢慢地让我走进了社会学。而且我只研究我感兴趣的话题。社会学非常强大的一点就在于它涉及社会的方方面面。不管你在社会中发现什么有趣的话题，你都可以通过社会学去研究它。

您是如何平衡科研与教学的？您又是如何看待二者之间的关系的？

我自己处理得也不好。但是，我想在这个问题上我和其他人的看法会不同。有些人认为研究和教学很大程度上是分开的，按照他们的观点，就应该区分从事教学工作的老师和从事科研工作的研究人员。这种想法是不可避免的。因为有些机构在很大程度上是科研机构，但是里面的大多数人还要教学；而有些机构在很大程度上是教学机构，譬如规模比较小的学院，但里面还是有人要做科研。对我而言，教学和科研是密不可分的。我倾向于在课堂上告诉学生我在进行的研究。我开设了很多课，上课的内容会根据我兴趣的转变而调整，根据我研究的进展而更新，与此同时，我的教学也在不知不觉中被改进了。我认为教学和科研紧密相关。事实上，在我的课堂上，我经常把没完成的文章交给研究生或本科生，因为我想把学生拉到我的研究中去，让他们有机会亲身感受一下，老师其实也会经常抓狂，并非每一个观点都是现成的。而且学生们通过观察老师如何做研究，有助于让他们明白研究过程是如何推进的，我的教学理念的中心思想就是让学生体会做研究的过程。

除了教学和科研，我知道您现在甚至以前都做过很多行政工作，您曾经是芝加哥大学社会学系主任，有很多的行政工作，那么您如何平衡工作与家庭？

这是个很好的问题。我以前是芝加哥大学社会学系的系主任，也担任过芝加哥大学社会科学部主任。但事实上，平衡工作与家庭并不容易，我不觉得在这方面我比其他人处理得更好。当我既做科研，又从事行政工作，还承担教学任务的时候，我选择少开课，但我还是会开课，因为我会想念课堂。我也会从事各种研究，投入更多的时间和精力，不过那时候我没有在写书。但是坦白地说，那时候我会有意减少我的社交活动,我也会找机会重新平衡。我认为我现在平衡得还不错,我不再从事行政工作,除了担任研究生部主任以外,我在科研上投入了更多的精力,教学上不多也不少,担负很少的行政工作。我结婚快两年了。我想说,平衡工作与家庭需要尽力而为。有时候,一些事情会占用你一些时间,另一些事情又会占用你的另一些时间。我认为,平衡工作与家庭的确是美国学术界面临的最大挑战之一,而且我不认为我们找到了应对这一挑战的非常好的办法。

在您的学术生涯中有没有经历过坎坷?您最终是如何度过的?

这也是一个非常好的问题。我经历过很多坎坷。在我事业起步的时候,困扰我的一件事就是在社会学家眼中,究竟什么样的研究才算好的研究。因为社会学家之间存在很大的差异,当你把文章投给一个杂志,其中一个审稿人会喜欢你的文章而另一个审稿人则认为你的文章是他见过的有史以来最糟糕的,这种事情经常发生。我花了很长时间去弄明白究竟是怎么回事。我加入了很多杂志编委会,我想搞明白是怎么回事。我担任过几家杂志的主编和副主编,包括现在的《社会学科学》(*Sociological Science*),我是这个杂志的副主编。我在当编辑的过程中逐渐明白,其实有人觉得你写得好而有人觉得你写得不好这种事在社会学里非常普遍。只不过我花了很长时间才搞明白这一点。最终我明白了,回到我们一开始讨论过的社会学存在很多分支学科那个问题上,其实任何一项成果、任何一个观点、任何一篇文章,都有可能符合特定分支学科的期望。由于社会学中的历史学家、民族志学者和人口统计学家各有偏好,所以他们对于什么是高质量的数据有不同的看法。人口统计学家会说,一个只涉及 15 个人的样本怎么会有研究价值。定性研究学者会说,问题的关键不在于数量多少,而在于你能在多大程度上深入理解那 15 个人的情况。所以他们的标准非常不一样。于是我花了很长的时间去弄清楚什么样的文章应该投给什么样的杂志。毫无疑问，做审稿人和编辑的经历让我弄明白了这个道理，所以一定要把你的文章交到对的人手上。

您的两本书，《维多利亚别墅区》（*Villa Victoria*）和《意外收获》（*Unanticipated Gains*），都获得了查尔斯·赖特·米尔斯奖，非常了不起。我想和您聊一下《维多利亚别墅区》，这本书背后的故事是什么？我想您刚刚其实提到了一些。还有就是您当时为什么想写这本书？

主要是因为我觉得这个研究非常有趣，那个地方和我想象的不一样。但也因为那段时间哈佛等美国高校都在研究社区影响的重要性。当时大家普遍认为，如果生活在贫困社区，那么一个人会由于各种原因或机理错失生活中的很多机会，但是我们并不知道各种原因或机理究竟是指什么。维多利亚别墅区似乎是一个非常适合研究的案例。当第一次进入这个社区的时候，我就想："天呐，这简直就是一个典型社区。"它很安静，看起来也很安全，还位于中心地区，我很好奇那里的人们是如何维持生计的。我想："或许我可以弄明白这里的人们是如何维持生计的，如果我可以确定这里的人们能够更好地维持生计，然后弄明白为什么他们能够更好地维持生计，那或许就可以帮助我弄明白其他小区的人们是如何维持生计的。"这就是我当时的大概想法。当我着手开始研究，开始阅读文献，开始进驻社区以后，我发现有些小区在某种程度上显得很独特，但是换一个角度来看又很普通。在书的最后我就写道，贫穷的小区各有不同，远比我们想象的要复杂得多。

您当时写这本书遇到的最大困难是什么？

我当时面临的最主要的问题是我不知道我在干什么。民族志研究就是这样，你要在实践的过程中慢慢地学习，逐步地提炼和升华。

如果能接受一些训练会比较好，但是那时候的社会学系，在一些特定方法的训练上做得并不好。我认为，在实践的过程中学习是一项很大的挑战，但也迫使我更加严肃认真地思考问题，不然的话我恐怕并不会去思考这些问题。

根据您的经验，美国和中国的社会学专业的学生存在差异吗？

这是一个好问题。一般来说这种问题很难回答。因为我们的文化是有差异的。毕竟两种文化存在很大的不同，所以我很难做一个概括性的评价。举例来说，很多人在回答类似问题的时候会说："美国学生喜欢在课堂上发言，但是中国学生出于对老师的恭敬很少发言。"有时候的确是这样的，但是大多数时候根本不是这么回事。我刚刚才见了一个我课上的一年级学生，她才17岁，而且来自中国。你知道吗？她是我课上发言最积极的学生。我以前在中部教书，教过很多美国学生，按理他们会积极参与课堂讨论，但我发现他们一开始也很难融入，所以我觉得有时候这种差异被人为地放大了。我注意到，不论是在美国还是在中国，中国学生非常欣赏、非常尊重学术知识，所以他们渴望通过各种途径获取尽可能多的知识，当到另一个国家学习和工作成为可能的时候，人们蜂拥而至，就好像打开了泄洪闸。尽管不是每一个人都这样，但这是我注意到的一个非常有趣的现象。

对于那些想要从事学术工作的社会学专业的学生，您的建议是？

我想说在社会学里最重要的一件事就是去研究你感兴趣的问题。注意我说的是兴趣而不是重要性。我之所以说兴趣是因为社会学是一个通过创新不断繁荣的领域。最好的社会学成果一定是原创的，它在一定程度上能告诉我们一些我们过去不知道或者我们从没预料到的东西。很多学生开始做研究的时候，最先想到的是要研究最重要的问题，或者文献告诉他们是最重要的（问题），或者这个研究将来会有助于他们找到工作,因为这个研究是最前沿的,或者运用了最新的方法。但事实上,和其他社会学家一样,当我们去评判学生的作品,决定要不要聘用他们,或者要不要对他们进行资助时,我们对原创性的关注程度远远超出了学生的想象。相反,对前沿的关注程度则没有学生想象的那么高。要研究感兴趣的问题,因为研究感兴趣的话题是社会科学给予我们的最好礼物,也是推动社会科学发展最重要的动力。创新是科学的本质,是发展的本质,所以追求创新是根本。此外,即使你感兴趣的问题不是最重要的,但是研究感兴趣的问题能够让你在更长的时间里,以更加严肃认真的态度来研究问题。让我再给你举一个例子,我现在在写的这本书,马上就要写完了,今年秋季会由牛津大学出版社出版,书名是《与谁倾诉》。我在这本书里回答的问题就是我感兴趣的问题。问题非常简单,当人们想找人倾诉的时候,当他们遇到了麻烦、有心事、想找人陪伴的时候,他们如何决定找谁倾诉。就是这么一个简单的问题。这个问题不是我在阅读文献、紧跟政策趋势或者重大社会问题的基础上想出来的。当我开始解答这个问题的时候,我就发现非常困难。因为当人们和他们不熟悉的人吐露心事的时候你是没法观察的,而且人们通常也不知道他们为什么会那样做。所以你不可能直接问他们,为什么要和那些人倾诉。而且人们对于他们自己行为的看法也有可能是错的。大家都以为人们只会和熟悉的人倾诉,但是如果追踪他们的实际行为,很多时候你会发现,他们会和并不亲近的人倾诉,甚至向这些人吐露很私人的东西。我是在写书的过程中发现了这一点,但这一点对于我们研究社会网络、探讨社会孤立、理解社会边缘化都非常重要。可是,我以前压根想不到我会发现这些问题,如果不是从我感兴趣的问题出发,我是不可能获得这些发现的。所以,参与研究前沿问题当然好,但是我认为,最根本的还是研究你感兴趣的问题。

最后一个问题，作为一个社会学家对您产生了怎样的影响或改变？

这是一个非常有趣的问题。很显然，社会学拓展了我的视野。我想说我做的工作从三个方面对我产生了非常具体的影响。我做的一些研究本质上是定量的。定量研究让我成为一个更加清醒的思考者。但更重要的是，(在搭建模型的过程中)将各种关系公式化需要你非常明确你的观察对象和理论依据。这是我从作为一个社会学家那里学到的东西。我做过民族志研究，像《维多利亚别墅区》，从事那些观察工作对我而言培养的是完全不同的能力。民族志研究并不需要我从一开始就思路清晰，但是要求我成为一个细心的观察者。要做民族志研究，而且要做出色的民族志研究，我不得不进行更多细致的观察。我现在比以前更加意识到这一点的重要性。人们穿着什么样的衣服？看起来如何？有多高？那里的建筑看起来怎么样？地板看起来如何？那个地方有什么异常？是安静还是吵闹？有没有可以显露财富的信号？那个地方是不是在衰败？是什么原因导致了衰败？什么地方看起来在改变？所有这些都是围绕在我们身边的、可以被观察到的线索，但是如果我们不要求自己去留心观察，那我们就注意不到这些线索。所以民族志研究通过这种方式改变了我。社会学改变我的最后一种方式体现在我做过的很多访谈上。我刚刚提到的那本书《与谁倾诉》里面涉及很多定量数据，但也涉及很多定性数据，因为访谈是定性的。我尝试通过访谈去弄明白人们如何做决定，如何思考周围的一切，如何理解他们自己。通过访谈我变成了一个移情的倾听者。我在学术以外也花了很多时间去思考我曾经想过的问题，那就是人们看问题的立场和角度为什么不同。因为这是你作为一个采访者在培养自己访谈技巧时必须考虑的问题。所以，这就是社会学改变我的第三个方面。

相关人物介绍

米歇尔·福柯（1926—1984），法国哲学家、历史学家、社会理论家、文学评论家。福柯的理论贡献主要在于解释权力与知识的关系，以及这种关系是如何作为社会控制手段在社会机构中发挥作用的。尽管经常被认为是一名后结构主义和后现代主义者，但福柯本人却拒绝这样的标签，认为自己的思想只不过是对现代性历史的批判。福柯的思想对学术界，尤其是对社会学、文化研究、文学理论、女权主义和批判理论都产生了重大影响。

皮埃尔·布迪厄（1930—2002），法国社会学家、人类学家、哲学家和公共知识分子。布迪厄主要关注的是社会中的权力，尤其是权力在代际传递中表现出多样性的微妙方式。布迪厄最著名的书是《区分：判断力的社会批判》。在书中布迪厄指出，品味的判断与社会地位有关，或者更确切地说，它们本身就是社会地位的行为。

威廉·朱利叶斯·威尔逊（1935— ），哈佛大学教授。威尔逊对种族和城市贫困的看法塑造了美国的公共政策和学术话语。他曾担任美国社会学协会主席，同时也是美国国家科学院院士、美国艺术与科学院院士。1996年，威尔逊被《时代》杂志评选为美国25位最具影响力的人物之一。其代表作有《真正的穷人：内城区、底层阶级和公共政策》(*The Truly Disadvantaged: The Inner City, the Underclass, and Public Policy*)、《当工作消失时：城市新穷人的世界》(*When Work Disappears: The World of the New Urban Poor*) 等。

Jeffrey C. Alexander

杰弗里·C. 亚历山大
（耶鲁大学莉莲·查文森·萨登社会学讲席教授）

杰弗里·C. 亚历山大（Jeffrey C. Alexander）是耶鲁大学莉莲·查文森·萨登社会学讲席教授（Lillian Chavenson Saden Professor of Sociology），文化社会学中心（The Center for Cultural Sociology, CCS）联合主任。他是公认的新功能主义的代表之一，也是当代文化社会学派的中心人物。1969 年，亚历山大从哈佛大学获得社会研究（social studies）专业的学士学位，1978 年从加利福尼亚大学伯克利分校获得社会学博士学位。1974 年他加盟加利福尼亚大学洛杉矶分校，2001 年又加盟耶鲁大学，他在加利福尼亚大学洛杉矶分校和耶鲁大学都担任过社会学系主任。亚历山大的研究集中在理论、文化和政治领域，撰写或合著超过 15 本书，如《社会学二十讲：二战以来的理论发展》（Twenty Lectures: Sociological Theory Since World War Two）、《社会生活的意义》（The Meanings of Social Life）、《社会学的理论逻辑》（Theoretical Logic in Sociology）。亚历山大也因此赢得了无数奖项，2009 年，他获得了国际社会学协会颁发的社会学马太·杜甘奖（Mattei Dogan Prize），该奖每四年颁发一次，用来表彰在行业中具有较高地位和杰出声誉的学者。2018 年，他获得国际社会学协会理论研究委员会颁发的社会学理论杰出贡献奖。

2017 年 4 月 3 日

耶鲁大学，学院路 493 号（493 College Street）

教授，您在哈佛大学最初学的专业是社会学吗？

不是，我当时的专业叫作社会研究，你或许听说过。它是哈佛开设的一个跨学科的专业，涉及政治理论、社会理论、应用研究、社会学、政治学和历史学。我是在得知研究生被录取以后才去上了一门社会学专业的课。因此，我在哈佛上的最后一门课其实是我上过的第一门社会学专业的课。

那为什么去了伯克利以后您想学习社会学呢？

因为 20 世纪 60 年代是一个政治上非常活跃的年代，我在哈佛求学的 1965—1969 年，政治气氛特别活跃，我不但成了一个左翼人士，而且想要进入学术领域。

从哈佛毕业以后您就去了伯克利，您曾经提到过，1969 年去伯克利的时候，您是其中两三个没有拿到奖学金资助的学生之一。我很好奇在哈佛究竟发生了什么，以至于让一个非常优秀的哈佛学生带着一份糟糕的成绩去了伯克利，这是怎么回事呢？

我不会说是很糟糕的成绩，不过确实有好有坏，因为除非是我感兴趣的课，不然我不会下功夫去学，而且我当时也没想着将来要去读研究生。我当时在《哈佛克里姆森报》（*The Harvard Crimson*）上发表了很多文章，那花了我很多的时间。现在回过头来看，我更多的是通过报纸而不是课堂去学习如何思考和创作我认为是社会学的东西。我后来想去读研究生是因为我想成为像查尔斯·赖特·米尔斯一样的人，他当时是非常有名的激进分子。但是我申请伯克利的时候,因为有些课的成绩不是很好,所以我没有给他们留下一个特别好的学术印象。因此他们对我说:"你可以来,但是我们不会给你提供奖学金。"一方面我很高兴,因为他们录取了我,但另一方面我又觉得自己受到了侮辱,因为那时候伯克利录取了40个学生,第一年他们大都拿到了奖学金,就我没有。

我很好奇,一个非常优秀的学生,后来成为非常杰出的社会学家,怎么会……

我想这是一个很好的例子,说明每一个人都有很多面。我认为不论在美国还是中国,人们无时无刻不在背负着成为一个优秀的人的压力。你必须成绩突出,必须做个好学生,必须考上哈佛,去了哈佛还不算完,因为还要在接下来的日子里一如既往地表现优秀。但是你是不是有创造力呢?你是不是能够创造性地思考新的问题呢?我想,所有这些和你优秀与否并没有什么关系。

伯克利对您的影响应该很大,因为您在那里遇到了几位非常重要的社会学家,像您自己提到过的尼尔·斯梅尔塞、罗伯特·贝拉(Robert Bellah)[*]**。您觉得他们在引导您成为社会学家的道路上是不是起到了非常关键的作用?他们是如何影响您的以及您从他们身上学到了什么?**

我的研究生可以划分成两个不同的阶段。在伯克利的最初两年,我加入了一个由左翼激进知识分子组成的圈子,那里面的人都对专业社会学不感兴趣,相反都热衷于马克思主义。我当时是一个激进组织的领导人,里面不仅有学生,还有老师。我们当时非常反对越南战争,因为越战对我们来说是邪恶的,是一场悲剧,所以我们抗议理查德·尼克松,因为他当时是美国总统。我还投入很多精力到一个叫作《社会主义革命》(Socialist Revolution)的杂志中,我认识那个杂志社里面的很多人。后来由于各种非常复杂的原因,我就不说了，总之我变得没有那么激进了，也不那么热衷于政治学了。我认识了利奥·洛文塔尔（Leo Löwenthal）*，他是一个非常有名的法兰克福学派的社会学家，擅长于文学和社会理论，我经他介绍开始跟尼尔·斯梅尔塞、罗伯特·贝拉学习，所以是利奥帮助我实现了我的学术转向。也是在那个时候，我意识到了韦伯、涂尔干和帕森斯这些人的伟大。于是我开始远离马克思主义，并决定把我的博士论文内容定为马克思、韦伯、涂尔干和帕森斯之间关系的探讨，在解答我自己背离马克思主义的原因的同时也帮助其他人理解他们理论观点的价值。那是一个非常复杂的时期，但是贝拉是一个非常了不起的研究涂尔干的学者，他还是一个研究日本问题的专家，所以他在文化社会学方面给予了我很大的启发，而且他从不同角度给我解读涂尔干。贝拉还对社会学界以外的学者的观点进行研究，譬如保罗·利科（Paul Ricœur）*——法国著名的解释学哲学家；克利福德·格尔茨（Clifford Geertz）*——美国最负盛名的人类学家，是他一手创建了文化人类学。所以在贝拉的影响下，我学着成为一名文化社会学家。斯梅尔塞则是一个完全不同的思想家，他是一个非常系统、清晰和宏观的社会学家。但是贝拉和斯梅尔塞对我的影响都是举足轻重的。

我想从您和社会学开始接触算起，已经过去了大概五十年的时间。那么在您眼中的社会学是什么？

社会学是一门提供丰富的理论研究和解释，围绕社会展开批判和诠释的学科。没有哪一门学科可以和社会学所涉及的范围相媲美。政治学关心政治和权力；经济学关心市场以及市场上发生的一切经济活动；社会学在本质上是最宏大的理论学科，它研究的领域非常广泛，这是我喜欢社会学的原因，也是我觉得社会学是所有学科中最有趣的一门学科的原因。

您认为人们对社会学的定义到现在是不是还很难达成一致？

我不认为很难达成一致，不过从实践的角度来说，我认为几乎不可能达成一致。我的意思是说，社会学内部有很多的学派、很多的理论和范式，但是和其他人类活动相比并没有什么太大的差别，这是我不刻意强调社会学和科学之间关系的原因。尽管社会学里面的某些分支——像人口统计学——非常重要，而且看起来也更像科学，但我还是认为把物理学或者生物学作为我们学习的榜样是错误的。我一直努力把社会学推向一个不同的方向，那就是人文学科的方向。

您认为目前在社会学当中是不是存在定性研究方法和定量研究方法的分歧？

我想说我是 20 世纪 80 年代创立文化社会学的学者之一，所以我认为，以社会学强调从外部而不是内部来研究社会行动的视角来看，我们对于社会学的定位是错误的。很多时候，定量测量和唯物主义都与外部相关联，但这不是必需的，因为方法和理论不是一回事，所以有一些文化社会学家也会运用统计，对于这一点我完全认同，问题的关键是你要测量什么。我对公共观点很感兴趣，对基于统计数据的公共观点也很感兴趣，所以在我的研究中也会出现统计数据。不过，定性与定量之间的确存在着紧张关系。大部分我们称作数据分析专家的人会强调科学的态度，而且他们做的研究也非常简洁漂亮，涵盖了很多信息，就像数学一样有助于我们条理清晰地思考。我个人对定性社会学家更感兴趣，而且在美国有各种类型的定性社会学，民族志的方法和传统在这里就有着非同寻常的影响，在美国本土产生的芝加哥学派和实用主义也非常有趣，我认为在某种程度上它们就是在美国产生的。但是定性研究是不是文化社会学？我不确定定性研究方法是不是就比定量研究方法更好，我觉得这是难以盖棺定论的一件事。对于我来说，社会学应该以意义为中心，我们应该聚焦于人们理解客观事物的方式,而不是客观事物本身。社会学把太多的注意力放到人以外的事物上,像经济的增长与跌落、一个人在社会分层系统中的地位、种族偏见和镇压、人口增长率。尽管这些都非常重要,但是在我看来这些东西本身没有对社会行动者产生任何直接的影响。它们需要经由文化系统,或者也可以说经由感觉、经由主观性才能对行动者产生影响,而主观性在我看来是集体建构的产物。那么问题也就随之而来了,一个想要标榜客观性的社会科学家怎么会去研究一些看不见的东西,因为主观性从定义来看是内在于人们的大脑里的。你怎么能用一种更加客观、更加可靠的方式来研究?我想这是我努力发展这方面理论的原因,而与之相关的方法我也非常感兴趣。

事实上除了方法分歧,在社会学内部还有很多分支领域,社会学还分了很多理论学派。在您看来,什么情况下社会学会发展得更好,学科整合还是更加多元化?

我不认为这种冲突是一个能起到帮助作用的问题,因为每个人都表达了对多元化的担忧,不过我认为所有人文领域都存在冲突。因为我这个夏天要做一个髋关节置换手术,所以上个星期我去见了三个外科医生,他们都是这片区域最好的外科医生,但是他们的意见却完全相左。"我的屁股到底怎么了?"这个医生这么说,那个医生那么说。我给他们看我的 X 射线图,这个医生这么诊断,那个医生那么诊断,然后我就问他们:"你们到底要做什么手术?"这个医生说:"应该做这个手术。"那个医生说:"不,应该做那个手术。"所以,即使你已经非常接近科学了,你仍然会发现存在着不同观点。我认为,如果有人觉得自己是对的,然后希望更多的人同意他的观点,从这个意义上来说,我觉得社会学是可悲的。我很遗憾社会学没有把太多的注意力放到内在意义或者文化符号上去。但与此同时,我认为这种冲突是不可避免的,而且在一定程度也是有成效的,不同学派之间的冲突如果是文明互动的话，那么这种冲突是社会学不断发展的动力所在。认为只有通过整合理论才能不断发展的观点是错误的。我在20世纪80年代的时候就说过，社会学通过内部不同学派的整合，通常意义上会取得进步，但是不同学派之间还是会存在冲突，而且这种冲突的结果是富有成效的，因为摆在台面上的来自其他学派的批评很有可能是你不曾想过，但又不得不回应的问题，如此一来才会促使你进步。

您认为社会学何以成为一门独立的学科？我想关于这个问题已经讨论了很多年了。此外，我对您刚刚提到的社会学更加偏重人文而不是科学的观点很感兴趣。

我认为社会学介于人文和科学之间。（是有所偏重还是就在中间？）我想是在正中间。但是，社会学从人文学科那里汲取的不多，至少在美国是这样的。非常有趣的是，我们不得不表现得更像科学才能获得尊重，我们的预测能力也因此才能获得认可，但是我不认为我们应该被这些所引导。我认为社会学处在正中间，我们想要表现得理性，我们想要方法，我们想要证据，我们有科学所需的所有方面，我们非常关心代表性或者说抽样问题。但是在人文学科里，情况不是这样的，我可以只研究一本书或一件艺术作品而不需要去担心如何解释更大范围的书或者艺术作品是怎样的。而且我不确定这么做或不这么做会有什么差别，因为即使某些人只读了一本自传或小说，他们经常还是会担心如何确保他们对这本书的陈述是公允的，他们如何能够证明他们的叙述涵盖了那本书、那幅画或那场戏剧的内容。反正我不太相信。社会学之所以是一门独立学科，是因为在某种意义上，社会学是唯一致力于解决工业社会和后工业社会所有症结的学科，包括毒品成瘾、离婚、犯罪、贫穷、不平等、财富、全球化、种族划分、民族、宗教等，除了社会学以外没有任何学科会直接研究这些问题。尽管社会学和人类学的关系很复杂，但是我并不担心人们对社会学学科存在的质疑。社会学产生于 19 世纪的工业社会，它未来仍将是一个非常重要的学科，因为社会学始终和现代性所带来的阴暗面相关联。

您曾经说过"新功能主义是新瓶装旧酒还是确有新酿，将由历史来判定"。我想从您提出新功能主义这个概念至今已经过去三十多年了，所以现在回头看，您的观点有没有发生改变？

事实上，我不再是一个新功能主义者了。我已经不再谈论新功能主义了。2015 年我去中国的时候就发现，我的所有成果中唯一被人们熟知的就是新功能主义。（因为它被写进了教科书。）是的，它被列为经典，但是我从 20 世纪 90 年代中期开始就不再提新功能主义了。新功能主义确实是我事业早期的兴趣所在，持续了差不多 20 年的时间，我想通过新功能主义把塔尔科特·帕森斯理论中的精华部分保留下来，因为我们那一代人以及后来的人都在批判帕森斯的理论。我那时候觉得，当然现在仍然觉得，帕森斯有一些非常好的观点。所以我就在想能不能把帕森斯理论中的精华留下来而把糟粕部分去掉，于是就有了新功能主义。但是新功能主义成功了吗？不，事实上我觉得没有。不过我认为新功能主义至少让人们在彻底丢弃帕森斯之前三思后行，而且新功能主义在德国影响了尤哈根·哈贝马斯（Jürgen Habermas）*和其他一些人，当然他们自己也有尼克拉斯·卢曼（Niklas Luhmann）*。90 年代中期，当我开始研究公民社会和文化社会学的时候，我意识到帕森斯没有按照我想要的方式去研究它们，所以也就没法用帕森斯的理论对它们进行解释。但是如果没有帕森斯的话，我所建立的公民理论和我关于文化社会学的很多早期作品是不会存在的。

从您成为一名社会学专业的老师以后，您想教给学生什么？您希望学生能够从社会学或者您身上学到什么？

我已经执教差不多 45 年了。我想说，对于刚刚迈入社会学领域的学生，年轻的学生，我希望他们学会反思，做一个有批判能力的思想者，要钻研理论，对理论有整体的认识，脑海中要有清晰的理论脉络，在此基础上，涉足不同的领域。等到学生成熟以后，我希望他们都成为文化社会学家。（为什么？）因为我相信那是从事社会学研究的正确方式。所以我开了一门文化社会学的课，我也开了公民理论的课。我想说我之所以喜欢教学是因为教学涉及参与和投入，让人感到兴奋。

您的研究兴趣涉及理论、新功能主义、文化社会学、政治，那么您是如何逐渐建构自己的研究兴趣的？为什么您会对这些领域而不是其他领域感兴趣？

我认为理论兴趣和我们的性格与生活经历有关系。事实上，我认为是由于很多无意识的心理活动导致人们去发展理论。但是这些对于大多数人而言都太复杂了，不好写出来，甚至不好理解，所以我们基本上是通过感觉来判断什么是有趣的、什么是我们想要揭示的以及我们有过什么样的经历。因为你知道，其实有很多不同类型的马克思主义，而且马克思主义内部是有文化传统的，所以在我还很年轻并且是一个马克思主义者的时候，我是新左派马克思主义（New Left Marxism）的成员，我们关注的就是文化。我们认为在像美国这样的富裕国家不会出现革命，因为革命和物质需求有关，所以马克思的理论有点儿过时了，我们需要情感、意义的理论，并且关心这样的理论是否适用于其他国家。尽管我的理论方向改变了，但我关于这方面的兴趣还在继续，于是文化社会学就产生了，然后我遇到了罗伯特·贝拉和其他人。我对于政治、民主理论的兴趣逐渐发展成了公民理论，尽管我是一个热衷于政治的人，但是中国对我发展公民理论其实产生了尤为重要的影响。差不多三十年前，我在南开大学讲学，我还记得我主要讲的内容是民主、社会主义、资本主义，还有韦伯和涂尔干。当时的学生们都对这些内容比较感兴趣。我回来后见到了我在加利福尼亚大学洛杉矶分校的一个朋友，他说："现在有了公民理论的新动态，你或许会想读一两本这类的书。"我读了那些书。二十年后，我出版了一本关于公民理论的非常厚的书。

您如何平衡教学与科研？

我想每个教授都会告诉你那是一件很难的事。在美国，我们要上很多的课，但是在有些国家，教授不用上那么多课。所以你总是得去平衡，对于我来说这就是时间管理的问题。不要让教学消磨你太多的时间，尽管你真的可以什么都不管然后去教书，因为教书是一件特别开心同时也非常有趣的事，但是你知道的，我每天上午要待在家里做我自己的事，我不得不去平衡，现在还在努力地去平衡。

除了教学和科研，我知道您曾经包括现在都有很多的行政事务，那么您是如何平衡工作与家庭的？我认为这同样是个难题。

是的，此外还有我创建的文化社会学中心，它占据了我每周五的时间。其实我们总是在做行政工作，我是耶鲁大学社会学系的主任，以前是加利福尼亚大学洛杉矶分校社会学系的主任，这和教学与科研没有任何关系，就是一个领导能力的问题。但是你要知道，在大学这种领导力是低水平的。可我很喜欢，我喜欢做这样的工作，我曾试着建立一支学术团队，招聘新人，那是非常令人高兴的事。后来我有了两个孩子，他们现在都30岁了，我认为我们都要面对如何平衡的问题，但我们都知道生命很长，而且有不同的阶段。有一本书非常有名，叫作《生命中的四季》(The Seasons of a Man's Life)，作者是丹尼尔·莱文森（Daniel Levinson）。生命其实是有阶段的，不过如果你做了太多的行政工作，你会有种感觉："我好久没有碰过我的研究了，我以后还能保持创造力吗？"

在您的学术生涯中有没有经历过坎坷？您最终是如何度过的？

我想在我的学术生涯中有过两次非常大的危机。第一次是当我从马克思主义者转向韦伯主义者和涂尔干主义者的时候，那对我而言是非常糟糕的一场危机。因为它既是一次个人存在危机也是一次思想危机，我失去了以前的朋友，那是非常非常痛苦的。然后又过了二十年，我想是在 20 世纪 90 年代初的时候，我又从新功能主义转向文化社会学以及公民理论和政治学，所以我又失去了十年甚至二十年的朋友，那些人曾经和我一起倡导新功能主义。转向对我而言是极大的折磨，非常痛苦。**（那您是如何度过的？）** 我去巴黎待了一年，因为我遇到了很多问题，所以我有五年的时间没法创作，但当我真正从阴影中走出来以后，大概是在 90 年代末，摆在我面前的是一个二十年的全新规划，我变得非常高产，出版了很多新书，而且重新融入生活。不过我认为当你融入以后，就会发现新的束缚出现了，然后你可能会成为一个无聊的知识分子，或者你会面临新的危机，这时候尝试做点新的东西，不停地做下去。因此我的危机总是富有成效的。**（我认为这其实是您的机会。）** 它的确是机会，因为你需要接触新的观点、新的群体，让自己保持活跃状态，就像在生活中你需要新的东西，当你觉得无聊了，你需要挑战自己一样。如果你越来越感觉自己像是被关在笼子里，当你有了这种感觉的时候，你一定要逃出去。

您有很多非常了不起的著作，我很想把您的每一本书都聊一聊，但是这次我只想和您聊聊《社会学的理论逻辑》，因为我认为这应该是您的博士毕业论文。您能告诉我这本书背后的故事吗？

我想我是在 1972—1976 年完成的博士论文，然后 1976—1980 年我一直在修改，总的来说，我想应该写了有好几千页。最初我是想弄明白马克思理论中所缺失的部分，但是后来我发现马克思的问题在于他是一个唯物主义者和还原论者（reductionist），而且我意识到这个问题并不局限于马克思，尽管马克思对此有他独到的认识，但是这个问题却波及社会学和政治学。于是我对找到问题的解决方案、替代方案产生了兴趣，我把注意力放到了文化的相对自治、重要意义和主观性上。我开始以此审视韦伯、涂尔干和帕森斯以及一些当代社会学家。我之前说过，有一种理论的逻辑存在，心智逻辑（mental logic）和经验研究无关，这更多的是社会学视野下的哲学或认识论，是可以单独审视的，我称之为理论的逻辑（theoretical logic）。我想说明，让人们把意义视为中心的理论是文化理论，但是文化理论是多维度的，和社会生活的其他方面相关联，那就是理论的逻辑，是关于科学的哲学，是对实证主义的批判，现在还有很多人引用我的这一观点。一两个星期前，我收到了一封来自德国的信，是一个生物学家写的，他正在整理一本书，想从我写的那本书里引用一张图，希望获得我的允许。

那您写论文的时候遇到的主要问题是什么？

我有两个主要问题：其一是我感觉我和同代人之间产生了隔阂，因为我的同代人仍然是左翼人士、马克思主义者，当然他们也在研究别的，但是我感觉和他们失去了联系，所以我在想会不会有人去读我的论文。其二是我感觉我永远也写不完，因为越写越长，所以我很担心我能不能写完。这就是我当时面临的两个问题。

您对中国应该非常了解，因为您经常到访中国，所以您认为中国和美国在培养社会学专业的学生方面是否存在差异？

我其实不知道，我觉得我还不够资格来谈论中国如何培养学生这一话题，因为我不是中国专家，也不会说中文，尽管我在中国待过一段时间，但是我从来没有在一个系里面长时间地观察他们是如何培养学生的，所以我不知道中国社会学专业的学生是如何被培养的，因此我没办法评论。从大概公元1500—2000年的500年的时间里，西方帝国主义在不同时期占据着世界的主导地位，或许对中国而言对此感受最为明显的是19世纪，西方发明了以市场和科学为代表的现代性。现在西方称霸的时代已经结束了，一些国家获得了显著的发展，在国际上获得了与西方国家平等的地位，而且越来越多的国家正在崛起。问题是我们现在该怎么办？尽管我们在自然科学领域有一个全球化科学，而且只能有一个。我的意思是说我们不可能有中国物理学，或者德国物理学，现在大家都在用英文发表，而且物理的真相永远只有一个。但是社会科学和人文学科就要模糊得多，我也对此非常感兴趣。尽管现在大部分社会学家都受西方社会学的影响，但是将来会出现一个中国社会学影响世界吗？我不认为这是很糟糕的事，相反我觉得这是不可避免的。同样不可避免的是未来五十年我们会被中国社会学所影响，就像瑞典社会学、德国社会学那样。中国未来也会有自己的马克斯·韦伯，或者像韦伯一样的社会学家，到时候每个人都会赞同他的观点，而他的观点也将产生巨大的影响。我认为韦伯之所以重要并不是因为殖民主义，而是因为他是一个天才，以及当时西方社会的高度现代化。尽管如此，韦伯的观点还是受制于他所处的欧洲环境，他并不真正地了解儒学，并不真正地了解中国。所以我认为令人兴奋的未来才刚刚开始。

您能不能给将来想要开启学术事业的社会学专业的学生一些建议？

我想一方面学生应该阅读经典，吸收那些了不起的理论观点，但是不要让那些学者的观点淹没了自己的声音，要学会变得独立。我认为从世界范围来看，任何一个学科包括社会学都存在一种紧张关系，那就是学习经典的同时努力保持自身的独立。我知道新儒学国家的老师要比美国老师更有权威。但问题一样，不管是在新儒学还是个人主义的背景下，你要通过学习来接受训练，你要尊敬老师，你要借助他们的思想形成自己的观点，但同时你要学会成长为独立的个体。在我人生当中有过这样的艰难经历，所以我非常理解这一点。

最后一个问题，作为一个社会学家对您的改变或影响是什么？

我认为它让我对周围发生的一切都非常着迷。所以我会告诉我的妻子读报纸和看电视也是工作，而不仅是为了娱乐。举例来说，对于唐纳德·特朗普政府，我瞧不上唐纳德·特朗普，我觉得他是一个非常危险的人物，我对美国人民（选他做总统）这个错误深表遗憾，这简直是美国历史上最糟糕的错误。但是从学术上来说，我又感到非常兴奋，因为我对接下来会发生什么很感兴趣，所以我认为这是我人生的一种改变。我想我投身社会学就是因为我对这些事情感兴趣，而且我一直在坚持。

相关人物介绍

罗伯特·贝拉（1927—2013），美国社会学家，加利福尼亚大学伯克利分校社会学教授。他以研究宗教社会学而知名。贝拉于1967年当选为美国艺术与科学院院士，并于2000年获得美国总统比尔·克林顿颁发的"国家人文奖章"，以表彰他在阐明社区在美国社会之重要性方面的努力。2007年，贝拉荣获美国宗教学院颁发的马丁·马蒂奖。

利奥·洛文塔尔（1900—1993），德国社会学家，法兰克福学派代表人物。1933年希特勒上台以后，作为犹太人的洛文塔尔辗转到了美国，在华盛顿战争信息办公室工作。战后，他和法兰克福学派的赫伯特·马尔库塞等人选择留在美国，后来成为加利福尼亚大学伯克利分校的社会学教授。其代表作有《文学、通俗文化和社会》(Literature, Popular Culture and Society)。

保罗·利科（1913—2005），法国哲学家、当代最重要的解释学家之一。他曾任法国斯特拉斯堡大学教授、巴黎大学教授、朗泰尔大学教授，也是美国芝加哥大学、耶鲁大学、加拿大蒙特利尔大学等大学的客座教授。2004 年 11 月，他被美国国会图书馆授予有人文领域的诺贝尔奖之称的克鲁格人文与社会科学终身成就奖。

克利福德·格尔茨（1926—2006），美国人类学家。因他对符号人类学（symbolic anthropology）实践的强烈支持和影响，而被认为是三十年来美国最有影响力的文化人类学家。格尔茨致力于为社会科学提供对"深描"（thick description）的理解和欣赏。"深描"是一种人类学方法，旨在通过尽可能多的细节，揭示人类行为背后的原因。

尤尔根·哈贝马斯（1929— ），德国社会学家和哲学家。他以提出沟通理性的概念和公共领域理论而闻名。在社会学领域，哈贝马斯的主要贡献在于发展了一个基于沟通理性与工具理性之间差异的社会进化与现代化综合理论，其中涉及对塔尔科特·帕森斯的学生尼克拉斯·卢曼的观点的批判。

尼克拉斯·卢曼（1927—1998），德国社会学家，被认为是 20 世纪最重要的社会理论家之一。他的主要贡献是发展了社会系统论。

James A. Evans

詹姆斯·A. 埃文斯
（芝加哥大学社会学教授）

詹姆斯·A. 埃文斯（James A. Evans）目前是芝加哥大学知识实验室主任、计算社会科学项目主任，计算研究所高级研究员，社会学教授。1994 年他获得杨百翰大学的人类学和经济学学士学位，1997 年和 2004 年分别获得斯坦福大学社会学硕士和博士学位。毕业后，他到芝加哥大学任教。2005—2008 年，他担任《美国社会学杂志》副主编。他对创新——新想法和新技术如何产生以及社会和技术制度（如互联网、市场、协作）在集体认知和发现中扮演的角色尤其感兴趣。他的大部分研究集中在科学和技术领域，不过他也对其他知识领域感兴趣，譬如新闻、法律、宗教、传闻、预感以及思考和认识的历史模式。

2017 年 4 月 13 日

芝加哥大学社会科学研究大楼（Social Science Research Building）

教授，您眼中的社会学是什么？

对于我来说，社会学是关于个体之间以及事物之间基于原始数据的相关性的理解。举例来说，经济学家关注的是引发社会结构和社会关系（改变）的决定和选择，而社会学家则假定这些关系是存在的，我们对这些关系的后果感兴趣。所以在我看来，社会学家大致研究两类东西，一种是特定的社会事物，一些社会学家会研究社会网络、研究家庭、研究国家、研究组织以及其他典型的社会实体；其余的社会学家则研究这些社会实体的结果，这通常超越了我们传统界定的社会学范畴。举例来说，我对知识社会学很感兴趣，但是通过知识社会学，我想研究的是人与人之间、不同的想法之间、原材料与机器之间、不同的方法之间相关联的后果是什么，这些后果如何随着时间演变，还有就是理解我们自身研究的价值。

那么社会学何以成为一门独立的学科？

我认为，这些相关性很重要，人与人之间的关系很重要，而且构建了比部分的总和还要大的整体。所以一个国家或者一个组织要比个体之间成对的互动和联系大得多，而且相关性创建了一种复杂综合体，是一种更高等级的现象，我们称之为组织、国家，但是我们不会认为组织和国家是个体关系的简单累积，相反我们认为这种复杂的综合体一旦产生，它本身会改变（个体）选择和行动的本质。

我知道您在杨百翰大学的时候实际学的是人类学和经济学，后来在斯坦福大学开始学习社会学，所以基于您的经验，您能不能告诉我们人类学和社会学以及经济学和社会学之间的最大不同？

我认为人类学和社会学的最大不同体现在人类学对文化系统的痴迷上，至少在历史上人类学是这样的，现在人类学并不怎么研究文化，而是研究谈话。不过在20世纪下半叶，甚至21世纪，有一种文化产生了深远影响，那就是克利福德·格尔茨的文化概念，他把文化视为象征系统。所以有很多人是从人类学的社会文化角度来研究人类学的，而这些人和那些研究早期原始人类，研究人类起源，甚至研究制作工具出现的人类学家不同。但是那些从社会文化角度开展研究的人类学（家）经常对参与符号系统感兴趣，而且参与的模式聚焦于谈话，整个过程是基于人类学家、民族志学者和研究对象之间的个体互动。然而社会学感兴趣的是社会关系和文化关系，社会关系会涉及一些类型，而且社会学家有更多的方法来研究这些关系。所以人类学家所关注的是通过民族志的互动发现的特有模式，我这里说的是从社会文化角度出发的人类学。但是在社会学里，人们可以通过多种方法，通过大规模的数据分析，通过社会经验和文化制度的个体分析，通过来自网络的电子足迹的远距离数据追踪来解决问题。所以我认为社会学致力于通过各种方法全面地理解社会情境，真正聚焦于问题而不是方法。经济学的特点是它有一套理论假设，并延伸出一定的方法，那套理论假设强调方法论上的个人主义，认为个体行动者和行动者所做的决定构成了社会生活的全过程，理解了这些因素并且通过影响这些因素我们就可以对市场经济、政府和所有社会制度产生影响。所以我会说人类学、社会学和经济学对理论和方法有不同的理解，人类学致力于用特定的方法做研究，也就是民族志的方法；社会学致力于研究社会制度和相关性或关联性；经济学致力于研究作为决策者的个体。

在社会学里有很多分支学科，您如何看待社会学中出现的分化？在什么情况下社会学会发展得更好，学科整合还是更加多样化？

我想说我的很多研究都注重独立探索问题的重要性，有时候很多人同时关注同样的问题,结果得到同样的结论,但这并不是说这个同样的结论是他们所能得到的唯一结果,而是因为他们最初做了同样的假设,通过同样的路径,才得到同样的结果。所以我的感觉是,我倾向于把多样性看作是当下创新的重要机制。最近,哈佛商学院的经济学家和创新学者卡里姆·拉哈尼(Karim Lakhani)做了一项有趣的研究,他的研究显示了如何开展竞赛才能提高人们的编码效率。竞赛由一家网站运作,他们设计了两种情境:一种是维基百科式的(wiki-condition),人们可以实时看到其他人的贡献和成果。这样一来所有人都聚集在最新的成果周围,并且丢弃掉他们各自独立的方法,一旦有人取得新进展,所有人又会聚集到新的进展周围。如果问题很简单,这就是一个非常有效的解决问题的方法,因为这就好比爬山。问题是,如果你面临的是崎岖的地形,那么即使你到达了山顶,你也不知道接下来该去哪里。另一种情境不是维基百科式的,而是竞争式的(competition condition),人们被要求独立地提出解决问题的办法,这样一来产生了很多不同的答案,所以即使你面临同样崎岖的地形,但原有的独立性确保了你明白接下来该怎么做。我想说,尽管学科分化肯定有不好的一面,但是好的一面是它能够把人们划分到不同的领域,当他们的思想达到完全成熟以后,转移到其他领域会变得更有价值。所以我认为作为一个探索性的学科,从长远来看,保持一定程度的分化可以增加跨学科价值。

您如何看待社会学内部的定性方法和定量方法之间的关系,以及您是否认为当前的社会学内部存在定性和定量之间的分歧?

我认为在美国显然存在定量和定性的分歧,不过这种分歧由于一些原因在减少。越来越多的人在做多元方法的研究,越来越多的人意识到,相比从质性评估到量化评估的线性移动,定性的变量和数据非常昂贵,不如换一种方法做研究更有意义,那就是先做一个便宜的定量调查,然后通过定性调查理解其中的作用机制。我认为我非常感兴趣的计算机方法会结束定量和定性之间的复杂关系。因为相比定量评估，它们对定性评估更有吸引力。机器学习和分类技术由于分析的准确性，以及它们在对非常精细的评估的预测上表现出的准确性，在过去几年获得了爆炸性增长，它们所做的预测更适合于定性社会学研究而不是定量研究，尽管后者也专注于统计，尽量减少误差，但是机器学习的方法是在减少变异而不是误差，或者说权衡误差和变异以获得最佳预测，所以我觉得如今有很多因素在把这种分歧变得复杂化。

我知道您对计算机科学很感兴趣，事实上世界正朝着大数据的时代发展，您认为大数据会如何影响世界，尤其是社会学？您觉得大数据会不会在社会学中掀起一场革命？

我希望如此。我认为当你的数据量很小时，你需要有强大的理论，但是当你有大规模数据时——当我说大的时候，我不仅仅是说高层次数据，也包括低层次数据，那些渗透到人类经验层面可以用来分析人类相关性的本质、提供我们从未想过的新的解决办法的数据。我们过去从来没有将这些东西理论化过。在过去，我们可以测量的范围有限，数据非常昂贵，我们的确需要大量理论，数据挖掘其实是很忌讳的字眼，原因是你所拥有的数据太少了。如果你凭直觉去滥用它而不是去摸索、去学习它的特有属性，那么你很有可能得不偿失，你没有能力去检验任何东西，或者只能从一些数据中发现相关性，然后用其他数据去检验。接下来的几年，作为一门学科的社会学，在面对不断涌现的真知灼见时表现出的接纳程度值得我们期待。这些深刻的见解大多是计算机科学家发现的，而这些计算机科学家可以说对学术一无所知，他们没有读过文献，他们没有思考过问题，他们发现的很多东西是我们已经知道的。我认为如果社会学基于错误的理解而选择对抗，或者选择忽视这些来自大数据的深刻见解的话，那将是非常可悲的，因为如果真的这么做了，这些真知灼见将会逐渐被私人所拥有,而非公共所有。脸谱(Facebook)和领英(LinkedIn)这些社交媒体公司正在从事科学研究,这些公司在预测,在生产价值,在提供人们需要的有价值的社会调查。如果我们无视这些,那么对社会的深刻见解会和在过去二十年带给我们巨大价值的社会科技(socio-tech)说再见。我这里说的是社会科技,我想这么叫它,因为科技一定是建立在对社会的深刻见解基础之上的。如果你仔细想一想,就会发现在谷歌(Google)搜索引擎、脸谱的搜索和营销广告背后,还有领英图片背后所隐含的对社会的深刻见解,这些深刻见解都是社会科技的基础。所以我希望社会学能够足够包容地面对这些深刻见解。

社会学有什么用?学生想要知道学了社会学以后将来能做什么,这对他们来说非常重要。

社会学是一门理论和方法多元化的学科,所以学生可以做很多不同的事情。你有可能在学了一个专业以后就没法从事别的行业的工作。但是我认为由于社会学的多样性,你能从社会学中学到任何你想学的,而且可以应用到外面的世界中去。举例来说,在我实验室工作的学生就在学习和使用机器学习(machine learning)工具,学习数据分析和统计的几何拓扑法,所有这些东西都是相互关联的,我指的是任何量化问题的解决模型,从保险到商业到政府项目评估分析再到利润和损失评估。我想说,我们致力于解决相关性问题,只不过像人与人之间的关系、概念之间的关系、方法之间的关系、制度之间的这些关系经常会被那些已经从中获益的模型所忽视,所以我认为社会学给我们提供了一种新的视角。比如有人要买保险,而买保险这一行为本身就是某种关系的结果,因为关系在塑造人们的行为。你可以设想一下新的商业模式在铺天盖地地宣传风险无处不在,这对于人们购买保险的决策会有多大的影响。我认为,社会学教给我们的方法和观点都是非常有价值的,只是被低估了,所以我才说,社会学专业的学生都是有价值的。

回到您的大学时代，您一开始学习的是经济学和人类学，后来改学社会学。为什么后来选择学习社会学，这背后的故事是什么？

我过去对社会学并不了解，我以前对宏观的历史变革感兴趣，现在则对概念来自哪里感兴趣。我以前学习人类学是因为我觉得人类学是一门综合学科，我对很多问题感兴趣，比如人类起源以及各种概念和文化。当我 1994 年去哈佛大学的时候，我的妻子当时在哈佛法学院读书，我去旁听了彼得·马斯登的一节社会网络课，我在听那堂课的时候就在想，那些基于图形的方法其实可以应用到不同的概念以及人身上。于是我也开始运用那些技术，那些技术也是从那时开始兴起的，并持续在社会学和相关的自然和社会科学中发展，而且被应用到了许多新的领域。除此以外，我总是对历史和哲学观点，以及形塑它们的社会文化力量感兴趣。我总想尝试测量这些东西，然后建构模型，这样一来我就有机会和别人进行对话，给自己一个说服他人相信自己结论的机会。

在引导您走上社会学研究的道路方面，是否有老师发挥了重要作用？

这是很久以前的事儿了。我曾经有一个非常好的高中历史老师，他对大规模历史运动和塑造社会整体的社会文化关联性感兴趣，他是加利福尼亚大学洛杉矶分校的历史学博士，他很聪明，和其他高中老师相比，他总是表现出非同寻常的好奇心。所以，我觉得他对我来说是富有启发意义的。此外，我总是对社会研究、社会问题和社会过程感兴趣，我遇到了几位非常有影响力的人类学教授，还有很多和我一起工作的经济学家，他们有志于设计一个可以把他们所学的原理都考虑进去的系统。说到我现在在做的研究，我想说的是，我现在的一些合作者对我有很大的影响。我有一个同事在芝加哥大学医学与生物科学系，他是一个充满好奇心的俄罗斯数学家，他很好奇社会关系的关联性是如何导致我们在论文、在实验以及在人们所得出的结论中看到知识的增长的。我从他身上找到了对社会结构知识的兴趣,而他让我明白了我下一步要做的研究。在定义了我所声称的社会结构以后,如果我们把社会结构考虑在内,那么我们应该能够更快地获取发现,或者生产更好的知识,如果我们做不到,那么我会怀疑我们是否真正理解了我们认为我们最初理解了的东西。

自从成为一名社会学专业的老师以后,您想教给学生什么?或者您希望他们从社会学中学到什么?

我不仅仅给社会学专业的学生上课。譬如今天,我要给那些将要读物理、化学、医学专业的学生上课,我教他们如何理解社会原则(social principles),这些原则让他们用一种新的方式思考知识的发展,我希望这能够影响到他们的实践。我给商学院的学生上课,给工商管理硕士(MBA)专业的学生上课,教他们如何运用机器学习技术以及关于社会传感器、社会处理器和计算机的观点,去搭建更好的组织。所以我认为教学的一部分是要教给学生那些我认为他们将来在工作中会用到的技能。至于那些想成为社会学家的学生,我鼓励他们去冒险。我认为在我们面前有太多有趣和紧迫的问题,如果这些问题是真的,那么这些问题对于社会学范围以外的人来说是非常重要的。所以我鼓励我的学生去冒险,敢于失败。我认为如果你做的研究注定会成功的话,那显然不是你最初做研究的价值所在。

您如何平衡教学和科研?

我做得不好,其实我觉得很难二者兼顾。不过我想说二者之间是相互补充的。当你教学的时候,你是在整合观点和资源,你把所有想法放到一起;当你进行研究分析的时候,你是在把所有不同的方面区分开。我觉得教学是非常有益的实践,因为你把想法变成了知识,然后突然有一天你意识到,你曾经在课堂上宣称你所坚信的假设或者可能，真的变成了值得研究、值得审视的问题。所以我认为，教学和科研相辅相成。我这个学季（quarter）要教两门课，我很少这样，这是我最忙的一个学季，我同时还负责一个实验室，和几个博士后一起工作，目前还有四篇文章在等我来完成。尽管生活很忙碌，但是一切都很美好。

那么您又是如何平衡工作与家庭的？

哈哈，最近我搬到了学校住，我成了芝加哥大学学生宿舍的宿舍监管人，这让我的生活变得更加精彩。我可以把同事和朋友请到家里面去，也可以把我的孩子带到办公室来，我想这样一来，我和所有人都有更多的机会接触。这就是我如何平衡家庭与工作的。

在您的学术生涯中有没有经历过坎坷？您最终是如何度过的？

就像所有人一样，我也经历过很多坎坷。我有过很多次机会，我非常感激。但是在我读研究生的时候，我遭遇的一次坎坷来自和我一起工作的导师。我们当时在做一个研究项目，我觉得他剽窃了我的想法而且利用我收集的数据和分析出版了一本书，我当时很伤心，学习进度也因此受到了影响。不过我觉得这对我来说也有好的一面，因为我后来离开了那个项目，做了一个我真正感兴趣，而且纯粹是基于我自己设计的新项目。所以，我很感激那段经历，尽管我当时的感觉并不怎么好，我觉得有些事能成，有些事不能成，有很多工作的"offer"（录用信）我没拿到，我研究生毕业的时间也没有我原本设想的那么快。你知道，总是会有意外发生。不过我们当时所做的选择会影响我们以后所走的路。就拿我的例子来说，我放弃前一个项目而去做了一个更有深度、更有前景的项目，并因此得到了回报。我觉得大多数的坎坷遭遇，就像各种研究项目的失利，其实是好事，因为至少我知道这些项目是不会有好结果的，而在此之前我是不可能知道的，但是我现在知道了。我希望我能从未来的失败中学习到有益的东西。我感觉如果我做的东西没有50%甚至更高的失败概率,那么我所做的就是不值得做的东西。

您的论文题目是《分享收获?植物生物技术领域公共—私人合作的不确定成果》("Sharing the Harvest? The Uncertain Fruits of Public-Private Collaboration in Plant Biotechnology")。您当时为什么想选这个话题,以及在写这篇博士论文的时候遇到的最大困难是什么?

之所以想到这个话题是因为我对知识究竟从哪里来感兴趣。2000年的时候,《大西洋月刊》《纽约时报》《经济学家》都刊登了大量工业进军甚至取代科学的文章。文章认为工业让科学相形见绌,工业俘获了学术科学。我当时住在斯坦福大学,斯坦福大学旁边就是谷歌公司和基因泰克公司(Genentech),这两家公司当时发表的学术论文超过了斯坦福大学生物学系,而斯坦福大学生物学系可是美国最顶尖的生物研究基地,所以工业当时的确在以不可思议的方式削弱科学。我尝试理解这种现象并尝试说服那些不愿相信这一事实的人们,于是我开始寻找既有工业影响又有学术影响的案例。植物生物技术在20世纪七八十年代成立之初无论在科技还是应用方面都有巨大潜力,尽管还没有商业化,但却能帮助中纬度国家的农民种植农作物,而且在生产新的路边谷物、确保有价值的谷物产出方面也非常具有商业吸引力。所以工业领域对此很有兴趣,学术界对此也很感兴趣,这就给我提供了一个实验的理想环境,而他们的模式生物(model organism)——阿拉伯芥(Arabidopsis thaliana)以及植物技术空间就成了我研究工业领域、学术领域发展植物生物技术的对象,思考他们发展植物生物技术的不同方法,这就是我最初的动机。写作过程中遇到的挑战主要来自研究项目的管理,譬如要收集多少数据。我当时组建了一个研究小组,这是我之前从来没有做过的。而且也没有足够的时间和灵活性去真正地理解我所发现的模型。所以我觉得那是一个缓慢的过程,不过也是一次有意义的经历。

基于您自己的经验，您会给将来想要在社会学领域从事学术事业的学生什么样的建议？

我想说，向美国的风险投资家学习，不管你是怎么评价这些投资家的，但是他们做的一些事是非常有价值的，比如他们设计证券投资组合，他们想到了他们投资的大多数公司都会倒闭，所以他们会投资很多公司，涉及足够多不同的领域，这样只要有一家公司成功，他们也就成功了。我认为学生有时候太关注某一个想法，但是这个想法很可能最终没有结果，也提供不了任何有价值的观点，所以他们所做的是不可能成功的事，我想这对学生来说没有好处，对科学也没有好处。我认为正确的做法应该是有计划B、计划C，有一个想法组合能够更好地发展自己，不仅是去做一个勤奋的分析师，还要做思想的生产者，那就是你的价值；不仅仅能执行一项特定的项目，而且还能成为提出和解答问题的人。所以我觉得要培养学生具有那种风险精神和思维能力。此外，质疑和探索在我看来也很重要。

最后一个问题，作为一个社会学家，对您产生的影响是什么？

我想它对我做的所有事情都产生了影响，我认为它对我看世界的方式产生了影响，我能从所有场景中发现可能的相关性。在和我的那些来自自然科学界的朋友合作的时候，我发现我有时候会针对跨学科的交互复杂系统提出自己的观点，但我的科学家朋友们对社会学却一无所知，他们所能做的就是对我提出的关系模型加以分析。所以我认为社会学提供的不仅是关于世界的深刻见解，同时提供了一套观察不同事物的有价值的模式。

Andrew D. Abbott

安德鲁·D. 阿伯特
（芝加哥大学古斯塔夫斯·F. 和安·M. 斯威夫特杰出贡献教授）

安德鲁·D. 阿伯特（Andrew D. Abbott）是芝加哥大学社会学系的古斯塔夫斯·F. 和安·M. 斯威夫特杰出贡献教授（Gustavus F. and Ann M. Swift Distinguished Service Professor）。1970年他获得哈佛大学历史与文学专业的学士学位，1982年获得芝加哥大学的社会学博士学位。他在罗格斯大学任教13年，并于1991年重返芝加哥大学。1993—1996年他出任芝加哥大学社会科学部的主任，1999—2002年出任社会学系主任。2000—2016年，他担任《美国社会学杂志》的主编。阿伯特的研究领域涉及职业、方法哲学、知识学科史和知识社会学。在其代表作《职业系统：论专业技能的劳动分工》（The System of Professions: An Essay on the Division of Expert Labor）一书中，阿伯特研究了现代生活中职业所扮演的角色，以及职业演进的方式和原因。阿伯特被认为是引领当代芝加哥学派的理论家之一。2009年，他当选为美国艺术与科学院院士。

2017 年 4 月 14 日

芝加哥大学社会科学研究大楼（Social Science Research Building）

教授，您眼中的社会学是什么？

在我看来有两种不同的社会学。一种是作为既已存在的社会结构的社会学，另一种是作为知识的理想形式的社会学。第一种社会学很好理解，至少在美国，作为一种社会结构的社会学就好比就业市场：一个人拿到博士学位，然后到社会学系谋求教职，有了老师，社会学系开始大量地培养博士生，学生毕业以后再去其他社会学系谋求教职，因此这就是一个就业市场。但它同时也是社会科学最一般的表现形式，人们在社会科学领域从事大量的研究工作，理性选择、直观经验、历史社会学、民族志、调查分析，有各种各样的研究。我认为作为一种理想体系，社会学应该被看作是社会科学最一般的表现形式，为了能够最深刻地理解社会，社会学可以使用各种不同类型的方法。我认为其他社会科学学科也非常了不起，只是它们更加倾向于盯住某一特定方法或某一组特定概念，而社会学的优势就体现在它的广泛性上。

您认为社会学何以成为一门独立的学科？

正如社会中的一切都建立在历史的基础上一样，社会学是美国大学进入 20 世纪转向学科组织时出现得最早的学科之一。因此社会学很早就在学科体系中占据了一席位置。那时候的社会学和现在不同，社会学当时在美国是由对社会改良感兴趣的神职人员掌握的一种应用宗教形式。在两次世界大战之间以及第二次世界大战以后，社会学才变得更加"科学"。20 世纪 70 年代，社会学再一次变得更加注重改良。正如所有学科一样，社会学也随时间的推移发生着很大的改变，不过它保持了学科传统的连续性，因为当学科被内化到个人身上，你知道的，每一个人都有三十年或者四十年的学术任期，那么当这么多人联系在一起的时候，他们就创造了一个连续的学科传统。我认为在其他国家，尽管社会学发展的道路不尽相同，但是都在以相似的方式构建各自的传统。

我知道您在哈佛求学期间学习的是历史，所以基于您的经验，您能不能告诉我历史学与社会学最大的不同是什么？

我觉得在一定意义上可以从理论上加以区分。历史学的观点认为，过去在某种程度上决定着当下，而社会学或所有社会科学的基本观点则是事情的起因就在当下。现在的问题是，这两种情况在同一时间都有可能发生，所以一个人必须有对社会本体论的深刻认识，才能同时维持两种探究形式。因此历史学存在的问题是，过去的已经过去了，现在已经没有过去了，当下这里什么都没有发生。而过去只有通过现在才能显示它的威力。社会科学或者社会学的问题是，过去对现在的影响是显而易见的，导致事情发生的原因不可能同时存在于当下而和过去一点关系都没有。社会学的另一个问题是，假设你现在有一套社会生活的准则，但是四十年后，可能会出现另一套社会生活的准则，这时你就无法解释这套准则是如何发生变化的。因此无论历史学还是社会学，在认识世界的过程中都有局限性，你要想办法把二者结合起来。

目前在社会学内部有很多的分支学科，您如何看待这种学科的分化？在哪种情况下社会学会发展得更好，学科整合还是多样化？

说真的，很难想象社会学变得比现在更加多样化会是什么样子。目前我们已经在很多不同的领域展开了研究。我觉得尤其是在最近，美国社会学对比如不平等这些问题的关注在增加。但这种不平等体现在诸多领域，如科学、家庭、组织等。所以多样性对社会学来说并不是一个问题。对社会学来说，一直以来的问题就是想通过某种方式把同一个问题整合到一起。不过我觉得这在当前也成了所有学科的共性问题，因为至少在美国，只要学科在快速扩张发展，那么在学科的组织结构上就会出现一小群老人和一大批年轻人的现象，这是在学科快速扩张发展过程中必然出现的。于是就出现了某种程度地聚焦于某一问题的趋势，而且人们只在他们需要的时候才去发表文章，这导致没有太多能被阅读的（书或文章），而又因为没有太多能被阅读的，大家读的基本上就是一样的。但是，当学科停止扩张以后，所有一切都改变了，比如现在我们要不停地发表，而且也很难找到能把我们重新聚合在一起的问题。所以从目前来看，很难看到未来出现整合的可能。不过我也认为，美国社会学在世界上的地位将会在接下来的30—50年发生改变，因为美国的发展会改变，不过社会学地位的改变会更加明显。

您从2000年开始到2016年一直担任《美国社会学杂志》的主编。基于您的观察或经验，您认为在社会学内部是否存在定性研究和定量研究的分歧？

我既觉得有，也觉得没有。尽管我觉得有，但是我认为人们并没有把它太当回事。一方面，有的定量学者觉得定性学者做的研究不值得一看，反过来也有定性学者觉得定量学者做的研究不值得一读，这种情况的确存在。另一方面，美国的绝大多数社会学系两种方法都会教，而且尽量保持和睦相处。在这一点上，芝加哥大学社会学系就做得很好。我觉得最有趣的是，在20世纪30年代研究生打垒球比赛的时候，出现了定量代表队和定性代表队。这足以说明，尽管大家都知道有这么一回事，但是谁都没有把它太当回事。我觉得未来在方法上的分歧可能会出现一些新情况，因为新的方法出现了，一方面是计算机方法，另一方面是生物学方法。在接下来的20—40年的时间里，这两者都会在科学领域获得重大发展，而且会对当下定性学者和定量学者都提出更加具有挑战性的问题，因为计算主义代表的定量分析相比之前由因果论主导的定量分析更在乎描述而非判定。因此，这些外在的发展变化意味着社会学内部定性方法和定量方法之间的关系也会在不远的将来发生显著的改变。

社会学有什么用？您知道的，很多选择学习社会学专业的学生都想知道学了社会学将来可以做什么？

将来会做什么？你要知道，你将来会做的就是认识社会世界，这就是我所关心的。在选择专业的问题上，如果你在考虑本科学什么专业，是不是该学习政治学，或者社会学，或者经济学，或者其他，这其实并没有必要。我们都知道，你在大学学什么专业和你将来会做什么工作并没有太大关系。在这方面实际上有很多案例。尽管很多人会说现在和二十年前不一样了，但我不觉得是这样，我认为在考虑大学专业的问题上，你应该选择你感兴趣的专业。这样你的思想首先打开了，然后你再决定将来要做什么。至于为什么要读研究生，为什么你要拿一个社会学的博士学位而不是其他学科的博士学位，在我看来，选择社会学是因为你有广泛的兴趣，方法上你喜欢阅读民族志，也喜欢解读数据，你喜欢查阅调查分析，也喜欢倾听访谈对话，你是一个兴趣广博的人。这是我为什么选择了社会学，也是我认为社会学所具有的最好的特质。以前，社会学涉及的都是不同寻常的观点。最好的例证就是网络分析，网络分析基本上是由社会学发明的。我在20世纪80年代发起的序列分析（sequence analysis）也是如此，你可以在社会学里用序列分析，但是在其他大多数学科里你就没法用到。所以我觉得这是你读研究生将会获得的优势。

回到您的大学时代，您一开始学的是文学，但是后来开始学社会学，您为什么要选择社会学？

我决定要学社会学，那恐怕要回到更早的时候。我以前读的是一所高级中学,那所中学以科学教育为主,所以我在中学的时候就已经接受了三年的大学数学教育,并在科学领域做了很多研究。正因为如此,我去哈佛以后发现,我已经满足哈佛课程的基本要求,于是就直接跳了一级,我可以随心所欲地在不同领域选择我喜欢的课程,后来我发现自己对社会生活中的问题很感兴趣。不过我当时选择的是历史与文学专业,这主要是学校行政管理的原因。我想接受个人辅导,和老师一对一地交流,而那时候只有两个专业是这样培养学生的,一个是历史和文学,另一个就是社会研究(social studies)。那时候我很想选择社会研究,它当时还是一个非常小众的专业,每年只招收25个人,但是不招收一年级的跳级生,而我又必须选择一个专业,所以我就选了1750—1850年的英国历史与文学专业,但我其实上了很多社会学和政治学的课,也算学了这两个专业。

那么您觉得在培养您的社会学兴趣方面,一些教授或老师是否发挥了很重要的作用,或者对您产生了很大的影响?

我对于那些影响了我的老师记得非常清楚。在高中的时候,我遇到了很多了不起的学者型老师,一位是个著名诗人,一位是美国高中基础希腊文课本的作者,还有一位是个极好的法国人,他是一个知识非常广博的人。上了大学以后,有趣的是,由于我当时还不在社会学系,所以我和社会学系的老师都不熟悉。但是我在大学里做的一件事对我产生了很大的影响,那就是我找了一份工作,给罗杰·雷维尔(Roger Revelle)*教授做研究助理。他当时是哈佛人口中心的负责人,但是雷维尔教授本人并不是一个人口学家,而是一个海洋学家,他之所以有名是因为他曾和汉斯·苏斯(Hans Suess)在1957年写了关于温室效应的论文。他曾说过:"我们正在进行一个巨大的地球物理学实验。"他们的实验表明,海洋并不会吸收所有的二氧化碳。雷维尔教授是一位兴趣广泛的学者,他当时主持人口中心的工作,那里的人们在为河流流域进行计算机建模。所以我从雷维尔教授那里学到了如何通过多种方法解决问题的能力。来到芝加哥大学以后，我就直接进了社会学系。其实在哈佛的最后一年，我就决定将来要成为一名社会学家，所以我不是因为受谁的影响才决定学社会学的。当然除了雷维尔教授，他本来是个科学家，不过现在已经是个社会科学家了，他从一个自然科学家变成了一个社会科学家。来到芝加哥大学以后，我发现这里也有很多非常有影响力的老师。

读大学或者研究生的时候，您读的最多的是哪类书？

我上大学的时候涉猎很广泛。正如我说过的，我对很多领域都感兴趣，我读过心理学的书，读过社会学的书，读过人类学的书，读过社会心理学的书，还读过很多历史学的书，总之我在大学读了很多书。（那您研究生的时光是如何度过的？我的意思是您每天也花很多时间读书吗？）是的，我读研究生以后，也读了很多的书，不过我很快就去做田野了，在学校附近的一个诊所里了解精神病学知识的应用。在我研究生第二年结束的时候，我到了伊利诺伊州最大的精神病院工作。我在那里做了一年的民族志研究，然后他们就聘用了我，因为院长和我说："你对待病人就像我们的工作人员一样好。"于是我成了他们的职员，负责安排床位、写工作报告之类的工作。我们那时候都没钱去读研究生，因为当时学校只管我们两年，两年以后就得靠自己，所以我那时候已经没钱继续读书了，因此我利用课余时间在精神病院工作或多或少地帮助我完成了研究生的学业。而且在精神病院工作的经历让我对社会世界有了更加清楚的认识，我觉得我也是在那个时候真正成长起来的。所以那段经历对我而言是非常宝贵的。但现在很多人一毕业就去读社会学的研究生，完全没有涉世的经历，而我参过军，后来又在精神病院工作过，我觉得这些让我对现实世界有了更好的认识。

您说到的这个确实是我特别想要问的，我知道您在曼蒂诺州立医院——一家精神病院工作了五年。您的博士毕业论文事实上也是关于精神病院的研究，所以我对您的这段经历非常好奇。我觉得那是特别不同寻常的经历。

那的确有些不同寻常。但是也有像我一样的人，因为我们那时候都没有钱，像迈克尔·巴纳斯（Michael Barnas），他比我大一级，他当时是芝加哥的公交司机。还有诺曼·盖维茨（Norman Gevitz），他在芝加哥海港给那些损坏的产品估价。我记得有一次他要给一船的受损纸产品估价，像卫生纸啊，还有其他一些什么东西，都已经被浸湿了，他的工作是评估这些东西还值多少钱。我们那时候做了很多事情，在精神病院工作还算是一件有趣的事，因为我当时对精神病学感兴趣，正是在那家精神病院，我开始注意到职业之间的冲突，所以就有了《职业系统》那本书，但是那时候已经是精神病院发展的后期了，很多精神病院都关闭了。美国从 20 世纪 50 年代开始建立精神病院，我成长的小镇在马萨诸塞州的梅德菲尔德（Medfield），那里就有一家精神病院，所以我对精神病院很熟悉。精神病院其实是非常值得人们注意的地方，那是个非常大的仓库，里面的确有些人是患有精神病的，他们疯疯癫癫，差不多有三分之一的人是疯疯癫癫的；还有三分之一是老人，他们年纪很大，无法自理；剩下的三分之一就是没法融入社会的人、穷人，他们在街上乞讨，晚上就睡在高架桥下面，可是那时候去精神病院比现在在大街上乞讨要好得多。

听起来那段经历对您的影响很大。

那段经历的确对我产生了很大影响，它教会了我一些关于现实世界的东西，让我对社会学显而易见的科学的一面产生了怀疑，因为我对客观的测量、对在精神病院的人们的职业和他们真正在做的事情之间的差距有了深刻的认识，那些在精神病院的心理学家在一定意义上并不是心理学家。那段经历让我对测量有了新的认识，也导致我不太愿意从事量化工作，尽管这听起来很奇怪，因为我掌握了高级数学知识，可是那时候我并不用这些知识。所以，我就是简单地对精神病院感兴趣，想写篇博士论文。我曾经说过，我想把精神病院看作是一个小镇，在此基础上来写一篇博士论文。我想说明的是，精神病院并不是一个失败的正式组织，而是一个人们生活的小镇。不过我最终并没有这么写，因为莫里斯·贾诺威茨（Morris Janowitz）*先生——我的导师，不认为这是一个好主意。所以我最后写的是一篇历史论文。

那是您当初写论文的时候遇到的主要问题吗？您的导师不支持您的想法？

他是一个很直率的人。如果他觉得不好他就会告诉你。那时候和现在不一样，老师指导学生的方法不一样，现在我们会尽量提供帮助，所以那时候和现在真不一样。

自从您成为一名社会学专业的老师以后，您想教给学生什么，或者您希望他们从社会学中学到什么？

首先，有两类学生，一类是研究生，一类是本科生。我们培养研究生的目标是想让他们成为他们能够成为的最好的社会学家，对于每一个学生来说，我们所面临的都是不同的任务，要采取不同的方法，你要找到每个学生身上的独特优势，并让这种优势发挥作用，让每个学生能够重新发现他们自己。这听起来很难，你还要把他们拉成一个圈子，让他们相互支持和帮助。对于有些学生来说，他们可能需要的帮助和支持多一点，而对于另外一些学生，他们几乎不需要什么帮助和支持；有些学生需要更多的自信，有些学生则需要学会谦虚。我做过一百多次论文答辩委员，让我印象最深刻的就是学生表现出的多样性。对于本科生来说，培养的方式不仅大不相同而且还要视学生的情况进行调整。在过去的十年时间里，由于互联网的出现，本科生思维方式的改变深深地触动了我。他们阅读文章缺乏技巧，面对复杂的文章不知所措，面对复杂的句法措手不及，即使非常聪明的学生面对这些问题时也表现得无可奈何。而我们这代人之所以能够掌握很多思考技巧，是因为我们被印刷媒体包围，现在的学生之所以掌握不了这些技巧，是因为所有东西都被可视化了。因此他们对可视化的材料非常在行。但是，你不可能通过图片来证明微积分的基本定理，这也是希腊数学没有流传到别的地方的原因。他们试图用几何图形来论证希腊数学，可你不能那么做。因此，针对本科生和研究生的培养目标是不一样的。

我听说您组织了一个"随机读者小组"（random readers），成员随机选一本书，然后大家一起默读一两个小时，最后在群里汇报他们的阅读成果。

我们其实读的不是同一本书。是这样的，我们去图书馆，确定几排书架上的书作为选择范围，每个人从中选一本自己想读的书，再找一个房间，大家坐下来一起读一个小时，然后我们开两瓶酒，一边喝酒一边汇报一下自己读的心得体会。这个办法很管用，我最初想这么做，是因为有些学生在公开场合不会讲话，或者不自信，而通过这种方法，每一个演讲的人都成了他读的那本书的专家。所以很自然地，他成了最棒的那个人，成了我们当中的权威。后来这种方式演变成了一种惯例，我每学年都会组织这样的活动，不过主要是在暑假。这是一个多样化的读书群，我们会把读过的书单保留下来，所以很有趣。这其实也给了我一个机会，把学生组织起来的机会，让里面的学生互帮互助。

20 世纪 70 年代到 80 年代初您在芝加哥求学，90 年代又回到芝加哥任教。毫无疑问您现在是芝加哥学派的领军人物，而芝加哥学

派在社会学历史上是非常重要一个学派。所以我的问题是，您怎么看待21世纪的芝加哥学派，还有，从20世纪二三十年代至今，芝加哥学派发生了什么变化？

我实际上有一些关于芝加哥学派鲜为人知的历史素材，我会通过我的文章告诉大家。我认为，芝加哥学派最初就起源于我们系，1992年我写了一篇关于芝加哥学派的文章，1997年的时候发表在《社会力量》(Social Forces)杂志上，然后被收录进《系与学科：一百周年之际的芝加哥学派》(Department and Discipline: Chicago Sociology at One Hundred)这本书里面，很快这本书的中文版就会面世了。我之前写过一篇论文，在论文中我提到，芝加哥传统的精髓在于讨论一定时空中的现象，所以社会生活总是被研究的对象，我认为到现在也依然如此。另一个自始至终贯穿于芝加哥学派的精髓就是把社会生活看作一个过程，这在一定意义上是说时空是有意义的，不过社会生活是一个过程，世界在其中不断地被创造，而作为理论家的任务就是要尝试理解这个过程是如何运转的。所以如果你回过头去看我之前发表过的关于历史学和社会学关系的评论，那显然就是一个经典的芝加哥学派的问题。社会学是用来讨论当下社会空间中的来龙去脉的，而历史学是用来讨论社会时间中的来龙去脉的。芝加哥学派的见解是把两者结合起来，而且要弄明白如何让二者发挥各自所长。现在你知道有很多不同版本的芝加哥学派。比如，社会生态学家关注邻里和种族以及其他在城市中过往的群体，于是就产生了关心城市生活的民族志的芝加哥学派。还有量化版本的芝加哥学派，像犯罪学家克利福德·肖(Clifford Shaw)*和亨利·麦凯(Henry McKay)发现，一些社区由于地理位置的缘故，即使有不同的种族群体搬入或搬出，犯罪率总是保持一样的水平，所以这又是生态学的方法。此外还有乔治·赫伯特·米德(George Herbert Mead)*以及整个心理学传统，他们强调个体生活是一个过程，自我和社会世界同时产生。如果你再回过头去看威廉·I.托马斯(William I. Thomas)*,

他是米德的好朋友,你会发现那也是托马斯的中心思想。个体和社会群体一同演化,并在这个过程中相互影响。托马斯算不上是一个理论家,他没有把这些放到一起考虑,但那同样是他思考世界的方式。所以我认为这是芝加哥学派的核心。对于认识社会世界来说,强调过程主义的方法。你可能知道,受这种传统影响的人一直在努力把二者放到一起考虑,涩谷保(Tamotsu Shibutani)*写过一篇关于社会过程的文章,还有安塞尔姆·斯特劳斯(Anselm Strauss)*,他们两个是20世纪中叶的代表。但是也有像路易斯·沃思(Louis Wirth)*这样思考城市化进程的,当然还有其他一些20世纪的人。尽管总是回归到各种不同的方式上,但是我们始终可以发现,总有人在重拾并尝试重塑传统,只不过现在这个人恰好就是我罢了。

那您是如何平衡教学与科研的?

别去平衡,努力工作,这就是你要做的。在芝加哥大学,我们都得很努力地工作。我们大多数人都住在学校附近。我住在离这里八个街区的地方,所以每天不用花太多时间在路上。**(您每天都步行来这里?)** 我大多数时候会步行,如果你星期六和星期天到这里,你会发现我们当中的四五个人仍然在这里工作。当然了,这种情况在你的生命历程中是不断变化的。在我的儿子还很小的时候,我会花更多的时间陪伴家里人。但他现在长大了,而且不在我们身边,所以我可以花更多的时间投入到工作中。至于教学和科研,你也知道,分研究生教学和本科生教学,本科生教学基本上限定在每个学季里,有些研究生的课程也是在学季里。这些都是课堂教学,因为芝加哥大学是学季制不是学期制,所以上课的强度很大,你基本上要用九个半星期的时间把十四周的课程讲完,这是件很辛苦的事儿,课堂教学本身就很辛苦。但是另一方面,如果你有很多研究生,(我就总是带很多的研究生,)那就意味着你一年都没法休息,即使到了暑假也是一样。所以在暑假的时候,每隔几周我会和研究生见一次面,也许每三个星期，我会和所有研究生挑一天的时间见面。毕竟你要有一些用来做自己事情的时间。在过去二十年，我每年春天都会去牛津大学待两三个星期，就是想告别课堂教学，在夏天开启我需要的思维框架的构想。不过这主要是一个生命历程的职责问题，由你的家庭责任以及其他一些事情决定，你在不同的阶段做不同的事。就像现在，我的妻子已经退休了，她2009年就退休了，她现在有很多志愿工作要做。所以只管努力工作，那就是你要做的。

在您的学术生涯中有没有经历过坎坷？您最终是如何度过的？

我不觉得我的学术事业充满了坎坷，这并不是说我从来没有想过我的工作实在太辛苦了，希望能够改变一下，但我还是觉得我是一个非常幸运的人。我也许有些天赋，我也许一直在努力工作，但是在我的一生中获得了很多次机会，我每天都觉得自己像中了彩票。我坐在这间办公室，有人支付我高昂的薪水，我每天和这个星球上最聪明的年轻人在一起，教他们学习我们共同感兴趣的东西，我怎么会觉得这是一种坎坷？应该说很精彩！我想说工作的确很辛苦，尽管一定意义上让我感到厌烦，但是我还是愿意做这份工作。即使我们生活在一个完全的共产主义社会，不管我们工作与否我们都能从国家领到薪水，我依然会做90%我现在在做的工作，因为我热爱这份工作，它非常有趣。所以对我来说很难说有什么坎坷，我很幸运能够得到这份工作，我写了很多还算不错的书，这在某种程度上得益于我在人生中得到了很多机会。这也就意味着我有更多的责任，你不能因此就坐享其成，觉得自己是多么厉害的一个人。你有责任去做一些事，这样才对得起你获得的好运。所以对我而言，整理已故社会学家的思想然后发表在《美国社会学杂志》上，就是我觉得我在这个位置上应该做的事情。从一定意义上说，我有义务这么做，尽管这个过程对我来说并不是那么轻松，甚至对我的学术发展也没什么太大的影响，但是这就是我应该做的。通过写一些社会思想类的文章和其他地方的见闻,当然也通过中国的学者,我可以重新认识我自己和外在的世界。你知道《圣经》里面曾经提到过:"你被给予的越多,你要付出的就越多。"我觉得这是对的,因为上天给予了我太多,我需要付出的就更多,这是理所应当的。而且我觉得和我一生中认识的很多人相比,我要幸运得多。

基于您的个人经验,您会给那些将来在社会学领域开启学术事业的学生一些什么建议?

我认为现在变得很难说了,在不同的国家能够给出的建议恐怕也不同。在美国,就我们现在在学术圈所看到的来说,这应该是一个好建议,那就是除非你真的喜欢,不然不要进入学术圈。因为在这个社会,你每天可以通过挣更多的钱获得某种乐趣——金钱带来的乐趣。你要知道,如果你有能力在学术上成绩斐然,那么你也有能力成为一个成功的律师或者银行家,挣的钱是现在的十倍,如果那是你想要的东西的话。因此认识到你之所以进学术圈是因为那是你真正想要的是很重要的。你想有机会把自己的一生都投入到思考中去,这是我给出的最主要的建议,我不知道和这个建议同等重要的建议在中国、德国、英国或其他国家是什么。但是在美国、在当下,学术圈发展变化得非常快,如果我带的本科生在思考要不要去读研究生,我会告诉他:"回到现实生活,好好想想这是不是你想做的,在现实生活中度过了一两年以后,如果你还是想做学术,那么就做。"所以我觉得本科毕业以后就直接读研究生,至少对美国学生来说往往是个错误,我不知道对于其他国家的学生来说是不是这样,但是对于很多美国学生,他们需要有一些现实生活的经历。

《职业系统》是您的第一本著作,出版以后产生了巨大的影响。您当初在写这本书的时候遇到的主要问题是什么?

我的灵感来自于1982年在哈佛的一场求职演讲。我1978年的时候离开了芝加哥大学,那时候我还没写完我的博士论文。因为我的妻子在贝尔实验室（Bell Laboratories）找到一份工作，她也是一个博士，她当时拿到了物理化学博士学位，所以我们当时打算离开芝加哥，也就在我们快要离开的时候，我在罗格斯大学申请到了一份教职。出于各种原因，我当时并没有太大压力要完成我的博士论文，所以我也没太着急，不过我最终在1980年秋季通过了博士论文答辩，到1982年，我其实已经发表了一些引人注目的文章，哈里森·怀特（Harrison White）*当时就非常希望我到哈佛去谋求一份教职。在他的催促下，我就去哈佛申请了教职，紧接着我就有一场面试，我要写一份求职演讲。因为我当时想到了哈里森·怀特，他的成名作对我产生了影响，是关于空缺链（vacancy chain）的。我就想到职业也像是空缺链，总要有人离开这个岗位才能让别的人进来，这也是我的博士论文所关注的，只不过对象是精神病医生，所以我的求职演讲就写成了我称为职业系统的东西。等我回到家以后，我被告知拿到了哈佛的教职，但我最终还是决定不去了，因为我要和我妻子在一起。

不过我对自己说，我应该就此写本书，写本篇幅不长的书，因为它值得被写成一本书，结果这本原计划篇幅很短的书却花了我四年的时间，最终我写了400多页，这就是这本书的故事。如果我没有不停地写下去，把它当作一本理论书来写，不把作为案例的三个章节加进去，那么这本书的篇幅可能确实会短点。但是你知道的，其中一章是基于我的博士论文，基本上是对论证的总结；另一章是我断断续续地写了几次的论文，因为我当时需要一篇论文参加美国历史学家组织的会议；还有一章是关于信息职业的，是专门为这本书写的。尽管那些案例章节花了我一年的时间，但整本书却花了我四年的时间。正如你所知道的那样，在写这本书的过程中，我遇到的最大困难在于我自己，我是个很随性的作家（a binge writer），这意思是说我会花很长的时间去阅读和思考，但是不知道该如何下笔，而我一旦开始下笔写了，只要没人打扰我，我可以很快地写出很多东西来。所以我写第二、三、四章用了七个星期，差不多一个暑假的时间。我当时很心急，因为我很喜欢第一章，我就不停地写第一章，结果整本书一直没有向前推进，后来我就对自己说："好了，你得接着往下写了。"这样第二章和第三章很快就写好了，第四章是我本来就想写的，所以写得也很快，第五章和第六章还有第七章是外延部分，到此我就描绘了整个职业系统，涉及职业系统的内部和职业系统的外部，整本书的逻辑也逐渐变得清晰，于是我就把整本书写完了。

写完以后我才感到非常吃惊，尤其是整本书的文风（tone），因为我觉得对于英语是第二语言的人来说，他们阅读起来可能会很吃力。那本书的文字像是一个我现在这个年纪的人写出来的，我写完那本书的时候才 40 岁，但是那本书读起来倒像是一个 65 岁的人写的一样，它是一本非常权威、平稳、给人以距离感的书。有趣的是，整本书都没有注释，我是在出版社评估这本书的初稿的时候才写完了注释，就像一些人在评论这本书的时候说的，注释本身也可以算是一本书了。这的确是一针见血，但多少有点挖苦的意思。不过显然，注释让这本书变得无懈可击，因为这本书似乎回答了所有问题。我听说中文版本也处理得非常好。

如果让您回过头去看，作为一个社会学家对您产生的影响或改变是什么？

这很难说，如果采用芝加哥学派的思考方式的话，这个问题很难回答，因为没有一个内在的我告诉我，我本可以做这个或做那个，如果回到1971年或1972年，这样的我是存在的，但是1971年以后我就成了一个社会学家，那以后社会学家和内在的我就已经没法区分了。所以我没法想象内心还有一个小矮人（homunculus），一个特别的我，让我有不同的想法，告诉我说我本来可以是个银行家或其他什么。不，我能成为的就是一个社会学家，那就是我所做的，我成了一个社会学家，我把作为社会学家当作一种生活方式，而认为我可以做一些别的工作是没有意义的。所以很难说，我本可以做很多其他的事，或者本可以和很多其他人生活在一起。20世纪70年代初我大学毕业，1978年结婚，从1978年以后我就一直和我的妻子在一起，从20世纪70年代初以后我就一直从事社会学的教学和研究。所以再把我和这些事情分开是不合情理的。社会学这个学科一直对我非常照顾。正如我说过的，我每天都很感激能够和这些有趣的人畅聊，能够坐在这里阅读涂尔干的信件。这里放着马塞尔·莫斯（Marcel Mauss）*保留下来的涂尔干的信件，纳粹在二战的时候抄了涂尔干女儿的家，把涂尔干所有的信件都扔了。尽管马塞尔·莫斯是一个犹太人且住在巴黎，但他还是在二战中幸存了下来，而且还保留了涂尔干的信件，并最终发表了出来。我现在读到一封很凄凉的信，涂尔干那时候还不知道，他的儿子一个月后就在战争的惨剧中被杀害了。所以作为一个社会学家，对我来说这一生是非常幸运的。

如果你抬头看你身后，你会看到曾经在这间办公室工作过的四个人的照片，最上面是欧内斯特·沃森·伯吉斯（Ernest Watson Burgess）*先生，他的左边是埃弗里特·休斯（Everett Hughes）*，下面是我的导师——莫里斯·贾诺威茨，他的右边是威廉·朱利叶斯·威尔逊，所有在这间办公室工作过的人的照片都会挂在这里。

相关人物介绍

罗杰·雷维尔（1909—1991），美国海洋地理科学家。因为他在加利福尼亚大学圣迭戈分校的创建过程中发挥了重要作用，所以加利福尼亚大学圣迭戈分校的第一个学院即以他的名字命名。雷维尔是较早研究人为原因导致全球变暖和地球构造板块运动的科学家之一。

莫里斯·贾诺威茨（1919—1988），美国社会学家。他的研究涉及社会学理论、偏见研究、城市问题和爱国主义。贾诺威茨是军事社会学的奠基人之一。他曾是密歇根大学和芝加哥大学的社会学教授、芝加哥大学社会学系主任，担任过美国社会学协会副主席，也是美国艺术与科学院院士。

克利福德·肖（1895/1896—1957），芝加哥大学社会学教授、犯罪社会学专家。肖收集了超过200个犯罪少年的生活史，和亨利·麦凯合作发表了很多相关研究。

乔治·赫伯特·米德（1863—1931），美国哲学家、社会学家和心理学家。米德是芝加哥大学知名的实用主义者、符号互动论的奠基人，并开创了芝加哥社会学派的学术传统。他最著名的著作是《心灵、自我与社会》（Mind, Self, and Society）。

威廉·I. 托马斯（1863—1947），美国社会学家。芝加哥大学社会学教授，曾任美国社会学协会主席。托马斯制定了社会学的一个重要定理，即托马斯定理。托马斯认为，如果人们将情境定义为真实的，那么情境就会对人的行为产生真实的影响。

涩谷保（1920—2004），日裔美国社会学家，致力于符号互动理论的研究。他本人深受米德、托马斯、弗洛伊德等人的影响。他先后在芝加哥大学、加利福尼亚大学伯克利分校和圣塔芭芭拉分校任教。其代表作是《即兴新闻：谣言的社会学研究》（Improvised News: A Sociological Study of Rumor）。

安塞尔姆·斯特劳斯（1916—1996），加利福尼亚大学旧金山分校社会学教授，知名的医学社会学家，他与巴尼·格拉泽（Barney

Glaser）被认为是扎根理论的奠基人。他的著作非常广泛，涉及芝加哥社会学派、符号互动论、工作社会学、社会世界/领域理论和社会心理学等。

路易斯·沃思（1897—1952），美国社会学家和芝加哥学派的代表人物。他的研究兴趣包括城市生活、少数群体行为和大众传媒。沃思是一名杰出的城市社会学家，他对城市空间社会理论的主要贡献是他于1938年在《美国社会学杂志》上发表的一篇经典论文——《作为一种生活方式的城市性》（"Urbanism as a Way of Life"）。

哈里森·怀特（1930—　），哥伦比亚大学社会学系荣誉退休教授。怀特在社会网络的"哈佛革命"中发挥了重要作用。他广为流传的著作是《认同与控制：社会行动的结构化理论》（Identity and Control：A Structural Theory of Social Action）。哈里森·怀特基于市场嵌入社会网络的视角，在《网络市场：生产的社会经济模型》（Markets from Networks：Socioeconomic Models of Production）一书中提出了市场结构和竞争的观点。怀特最著名的学生之一是马克·格兰诺维特（Mark Granovetter）。

马塞尔·莫斯（1872—1950），法国社会学家，也是法国社会学家涂尔干的侄子。尽管莫斯的学术造诣跨越了社会学与人类学的界限，但是今天他在人类学方面的影响可能更大一些，尤其是在研究不同国家、不同文化背景下的魔力、祭祀和礼物交换方面。其代表作《礼物》（The Gift）被认为是互惠和礼物交换理论的奠基之作。同时，莫斯还对结构主义人类学家克劳德·列维-斯特劳斯有着重要影响。

欧内斯特·沃森·伯吉斯（1886—1966），加拿大裔美国城市社会学家。伯吉斯和他的同事罗伯特·E.帕克（Robert E. Park），共同奠定了芝加哥学派的基础。他和帕克一起撰写了一本社会学教材——《社会学概论》(Introduction to the Science of Sociology),当时很多人视这本书为社会学的"圣经"。在《城市》(The City)一书中,他和帕克等人提出了著名的"同心圆"模型。伯吉斯是美国社会学协会第 24 任主席。

埃弗里特·休斯(1897—1983),美国社会学家、芝加哥学派代表人物。休斯以研究种族关系、工作和职业以及田野调查方法而闻名。1963 年,他当选为美国社会学协会第 53 任主席;1964 年,当选为美国艺术与科学院院士。

Dingxin Zhao

赵鼎新
(芝加哥大学马克斯·帕列夫斯基讲席教授)

赵鼎新是芝加哥大学社会学系马克斯·帕列夫斯基讲席教授(Max Palevsky Professor),浙江大学人文高等研究院院长、国家"千人计划"入选者。1982年他从复旦大学获得理学学士学位,1984年从中国科学院上海昆虫研究所获得昆虫生态学硕士学位,1990年从麦吉尔大学获得昆虫生态学博士学位。1995年,他又从麦吉尔大学获得社会学博士学位。在麦吉尔大学博士后研究站工作两年以后,他到芝加哥大学任教。赵鼎新对广义的政治社会学感兴趣,他的研究涉及社会运动、民族主义、比较历史社会学、社会变革和经济发展,他还对微观社会学、生态社会学、社会学理论和方法感兴趣。他在社会学领域的研究成果主要发表在《美国社会学杂志》《美国社会学评论》(American Sociological Review)、《社会力量》、《社会学视角》(Sociological Perspective)、《中国季刊》(The China Quarterly)。

2017 年 4 月 15 日

芝加哥大学社会科学研究大楼（Social Science Research Building）

教授，我的第一个问题是您眼中的社会学是什么？

我认为社会学是一种语言，通过讲故事说明社会机制和社会结构的重要性。社会学和历史学不同，因为历史学强调时间的重要性，历史学家从一开始就接受训练，对一些事情有清楚的认识；社会学家则对塑造现实的机制和结构条件的重要性很清楚。社会学也不同于人类学，人类学家强调新的理解和新的阐释的重要性。

您觉得是什么使社会学成为一门独立的学科？

在我看来，任何一个学科如果有资格被称为基础科学的话，那么这一学科通常都有独一无二的逻辑或视角。举例来说，对我而言，政治学是一门应用科学，因为政治学的东西都是从别的学科借来的，但是社会学是一门基础科学，因为社会学提供了针对社会结构、基本叙事的某种程度的理解或深入研究。或者换一种说法，我认为人类有三种讲故事的方式。比如你去北京大学读书，有些人就会问，我们怎么才能去北京大学读书。你可以说因为我来自于一个富有的家庭，我的家庭为我接受好的教育提供了条件，所以我可以去北京四中，或者去一个很好的高中，这实际上就是一种社会学的解释路径。它说明你的成功离不开你父母先天赋予你的结构条件。你也可以说，因为我在高中的时候遇到了一位好老师，那个老师让我明白了学习的意义，所以从那以后我开始努力学习。因此，在高中遇到这位老师成了你人生的转折点。你还可以这么讲这个故事，那就是因为你在高中读了一本很好的书，于是对生活有了新的认识，所以想好好学习。如果你这么讲故事，那么听起来你就有点像人类学家，因为你对生活有了新的认识和理解。这就是人们讲故事的三种方法。我的理解是,社会学、人类学和历史学作为三个基础科学等同于化学、物理学和生物学。

社会学中有很多分支学科,您如何看待社会学内部的分化?在什么情况下社会学会更好,学科整合还是更加多样化?

我想对于我来说,不同分支的社会学有不同的研究问题。从实用主义角度来说,就是不同的因变量与相同的自变量,涉及不同的知识领域罢了。譬如经济社会学强调一定的结构、一定的机制的重要性,但到最后它们是一样的。假设你是经济社会学家,你就会强调社会机制对于市场的形成和发展的重要性,现在每个人差不多都是新波兰尼主义者,因为他们都在强调不同的社会结构条件在塑造市场,而不是市场机制本身。所以他们不会使用社会运动、家庭和性别研究中所关注的机制。但是在我看来,这些分支学科应该建立起联系。因为如果没有联系,专家的观点会越来越带有偏见。对于经济社会学家来说,他们认为社会机制和某种程度的供求关系有关,但如果你学过历史,研究过人口,你就知道历史的改变是通过重要的马尔萨斯陷阱(随着劳动力投入的增加,收益递减)或者斯密机制(Smith mechanism,人口增加导致劳动分工)发挥作用的。此外,人口变化、社会关系变化、疾病、阶级结构、战争都会改变历史,一个优秀的学者绝不会认为这些机制是分开的,但是如果你成了专家,有时候你就会带有偏见。不过,为了能够获得更加深入的了解,我们也需要一些带有偏见的专家去深入地研究特定的机制。

您如何看待社会学中定性方法和定量方法之间的关系?您是否认为社会学里存在定性方法和定量方法的分歧?

我认为存在这种分歧,但是应该结束这种分歧,因为对我来说它们不过是两种描述方法。我在社会学研究的过程中,从来不会想我是一个定量社会学家还是一个定性社会学家,我只考虑我有什么类型的数据。如果我有比较可靠的定量数据，显而易见，我会用定量数据；如果没有，那我就用定性数据。只不过在顶尖的统计学家看来，只有一种方法（定量方法）能够解释社会现实。随着统计学的日臻成熟，你需要花费几年的时间去学习，这样你才能很好地掌握各种统计手段。

事实上，不管是鲍勃·豪泽（Bob Hauser）*还是奥蒂斯·达德利·邓肯（Otis Dudley Duncan）*，现在统计的发展在不断远离最初发展者的设想。以社会分层为例，19世纪的时候，我们创造了分层这个概念，为的是抵消阶级的概念。但是分层这个概念在实际层面是没有意义的，因为从分析现实的角度来说，你需要分析的是有认同感的社会群体，而不是你所定义的群体。你把中国社会分成五个阶层，或者七个阶层，又能怎么样呢？在这些阶层中，人们有着完全不同的特征，所以这样的分层是没有什么理论意义的。在19世纪的时候，韦伯他们都会把分层看作是多维的，譬如品味、性别、经济收入、宗教信仰；但是到了20世纪，得益于美国的税收体系，收入逐渐可以被计算了。正是因为有了数据，经济分层才显现出来，统计学也成了一个主导学科，涌现出了很多学者，逐渐成了一个可以自我发展的学科。可是偏见也随之产生，统计学家不再把分层视为多维度的，他们也忘记了人们当初为什么要造出这么一个理论意义不大的概念。最重要的是，在实践统计的过程中，每个人都知道社会关系是互动关系，但是当你称其中一些为自变量，另一些为因变量的时候，社会关系就不再是互动关系，而是人为建构的关系。不断地有年轻学者把社会关系看作等式的左边有一个因变量，右边有一堆自变量，然后用右边的自变量去预测左边的因变量，结果社会的互动性被丢到一边。这把做定性研究的人给惹恼了，因为在他们看来，这是哪门子的科学？可是另一方面，攻击定量学者的通常都是不善于和数字打交道的人，所以他们也就不懂如何欣赏定量方法。

我认为统计的应用范围很广，而且每隔几年就会出现非常了不起的统计学者,不过他们的研究一定要结合理论,和理论高度相关才行。就像我之前的同事罗杰·古尔德(Roger Gould)*,他就是一个很好的例子,他非常厉害,我很欣赏他把统计和理论结合起来的能力。但是这种人往往又很少见。另一个事实就是,你知道统计学是从哪里来的吗?统计学是从生物学、从自然科学中发展起来的,而自然科学的数据比较干净,但是我们社会科学的数据就没有那么干净,你有时候甚至都没法计算均值和方差。我们的数据有时候甚至不满足普通最小二乘法的假设。你需要满足很多的假设,做很多的转换,而那些转换是通过数学运算实现的,要么是通过线性转换,要么是通过其他方法,以满足统计技术的需要。可是任何新的方法都只适合于在特定条件下发挥作用。通常的结果就是,越高精尖的统计技术,适用的范围越窄。即使是面板数据也是如此。毫无疑问,面板数据可以解释时间,解释基于时间的变化。但是另一方面,没有大量的投入你怎么可能获得面板数据?被调查的对象做过一两次问卷调查以后就会说:"再见,我不想再做下去了。"因此对我来说,统计不是没有用处,统计非常有用处,但是你得非常智慧地使用统计,把统计作为一种补充,而不是一个主要领域,不然那会很可怕。

在您看来,社会学有什么用?您知道很多想要学习社会学专业的学生都想知道学了社会学将来能够做什么。

任何知识都会有用。如果你把社会学学好,那么你就知道社会不是由人类意志驱动的,而在很大程度上是由意外后果所驱动的,尽管人类意志有时候在一定程度上也会起作用。如果你能明白这个简单的事实,那就已经很了不起了,这样一来你就不会盲目地相信某些人的所谓的"主义",因为社会是不会由一些人的意志所驱动的。因此通过学习社会学,人会变得更加富有智慧。而且我认为社会学有助于当权者培养谦逊意识。尽管社会学家不能像自然科学家那样预测,但这并不是说我们就真的不能预测。举例来说,20 世纪

80年代的中国和当时的发达国家相比是落后的,很多人就认为是中国的文化出了问题。可是如今中国富强起来了,这些人又很骄傲,觉得美国在走下坡路。如果你学过社会学,回溯历史你会发现这其中的道理其实很简单,那就是在你弱小的时候,你自然而然地意识到要赶超,慢慢地你就有了信心,也更为强大。可这个时候你应该表现出的不是骄傲,而是谦逊,因为新的问题在等待你去解决。

从世俗的角度来说,社会学对学生来说很有用,因为大部分学生都还不具备透过社会学的视角看问题的能力,他们都还没有入门。社会学在某种程度上是一种语法,不是说一个人学了二三十门课就会变得非常厉害。此外,学生应该更多地学习统计、网络分析,或者大规模的数据挖掘,这样他们毕业以后可以去大公司,赚很多钱,过上高品质的生活。社会学其实在很多方面都非常有用,譬如社会学对于理解公共政策也有帮助。举例来说,在美国有一种政府为特定目的拨给的钱叫专用款(earmarked money),其他国家有不同叫法。这种制度在美国运行良好,而在其他一些国家却产生了不少麻烦。这是为什么?如果你从社会学的视角来看,那么这个问题就变得非常简单,因为在社会学里,我们认为政府通常会有几种典型的做法。如果是一项例行化的工作,那么科层制是最好的选择;如果有人相信专业的知识,那么譬如看病、打官司时专家就是最好的选择;如果有利益集团争斗,那么那个利益群体政策就是最好的选择。但是如果有些公共产品是市场不能提供的,而政府认为这些公共产品的规模非常小,换言之,除了福利、医药、国防、环境这些政府可以提供的公共产品之外,还有一些日常的公共产品,譬如在美国组织学生参加学习外语的培训,美国政府通常会创造一个准市场(quasi-market),因为美国政府知道美国的大学有很多这方面的资源,他们创造一个准市场,允许不同的大学竞争这笔钱,然后帮助政府培训学生学习外语,美国是这么做的。这个专用款制度之所以在一些国家搞成了问题很大的"项目制",一方面是因为大量的项目渗入到非公共领域之中,另一方面是政府的管理存在问题,因为它们是通过官僚制而不是开放的市场来管理,政府扮演了它们扮演不了的专家角色,这就是其中的原因。所以如果政府能够积极采纳社会学家的建议,那么世界会变得更加美好。

回到您的大学时代,我们都知道您在转向社会学之前实际上研究了很多年的昆虫学。您觉得您之前在自然科学领域的研究和当下在社会科学领域的研究是什么关系?二者是如何联系的?

我认为二者通过几种方式联系在一起。首先科学的训练带给了我非常深厚并且广博的知识。我曾经上过很多课,我印象中至少有五六门物理课,七八门化学课,还有很多数学和生物课,以及科学史,我现在知道那实际属于知识社会学的范畴。所以自然科学研究的经历带给我扎实的基础,我在自然科学领域也发表了很多论文。一开始,我对美国式的社会学并不适应,美国式社会学的哲学基础是实用主义。如果是个教育问题,他们就会做不同的准实验,他们叫作前测和后测,然后发现某一个教学方法比其他方法要好,他们认为这样就解决了问题,而不去考虑种族问题,不去考虑美国的教育基金系统,不知道贫穷的社区得不到教育资源,而那里的人们又没有足够的钱来支付教育费用。这很奇怪,但是在美国你又不得不这样做。所以进入社会学领域以后,我几乎毫不费力就找到了教职,这是真的。另一方面,从生物学角度来看,人和猴子的差别是什么?这个问题长期困扰着我,但是通过社会学,我意识到人类其实也是猴子,不过是有思想的猴子。一旦我明白了这一点,我马上开始思考方法论。如果人们有了想法,知道如何为自己的行为辩护,那么当人们否决其他人行为的合法性时,结果会怎么样?这让我对自然科学和社会科学之间的差异有了清晰的认识,我不知道你有没有读过我用中文写的一篇文章——《社会科学研究的困境:从与自然科学的区别谈起》,文中我总结了至少八个方面的主要区别,一旦我理解了这些区别，那么几乎所有美国顶尖的学者，无论是在社会学、历史学、政治学、还是经济学领域，对我来说或多或少都很小儿科。

通过采访美国社会学家，我发现相当数量的杰出的美国社会学家都有交叉学科背景。所以我想问您的问题是，交叉学科训练对于社会学专业的学生来说是不是很重要？

一方面，提倡交叉学科不是为了掩饰肤浅（superficialness），就像现在所谓的混合方法，我讨厌那些混合方法的文章。另一方面，学科的交叉是一种必然的结果，但是对于学者而言最重要的是反思（reflectivity），是自我质疑。他不仅要通过学习社会学习得这种反思，还要理解这不过是一种实践方式。为什么我们是用这种方式实践社会学的？你要知道这么做并不是因为这是最好的实践方式，而是因为一些观念占据了主导地位。就像在美国，我们之所以像这样实践社会学，主要是因为美国的实用主义。美国不适应欧洲19世纪的一些思想，如共产主义、社会主义、法西斯主义、国家主义，所有这些主义美国都不适应。但是19世纪中叶以前的美国精英，他们是共和主义者，是自由主义者，他们知道国家主义也倡导自由，所以实用主义是美国对欧洲激进主义的回应，他们的想法就是不去纠结主义，而是务实地解决问题。而且，不再盯着主义也让美国从英国式现实主义（British Realism）中脱离出来。英国式现实主义也从实际的角度看问题，但是他们还看到了宏大的结构条件。举例来说，像英国的国际关系，被称作英国学派的那些人，他们都认为国家关系是由重大历史事件所建构的，比如法国大革命、拿破仑称帝、第一次世界大战、冷战，一些结构条件塑造了当时的外交方式。但是如果你看美国，所谓的现实主义或者建构主义往往不关心宏观的结构条件，所以也就没有必要去理解宏观条件，它们都信仰中层理论，这就是美国的风格，看起来都一样。但是这种理解方式却成了世界的通用语言，因为美国在两次世界大战中获胜，尤其是二战以后，在欧洲国家，民主走向稳定，意识形态都趋向美国，主义不再流行，基本上美国的知识风格成了通用的范本。所以我们自然而然地认为这就是社会学。尽管并不是每一个顶尖的美国社会学家都喜欢这样，但是大多数人忘记了我们现在所做的社会学和经院哲学（scholaticism）在12、13世纪之后所做的很像，或者和中国清代的考据学很像，因为曾几何时有人也会觉得经院哲学、考据学就是获取知识的方式，是生产知识的方式，但是现在我们会认为那样做很好笑。我之所以会有这样的认识不仅是因为我来自中国，还因为我之前学习生物学。你知道的，我不是那么尊崇美国的学科体系，但是如果要我按照他们的方式做，我当然也能做得很好。

您是否还记得一些教授或者老师，他们在您决定研究社会学以后对您产生了很大的影响？

我想到的第一个老师就是我在麦吉尔大学时遇到的一位教授。我想他一生可能也就发表了不到五篇文章，所以他一直都是一个副教授，直到他要退休的时候，学校才给了他一个教授的头衔。他在社会学界是个比较边缘的人，但是他很聪明。他是詹姆斯·S. 科尔曼（James S. Coleman）*的学生，毕业以后就去了麦吉尔大学做助理教授，但在发表了一些文章以后他就不再发表了。我记得有一次我去他家，他家的地下室差不多是我这个办公室的五六倍大，那里到处都是书，中间摆放着一排排的书架，就好像是个图书馆。我就问他："你怎么会有这么多书？"他回答说："在我的一生当中，我只住经济型酒店，而且不会超过两个晚上（省下的钱用来买书）。"所以他是一个对学术非常痴迷的人。我记得，当我从生物学专业转到社会学专业的时候，我选了他的一门课，叫"社会变革"（Social Change），他几乎是强迫我去上他的这门课的。麦吉尔大学一个学期有14个星期，上他的这门课，其他学生一个学期只需要交三份作业，而我每个星期都要交作业，所以这门课让我的日常生活陷入了非常糟糕的境地。有时候是罗马历史，有时候是欧洲历史，还有非洲历史，涉及很多不同的方面，几乎每个星期我都要交一份作业，而且他还常常额外指定书让我去读，我读一本书就要写一份作业，然后交上去。那时候我总觉得我是对的，每次我提出一个新的理论，不管是分层理论还是什么理论，他看后总会拿着一两本书来找我，他想通过这一两本书告诉我，要么我的理论是错的，要么已经有人提出过了，所以已经不具有创新性了；又或者我的理论是对的，一方面或多或少是对的，但是另一方面其他人提出了和我相似的理论，人家的理论要比我的成熟得多。所以在一定程度上，上他的课既让我树立了自信，也让我学会了谦逊。但是有的同学就觉得他不喜欢我，因为我以前是个生物学家，所以他们认为他想给我使坏。我说："不，他花了很多时间在我身上，他一定是喜欢我才这么做的，他绝不是在给我使坏。"后来我就问他为什么要花这么多时间在一个像我这样的学生身上，他说："你快40岁了才选择了社会学，你看起来是认真的，你不像是一个普通的生物专业的学生，你看起来有很强的逻辑性。接受过科学训练的人都有很强的逻辑性，只是容易把问题简单化，所以你需要接受更多的训练。在你进行理论化之前，你需要对社会的无限复杂性和多样性有一个更加清楚的认识。"当他告诉我他的真实想法以后，我非常感谢他。另一个对我影响比较大的人就是约翰·霍尔（John Hall），他对我的影响不这么明显，但是更加久远。因为他来自欧洲，他是一个英国人，不是一个美国的实用主义者，他把查尔斯·蒂利（Charles Tilly）*、迈克尔·曼（Michael Mann）*和塞缪尔·E. 芬纳（Samuel E. Finer）*介绍给我，还包括他自己。你知道的，很多学者都是来自欧洲，不然的话我不会对大洲之间关于社会学的分歧有清醒的认识，也就是美国风格的社会学和英国风格的社会学，或者传统风格的社会学之间的差别是什么。通过这种比较，我仿佛明白了我应该为中国风格的社会学贡献什么样的话语。

自从您成了一名社会学专业的老师或者教授以后，您想教给学生什么东西，或者您希望他们从社会学中学到什么？

确实有一些东西。首先也是最重要的并不是方法。尽管方法很重要，但最重要的是智慧，从我们自己身上学习到的智慧。我希望学生能够明白，你需要很认真地去做田野调查、收集数据，无论是定量数据还是定性数据，最终你所描绘的、你所解释的，都不是事实本身，而是你所看到的，它和事实多少有些联系。如果你没有很认真地去收集数据，导致数据是不规范的，那么你所得到的结论也一定是非常简单化的。只有在你认真收集数据的情况下，才有可能得出一个比较复杂的结论，但如果你本身就很简单地思考，那么你得出的结论也必然是简单化的。所以要学会反思，从自己身上学习到智慧，这是首要的也是最重要的。但是在一般层面上，我希望和你一样年龄的学生能够尽可能多地学习各种知识。在我年轻的时候，我记得我在上海交通大学上动态工程的课、系统理论的课；我在复旦大学的时候，既上过本科阶段的数学课，也上过研究生阶段的数学课。我上过很多课，几乎什么书都读。所以我希望学生能够尽可能多地学习知识，并在这个过程中增长智慧。

在您的学术生涯中有没有经历过坎坷？您最终是如何度过的？

事实上，我所经历的大部分坎坷都不在社会学领域，而是在生物学领域。在我还是一个本科生的时候，我发现生物学就只有进化理论，好像一把伞下面有无数种不同的机制，和物理学相比似乎并不优美。我虽然不是一个马克思主义者，但是我的思想深受马克思主义的影响，所以我坚信任何科学在一定程度上如果不能摆脱哲学，或者不能形成统一的理论，就不是真正的科学。我之所以会学习生物学，用了差不多十年的时间学习物理和数学，主要是因为我想成为生物学界的牛顿。所以我花了很多年时间研究数学模型，尝试提出一般的机制模型。我记得在我还是一个硕士研究生的时候，我建了一个棉红铃虫（pink bollworm）的数学模型——棉红铃虫是以棉花为食的昆虫。因为我建立了一个模型，所以我很开心。我向一个农学院的人请教，因为他是从事实践工作的。我给他展示了我的模型，他看到以后非常兴奋地说："我每周要去田地里两次，每次要待三四个小时，非常辛苦，而你的模型看起来真不错，我可不可以用你的模型？那样我不用往田地里跑就可以预测昆虫数量了。"我说："不行，你不能用。"他就问我为什么。我说："因为我的数据跨度只有两年。"接着他说："你可以有更多的数据，你再等等就行。"然后我告诉他说："是的，但你还是不能用，因为为了解决昆虫迁徙的问题，我在棉花地里搭了十个帐篷，这样棉红铃虫就没法进出。"他说："是的，这确实有点问题，可也不是什么大问题。因为棉红铃虫通常并不会迁徙，即使迁徙，它们也不会走太远。"我告诉他还是不行，他就问为什么。我说："因为我没法预测降雨，在棉红铃虫幼虫期，如果它们需要从一个地方爬到另一个地方，需要数个小时。在这期间，如果有一场大雨，幼虫跌落在地上，它们就死了。所以我的模型就得重新制定、重新启动。"紧接着他就问我："那你这个模型到底有什么用？"在他说出这句话的一刻，我发现自己非常痛恨这个人。我心想："你太没水平了。"

可这个问题却也一直困扰着我："是啊，（我的模型）究竟有什么用？"尽管我之前没意识到，但是我们模型的基本结构，仍然像是19世纪的马尔萨斯方程（Malthus equation）、洛特卡-沃尔泰拉方程（Lotka-Volterra equation）。尽管我加入了次级模型，这样增加了相似性，但是我还是没法真正做到模拟和预测。如果我不断加变量、不断逼近自然界的条件，那我的模型就没有什么理论价值了。一边是非常简单明了的，但是却不能用来预测的分析模型；另一边则是那些非常复杂的试图模拟昆虫真实的种群动态的模拟模型，我发觉我被卡在中间了。这就是我想说的故事。这是真的，我被卡在了中间。我被卡在那里不仅是因为我发现有很多方法去建模，我的模型不过是其中一个，而且对于成功的学者，那些通过发表文章成了权威专家的人，总数或许有一百个，他们通过出版图书庆祝，表现得好像自己的发现很重要似的，但事实上一点儿都不重要。所以当我进入社会学以后，我非常明确的一件事就是我不会再犯同样的错误。

但是另一方面，在我学习社会学的第一年快要结束的时候，我发现几乎所有社会学的分支学科——经济社会学、组织社会学、教育社会学，都像我以前做的昆虫模拟模型一样，既不能提供重要理论，也不能预测现实，也被卡在中间了。我现在快要退休了，我已经六十多岁了，我也不怕冒犯我的美国同事，我想说他们都很聪明，是非常聪明，可是他们不太有智慧。这就是美国的实用主义社会学。托马斯·阿奎那（Thomas Aquinas）*说过："人类需要直觉、科学和智慧。"当然，托马斯·阿奎那说的是古代科学，不是现代科学，但是差不多。现代社会学的实践存在的问题是，他们忽视了直觉，几乎想要消除智慧，在中间层面生产一堆知识，称其为中层理论。但不论何时，只要脱离了特定的条件，这些理论就一无是处，而在特定的条件下这些理论能用的范围又很狭窄。所以社会学不再拥有智慧，社会学在试图消除智慧、忽视直觉，而这就是我们今天所面对的现实。

基于您在社会学中的经历或教训，您会给将来想要在社会学领域开启学术事业的学生什么样的建议？

我觉得在中国，如果一个学生功利性地为了成功，那很难。除非你的导师非常有名，不停地"使唤"你，然后他觉得不好意思。如果能够这样，我保证你将来会有一份好工作。但是如果你的导师不停地"使唤"你，结果并没有觉得不好意思，那么他才不会管你。或者像我这样奉行自由主义的导师，不会想着"使唤"你，我们也就不存在紧密的庇护关系，所以到最后，如果你不优秀，我也不在乎，也可以不管你。但是对于那些"使唤"了你六七年，和你一起发了很多文章的老师来说，如果到最后他觉得不好意思了，那么他通常都会帮你找份工作。这就是中国的庇护关系。这不是好与不好的问题，法国以及很多欧洲国家都是这样的，日本也是这样的。但是美国更像是一个市场，如果你很优秀，你就是很优秀，就像我从麦吉尔大学拿到博士学位，麦吉尔大学不算是最顶尖的大学，但是我申请到了芝加哥大学的教职。芝加哥大学是顶尖大学，麦吉尔大学在很多美国人眼中顶多算是二流大学，但是当我申请芝加哥大学教职的时候，这里的老师觉得我不错，那就说明我是真的不错，所以中国和美国在这方面的确不太一样。如果是在美国，作为学生，首先也是最重要的是要明白实用主义。如果你是来自中国的学生，家庭条件一般，或者你没有太多的社会资本，你的英语也不是那么好，那一定要去学习统计，因为这是最容易成功的方式。即使你学了统计，你还有很多方法要去学习，你的确需要学习很多，但要相对容易得多。如果是学历史社会学或其他社会学，你要学习如何写作、如何表达，还需要储备很多很多的背景知识，而这些对你来说都太难了，所以你很难成功。

最后一个问题，作为一名社会学家如何影响或改变了您？

事实上，社会学家的身份并没有改变我，不过确实令我感到幸福。因为我之前并没有意识到我将来会是一个社会学家。举例来说，在我还是一个学生的时候，我离开上海去了宁夏，到了宁夏以后我很快发现自己需要经营各种关系网络。在上海，你如果要在冬天买煤，那你拿上点儿钱，出门走50米的距离，就可以买到煤。但是当时在宁夏，你需要到贺兰山去买煤，这样一来你就需要用卡车。因此你不得不去经营关系。你可能和三四个人搞得很熟，其中一个人的朋友恰好是你们厂的卡车司机，这样你给他两包烟，请他帮忙运煤，你只需要花40块钱就能买到4吨煤。我父母以前在宁夏的时候，一到冬天就开始省煤，因为他们不知道怎么经营关系，所以他们不得不从当地的商店买煤，还要用煤票，结果那点儿煤根本不够他们用，他们只好省着用煤。我们住的地方一到冬天就特别冷，而我的宁夏朋友的家里却很暖和，我就问他们是怎么回事。后来我发现不是因为钱，而是因为关系。我马上又联想到上海，上海是一个比较市场化的城市，我不需要经营关系，而一旦到了宁夏，我就需要经营关系。于是，我也去经营关系。半年以后，朋友拉了一车煤给我，送到我家，结果够我们家用十年。这就是差异。

再给你说一个例子。20 世纪 60 年代的时候，我拾到一本叫《麻衣相面》的书，它告诉人们通过相面就可以知道一个人的个性和命运等，通常人们觉得这是迷信。我偶然得到一本，就开始读，但是发现搞不清楚书里在说什么。但是另一方面，书里面画了各种人脸告诉人们，这个人看起来是个小心眼，那个人看起来很自私，这个人看起来心胸狭隘，那个人看起来很难相处。为什么会得出这种结论？有一天我在锻炼身体，我发现锻炼了一个月以后我身上有了肌肉，当时我突然意识到了这其中的机制。每个人的脸部有很多肌肉，随着时间的流逝，过了 30 岁，小心眼的人脸上就会浮现特定的肌肉、特定的眼神；淳朴善良的人脸上浮现的是另一种肌肉。而过了 30 岁，脸上浮现的肌肉就没法再掩盖了。尽管这本书没有告诉我这个机制，只是用了很奇怪的语言，但是我却从一张张面庞中清晰地看出了这个机制。很多中国人的父辈的面相看上去都很可怕，但是他们的子女看上去就好多了。所以脸上的肌肉结构是宏观和微观的结合。如果是美国人，他会说机制就是面部表情，这是美国风格的分析套路。可我看到的就是宏观和微观的结合，是宏大的结构条件导致了特定的面部表情。一开始，我其实并没有意识到是怎么回事，直到我进入社会学领域以后。那时候我读了很多的书，尽管不是所有的书都能读到，但是我那时候就开始思考，我发现我一边思考，一边就会创造出很多稀奇古怪的理论和概念。而当我读到涂尔干、马克斯·韦伯那些人的时候，我发现我当初创造的理论、概念和他们的很像，有时候我的还更好，有时候不如他们的好，所以这给了我很大的自信。

相关人物介绍

罗伯特·豪泽（鲍勃·豪泽，出生年不详），美国社会学家，威斯康星大学麦迪逊分校社会学教授（已退休）。他曾担任威斯康星大学贫困问题研究所主任和人口健康与老龄化中心主任。豪泽同时也是美国国家科学院院士、美国艺术与科学院院士。

奥蒂斯·达德利·邓肯（1921—2004），美国社会学家，被认为是20世纪后半叶最重要的定量社会学家。邓肯最著名的作品是他与彼得·布劳合著的《美国职业结构》(*The American Occupational Structure*)，在这本书中，他们揭示了父母是如何将自己的社会地位传递给他们的孩子的。

罗杰·古尔德（1962—2002），美国社会学家。他特别强调将理论置于实际事件研究中的重要性。古尔德在哈佛大学获得了学士和博士学位，曾在芝加哥大学任教十年，然后在耶鲁大学任教直到去世。从1997年至2000年，他一直担任《美国社会学杂志》主编。

詹姆斯·S. 科尔曼（1926—1995），美国社会学家，芝加哥大学社会学教授，曾任美国社会学协会主席。科尔曼的主要研究领域为教育社会学和公共政策，他是最早使用"社会资本"概念的人之一。他主笔的《科尔曼报告》("Coleman Report")改变了美国教育理论，重塑了国家教育政策，并影响了公众和学术界关于学校教育在实现美国平等中所扮演的角色的传统观点。

查尔斯·蒂利（1929—2008），美国社会学家、政治学家和历史学家。其主要研究领域为政治与社会之间的关系。蒂利先后任教于哈佛大学、多伦多大学、密歇根大学和哥伦比亚大学，是关系社会学纽约学派的重要代表人物。蒂利著作颇丰，他一生共发表了600多篇文章，出版了50多部著作，先后当选美国艺术与科学院院士、美国国家科学院院士。蒂利被形容为"21世纪社会学的创始人之一"和"世界卓越的社会学家和历史学家之一"。

迈克尔·曼（1942—　），出生于英国，加利福尼亚大学洛杉矶分校教授。曼的作品包括《社会权力的来源》(*The Sources of Social Power*)、《民主的阴暗面》(*The Dark Side of Democracy*)、《不连贯的帝国》(*Incoherent Empire*)。

塞缪尔·E. 芬纳（1915—1993），英国政治学家、历史学家。他曾执教于牛津大学贝利奥尔学院，后任基尔大学政治学教授，1966年开始任曼彻斯特大学政治学系主任，1974年回到牛津大学并任格拉斯顿讲席教授。芬纳还曾任英国政治学会主席和国际政治科学协会副主席。其代表作有《马背上的人：军事力量在政治中的作用》(*The Man on Horseback: The Role of the Military in Politics*)、三卷本《统治史》(*The History of Government from the Earliest Times*)。

托马斯·阿奎那（约1225—1274），中世纪哲学家、神学家，经院哲学的代表人物。他把理性引进神学，用"自然法则"来论证"君权神圣"说，是自然神学最早的提倡者之一，也是托马斯哲学学派的创立者。

Arlie R. Hochschild

阿莉·R. 霍克希尔德

（加利福尼亚大学伯克利分校社会学教授）

阿莉·R. 霍克希尔德（Arlie R. Hochschild）是加利福尼亚大学伯克利分校的荣誉退休教授，她作为情感社会学的创始人而知名于学界。1962年，霍克希尔德从斯沃斯莫尔学院获得国际关系专业的学士学位，然后分别在1965年和1969年从加利福尼亚大学伯克利分校获得社会学硕士和博士学位。霍克希尔德在加尼福尼亚大学圣克鲁兹分校获得第一份教职，然后在加利福尼亚大学伯克利分校任教直至退休。她出版了十余部作品，其中多部作品被翻译成十几种语言在不同国家出版。其代表作包括《本土的陌生人》（Strangers in Their Own Land）［入围2016年美国国家图书奖（National Book Award）］、《第二"班"》（The Second Shift）（杰西·伯纳德奖）、《被管理的心》（The Managed Heart）（查尔斯·库利奖）和《时间捆绑》（The Time Bind）（杰西·伯纳德奖）。霍克希尔德同时也是一位公共社会学家，她的作品在学术界之外也产生了广泛而深远的影响。

2017 年 4 月 17 日

通过 Skype

  教授，我的第一个问题是：您为什么要选择社会学？我知道您在斯沃斯莫尔学院的时候学的是国际关系专业，到了伯克利以后才开始学习社会学专业。您当初为什么要做这个改变，背后的故事是什么？

  准确地说，这不是一种改变，因为我一直都对社会学和国际关系感兴趣，二者并不冲突。我选择社会学是因为它能让我在更深层面理解所发生的事情。或许你也知道，在每一个国家，国际关系背后运转的原理是相似的。

  您选择这两个专业是不是和您的成长经历有关？我知道您很小的时候就在新西兰等国家生活过，是不是和您父母的职业有关？① 我想知道这些因素有没有影响到您？

  是的，绝对是有的，而且影响应该发生在更早之前。我的父母对国际关系非常感兴趣，在他们年轻的时候，甚至还没有互相认识的时候，他们就对国际联盟（League of Nations）非常感兴趣。国际联盟是联合国的前身。尽管他们生活在一个并不认同国际联盟的环境中，他们也因此受到某种威胁，但是他们并没有改变立场，而是捍卫他们的观点，认为不同国家要和睦相处，而我们生活在一个很大的世界，我们有必要意识到这一点。总之，我认为我从小就耳濡目染，从我父母关于非洲或中国局势的谈话中慢慢长大。我 12 岁时，父母开始担任驻外大使，但是不管他们去哪里，我都会去见他

---

① 霍克希尔德的父亲出任过美国驻新西兰、加纳和突尼斯的大使。

们。在结束了新西兰的任期以后，他们去了加纳，我在那里度过了一个夏天，那时候我还在读大学；接着他们在突尼斯生活了7年，我在那里和他们相处过半年，期间我用法语写了我的硕士论文，内容是有关突尼斯女孩的解放问题。所以，我觉得自己非常幸运，在很小的年纪就有机会去探索我们所生活的大千世界。

您后来去了伯克利，还记得那里让您印象比较深刻的课程吗？

噢，这个问题很有意思！我在伯克利的第一年实际上过得很痛苦，我甚至一度怀疑自己读社会学专业的研究生是不是个错误。因为社会学系的课程都非常枯燥，而且我觉得那些老师是在为美国人口普查局培养学生，所以那时候我看不到自己的未来。我记得我们当时要学习很多的量化课程，还有一门统计分析课，我觉得我学得很好，但是我本身并不喜欢这些东西，我更倾向于阅读或者利用量化研究的结论，而不是把量化的研究方法作为主要的认识工具。

我对欧文·戈夫曼（Erving Goffman）*的研究很感兴趣。他和伯克利的其他老师都不一样，大家都觉得他是个怪人，因为大家都在质疑他做的研究算不算得上是社会学的。对我来说，他的研究更加真实，更加贴近生活，我很喜欢这一点，非常喜欢，所以我把他写过的作品都读了一遍。还有赫伯特·布鲁默（Herbert Blumer）*，我跟他在伯克利学习符号互动理论。20世纪50年代中叶，他在真正意义上创建了伯克利社会学系。因为在他来伯克利社会学系之前，社会学系还只是个研究所，并不出名。他来以后把社会学各个分支领域的优秀学者都请到了社会学系，从而壮大了伯克利社会学系。譬如，他把著名的人口统计学家金斯利·戴维斯（Kingsley Davis）*、政治分析家西摩·马丁·李普塞特（Seymour Martin Lipset）*、欧文·戈夫曼、历史社会学家莱因哈德·本迪克斯（Reinhard Bendix）*、帕森斯主义者和系统理论学家尼尔·斯梅尔塞都请到了伯克利。尼尔·斯梅尔塞是我的人生导师，当别人都觉得我"会成为另一个靠边站的怪人"的时候,他对我非常好、非常支持。所以我一直都很感激他对我的支持,我把我之前的两本书都献给了他。事实上我刚刚还在给他写邮件,因为他最近身体不好,所以我写了邮件给他,我很挂念他。①他们在我到伯克利之前就已经在那里教书了。但是让我选谁的课对我有影响的话,我会选欧文·戈夫曼和赫伯特·布鲁默。

您的核心观点之一是情感劳动(labor of emotion),我认为正是因为您,情感在社会学中才引起了越来越多的注意。您有一篇文章《感觉和情感社会学》("The Sociology of Feelings and Emotions"),在文中您定义了社会学的一个分支领域,就是情感社会学,而且您还说过"情感是社会学的核心"。所以我想问的是,在您眼中什么是社会学?

什么是社会学?这是一个非常好的问题,也是个很大的问题。我想这么说可能会显得循规蹈矩,但是我认为社会学是在研究人们如何安置自己,研究创造文化的机构和制度,而创造出来的文化提供给我们看问题的视角和方法,促使我们行动,所以社会学是用来理解制度安排的,涉及政府、工会、公司和教堂,与此同时社会学还研究个体,所以社会心理学在我看来就是社会学的一个分支,也是我研究制度安排的起点。我感觉我总是在研究个体,与此同时回过头去看教堂、政府、公司如何影响个体又被个体所影响。我认为这是社会学的一般前提。而情感似乎是一个被忽视的"资源"(resource),尽管我不喜欢用"资源"这个词,我觉得应该是一种动力,一种能量,让所有事情运转起来。但现实是我们都忽视了情感,这把我们置于危险的境地。当今世界的大多数地方都涌现出各种运动,民族主义运动和民粹主义运动激起了人们的恐惧、憎恨和对归

---

① 尼尔·斯梅尔塞于 2017 年 10 月 2 日逝世。——此注释为阿莉·霍克希尔德在回复作者邮件时所加。

属感的渴望。人们对民粹主义的回应源自于他们感到自己被孤立、自身的价值被低估,而且他们别无选择。所以民粹主义利用文化符号敲响了钟声,而我们要理解这钟声的来源——"钟"本身,以及听到钟声的民众,因为权力即是通过这些钟声被使用和滥用的。

那么如何科学地研究情感?我想戈夫曼教授曾经也问过您同样的问题。

是的,看来你做了很多准备工作。我想我应该首先回到之前的问题上。我认为社会学是一门艺术,但是有好的艺术、优秀的艺术,也有愚蠢的艺术、烦琐的艺术和无心的艺术,而艺术都是用来表达形形色色的人生经历,展示个体与制度之间相互影响的关系的,所以当我们努力这么做的时候,我想我们就参与到了艺术创作中,去观察和记录我们所看到的一切。我想我用"艺术"这个词是因为我觉得社会学已经误入歧途,走上了伪科学的道路,因为不知道为什么,现在大家对数据的痴迷几乎替代了人的思考。数据的确很重要,我经常使用数据,在我的上一本书中,我就使用了大量的数据,但是我用数据只是为了论证我的观点,验证假设是否成立,因为我的书中涉及很多假设。但是什么才算证据?当我们说到艺术的时候,我们想到的是表达。而在社会学中,我们的目的就是分析和解释。如果我们回溯历史,去看一看那些在社会学领域中出现过的非常重要的理论家,就会发现,他们都很擅长发展理论的艺术,先是提出理论,然后检验在特定情形下是否成立,是 X 发生还是 Y 发生。对于韦伯,我不觉得他是一个穿着白大褂的科学家,相反我认为他是一个了不起的思想家和推理家,他把感觉理性化,譬如:是什么让新教徒或者中国的工人努力工作?他们关于上帝的想象是什么?成功意味着什么?这是阐释人们思想的探索过程,而且我认为这一过程要由艺术家来完成。从事社会分析和解释需要遵循一定的规则,但我说"社会学是一门艺术"并不是想逃避规则,不过社会学的确不像物理学。物理学的研究对象没有内在的思想和意识。但人和物理学研究的质子不同,研究人就需要借助艺术家的解读,去察觉人们的思想变化。我记得我在伯克利的第一年被要求去读康拉德·M. 阿伦斯伯格(Conrad M. Arensberg)*写的民族志,描写的是爱尔兰的一个农场,情节被勾画得非常细致,譬如里面提到农场主的妻子从火炉上端下来一锅食物,放在桌子上,然后坐在椅子上,起身去拿勺子,又走了回来,整个叙述全然没对农场主妻子的思考或者她脸上浮现的表情的描述。我当时就想我不能这样,我不能这么做,我也不想这么做。为什么他们会这么描写?这实际是遵循了阿尔弗雷德·J. 艾耶尔(Alfred J. Ayer)*的逻辑实证主义(logical positivism)手法,认为你所看到的一切情感表达都是没有用处的,应该从描写中删除。但是对我来说那些都是数据,他们删除了的才是我认为应该仔细观察的。所以我不接受他们的那一套规则,因为对我来说那套规则没有意义,我觉得那么做妨碍了真正的研究。

我想您访问过很多不同的对象,可以看得出他们都非常喜欢您、非常信任您,所以我想问的问题是您是如何做到的。从您的视角和经历来看,应该如何处理研究人员和被访对象之间的关系?

坦白地说,我不知道答案是什么,但我知道我喜欢他们。他们相信我,我感觉他们相信我是对的,就像这本刚刚出版的书,人们问我:"他们为什么会向你吐露?"我想是因为我实话告诉了他们我是谁、我在做什么,我也告诉了他们:"我觉得我在做的事情很有意义,我想在这世上,我们不会无缘无故地就变成敌人。难道我们不能变得更好吗?你们难道不希望我们以一种友好互信的方式来讨论我们之间的差异吗?"然后他们会说:"好的。"我接着说:"那好,这就是我的目的,你来帮助我,我对你充满感激,我可以向你保证,我会努力,我不确定我能不能达到你们的期望,但是让我试一试吧。"然后他们开始相信我,而我觉得他们这么做是对的。等我再回去,把书拿给他们看,和他们一起在查尔斯湖边共进晚餐的时候,他们会对我说:"是的,你把我想表达的意思写了出来。"听到这里,我想我实现了我们之间心照不宣的承诺。我从不承诺我实现不了的东西,我从不承诺我会同意他们所说的每一句话,因为我们之间有巨大的差异,我来自于我的世界——加利福尼亚伯克利,一个政治相对激进的地方,所以他们也能对此心领神会。我想对于一个即将成为社会学家的人来说,要做这类调查,衷心喜欢受访者是好的,设想一下他们希望你好,而你对他们真正感兴趣,我感觉和他们的谈话就像是发现了宝贝,他们所说的对我来说都是宝贝,真的非常有趣。我就是这么感觉的。有时候当我结束访问开车回家的时候,我就在想:"天呐,我太喜欢访谈了,我真的太喜欢了。"那就好比是一次非常重要的会面,不仅是为了收集资料,而是成了我生活的一部分、思考的一部分。我把和他们的对话当作礼物,因此我觉得我最终要还给他们一些东西。

我知道您在美国培养了很多社会学家,在我采访玛丽·沃特斯教授的时候,她就提到了您,她告诉我您对她的影响。所以当您成为一名社会学专业的老师以后,您想教给学生什么,或者说您希望他们从社会学中学到什么?

当我转变成一名社会学专业的老师,第一次给学生上课的时候,我发现:"天呐,这太有趣了!我学到好多东西!"我必须要对我上课的内容负责,我要说清楚这五个或十个作者在说什么以及他们之间是什么关系,而那又和我们的现实世界有什么关系。我太喜欢教书了。我喜欢学生,我享受讲课的过程,而且我从来没想过写书,至少一开始没想过,一点儿也没想过。我想传递给学生的是从事社会学或者说做研究的乐趣。所以我会让学生走出课堂去找别人访谈。譬如在伯克利有很多残疾学生要靠轮椅去上课,因此在一次社会学的课堂上,我让学生们坐着轮椅到外面去,去体验一下坐在轮椅上是什么感觉，看看人们会怎么看他们，人们会无视他们还是会关心他们。在另外一堂课上，我当时在给学生讲《我们如何捍卫私人生活》(*The Outsourced Self*：*What Happens when We Pay Others to Live Our Lives for Us*)。为了完成学期论文，一个学生就尝试兜售自己的服务，以观察人们的反应。他想出租自己给别人当朋友。他很聪明地制作了一个广告牌，上面写着："我是商学院一年级的新生，我想兜售一项服务，因为我知道在校园里有很多人感到孤独，所以我愿意出租友谊，每小时收费25美金……"大概如此。大部分人都会说："哦不，谢谢，我有很多朋友。"但也有一些人会对他说："看啊，你能想到提供这个服务真不错，但是我的确不需要，不过我愿意帮帮你。"后来我们在课上讨论了这个问题，我们当时在想：这难道不矛盾吗？这难道不是一个错误吗？这难道不悲哀吗？这会是一种什么样的人际关系？人类建立联系的两个基本原则不就相互冲突了吗？又或者说，它们彼此融合了？社会关系的物质模型 (materialist model) 在挑战我们试图维持的文化边界，我们该如何处理这种道德的边界问题？那太有趣了，我很喜欢调查带来的体验和感受，我们不应该把所有事情都看作是理所当然的，这很有趣。总之，我热爱教学，我想传递给学生的也正是社会学的魅力与激情。

那么您如何平衡教学与科研？在您看来二者是什么关系？

我认为二者有关系。我现在已经退休了，尽管我还时不时地见到很多学生，因为他们会到我家里来看我。但是我现在想说的是我没退休以前，当我在做一个研究的时候，我会花很多的时间思考，不停地思考，而且我会和学生们探讨我的研究，我会和他们分享研究的过程，这时候他们会提出一些意见和建议，而我会从中受到启发。学生们都非常棒，在我看来他们都会在不远的将来成为伟大的理论家，我总是感觉我是在向他们学习，我从他们身上学到很多东西，不仅关于我的研究，还有很多其他事情，我也会和他们分享我在研究中遭遇的困惑和挫折。因为我希望他们明白，研究过程同样涉及情感劳动，有快乐但也有压抑的时候。

您很多书的主题都是工作与家庭。所以我想问您一个私人问题，但同时也是一个非常重要的问题，那就是作为一名社会学家，您如何平衡工作与家庭？您的秘诀是什么？

我并不觉得自己在这方面处理得非常好。因为这是一件需要不断努力才能做好的事情。我尝试过很多方法，但不得不说我很幸运，因为当我最初来到伯克利任教的时候，我就询问过我是不是可以只上半天班，因为我那时候打算生孩子，尽管还没生，但是我和我的丈夫想要看看我是不是可以只上半天班。那时候还从来没有人提出过这种要求，但我又不想因为工作影响到家庭。当时正值女权主义运动兴盛之际，于是一群女权主义者跑到了系主任那里，她们要帮我争取上半天班的权益，然后系主任就说："那好吧，但是只限女老师。"可她们却说："不行，男老师是父亲，他们也要平衡工作与家庭。"然后系主任就说："这可麻烦大了，天呐，这可让我怎么办？"不过他最终还是同意了。我必须说，我并没有因此就放松工作，但是在我的孩子还很小的时候，上半天班对于我来说的确帮助很大。

还有，我想我应该把这个放在第一个说，那就是我的丈夫，我遇到了一个与众不同的灵魂伴侣，他全身心地投入到孩子的抚养过程中。我们两个都是作家，彼此相互帮助，不过他和我不一样，他是一个人权历史学家，而且非常有天赋、非常优秀，但他主动承担了很多家庭责任。所以有时候朋友看到他就会对我说："噢，你一定是做了很多工作他才会像那样。"就好像是我在背后逼他那样做似的。其实不是，一点儿都不是他们想的那样，我想是因为我找到了一个真正愿意和我分担家务的人。他其实非常理解我，而且非常体谅，所以他不是被迫去做那些事情的，因此我感觉非常好。在《第二"班"》这本书中，我提到了感恩经济（the economy of gratitude）——因为某事感谢某人以及由衷地感恩。从感恩的角度来说，我非常富有。我非常感谢他，我想他也非常感谢我。所以答案应该就是源自我们之间的相互理解，不过这并不容易，我想上面提到的两点就是我的秘诀。

在您的学术生涯中有没有经历过坎坷？您最终是如何度过的？

我想说我有过几次不同的坎坷经历，一次是在我的观点还没有被主流社会学界所接受的时候，而我不能让人们觉得我的观点很荒唐，所以那段经历对我来说是一种坎坷。接着是申请伯克利的终身教职的时候，当时人们都不接受我的观点，他们觉得如果作为一个女老师顺着男老师做一样的工作就没问题，但是如果我要特立独行地尝试一些奇怪的想法，就比如把情感作为一个话题引入社会学中，对他们来说难以接受，所以那段经历充满了艰辛。不过对于那些仍然健在的人来说，我想他们现在应该很高兴看到目前的成果，可当时对我来说的确是坎坷。然后就是如何和两类受众交流，一类是学术同行，另一类是公众。我想和社会学家交流，但是我也想研究当代问题，和更广泛的公众交流，从事所谓的公共社会学。这要感谢国际社会学协会主席迈克尔·布若威所做出的杰出贡献，他希望整个学科能够走到学科之外，用朴实的语言参与到解释当代问题的过程中去，但这并不意味着把复杂的问题简单化，而是使复杂问题的表述清晰化。不要简化问题，保持问题的复杂性，只不过用清楚明白的语言表述出来。我一直担心学术界变得太过沉醉于自我的世界。我们都说工作和家庭之间需要平衡，其实学术和现实世界之间也需要平衡，我相信我们在这两方面都可以做得很好。

基于您的经验，对于想要从事学术事业的学生您会给出什么样的建议？

向前冲！着眼于大问题。汲取他人的观点，无论是来自社会学、历史学、心理学还是其他学科，无论是以前的学术大师还是现在的学术大师，把以上这些作为你搭建自己房子的砖瓦、木材和钉子。当然，有可能一开始你设想的房子太大了，那就把它设计成三个小一点的。然后，享受研究带来的快乐。如果你没有从研究中获得快乐，那么就去找人聊聊天，发现问题所在，质疑一下你自己，一定是在哪里出了什么差错。因为即使面对一个很难研究的话题，你也应该从中收获快乐。通过深入地理解人们的行为动机，你在创造一个更加美好的世界，人们的行为或许很反常，或许在做一些无助于他们自己的事情，这时候你要拿起镜子反问自己："是不是还有其他实现目标的方法？"最后，不要害怕遇到困难，不要挑选一个太小的话题，因为那没什么意思，选一个挑战自己的话题，即使没什么进展也不要自责，那没什么，止步不前也是旅途的一部分。不要不好意思从教授、同学、朋友那里寻求帮助，去找他们，然后说出自己的想法，还可以让他们谈谈他们自己的想法，这样你们的友谊和个人生活都会变得更好。

最后一个问题是：作为一名社会学家对您产生的影响或改变是什么？

有意思！有趣的是，我儿子曾经说过："你刚好找到一份适合你性格的工作。"我似乎不怎么费力就可以把社会学家这件衣裳穿到身上，因为这件衣服对我来说很合身。我的丈夫也说过："你时时刻刻都是一个社会学家，从来没停止过。"所以，很难说社会学作为一门学科对我产生了怎样的影响，因为我和社会学难分彼此，你不能把我和社会学分割开来。社会学增长了我的见闻，引领我进入一个全新的世界，培养了我的学术关怀，让我变得客观理性，让我过上了更有意义的人生。所以我推荐你们去学社会学！

相关人物介绍

欧文·戈夫曼（1922—1982），加拿大裔美国社会学家，加利福尼亚大学伯克利分校社会学教授，被认为是20世纪最有影响力的美国社会学家之一。戈夫曼是美国社会学协会第73任主席，他的理论贡献主要在于发展了符号互动理论，其代表作是《日常生活中的自我呈现》(The Presentation of Self in Everyday Life)。

赫伯特·布鲁默（1900—1987），美国社会学家，加利福尼亚大学伯克利分校社会学教授。他的学术兴趣主要在符号互动论和社会研究方法。布鲁默认为个人通过集体和个人行动创造社会现实，他是乔治·赫伯特·米德社会心理学的热心阐释者和支持者，并将其称为"符号互动主义"。布鲁默通过一系列文章阐述和发展了这一思路，其中许多文章都汇集在《符号互动论：观点和方法》(Symbolic Interactionism: Perspective and Method) 一书中。

金斯利·戴维斯（1908—1997），美国社会学家和人口统计学家。他被美国哲学学会认定为20世纪最杰出的社会科学家之一，同时也是胡佛研究所的高级研究员。戴维斯领导并组织了对欧洲、南美洲、非洲和亚洲社会的重要研究，提出了"人口爆炸"（population explosion）的概念，并在人口转变模型的命名和发展过程中发挥了重要作用。

西摩·马丁·李普塞特（1922—2006），美国社会学家。他的研究主要涉及政治社会学、工会组织、社会分层、舆论和知识社会学等方面。他还从比较视角出发，撰写了大量关于民主的文章。李普塞特早年是一个社会主义者，之后转变成为最早的新保守主义者。

莱因哈德·本迪克斯（1916—1991），德裔美国社会学家，先后在芝加哥大学、科罗拉多大学、加利福尼亚大学伯克利分校任教。本迪克斯一生都在为美国和欧洲社会学的学术交流积极努力。1969年，本迪克斯当选为美国社会学协会主席。其代表作有《工业领域的工作与权威》(*Work and Authority in Industry*) 等。

康拉德·M. 阿伦斯伯格（1910—1997），美国人类学家。阿伦斯伯格帮助建立了美国应用人类学会，并在1945—1946年当选为该学会的主席。1980年，他出任美国人类学学会主席。1991年，阿伦斯伯格荣获应用人类学会授予的马林诺夫斯基奖。从1970年起，阿伦斯伯格开始担任哥伦比亚大学约瑟夫·L. 伯滕威泽讲席教授直至退休。其代表作是《爱尔兰农民》(*The Irish Countryman*)。

阿尔弗雷德·J. 艾耶尔（1910—1989），英国哲学家。他因1936年出版的《语言、真理与逻辑》(*Language, Truth, and Logic*) 而闻名于世。在此书中他提出了逻辑实证主义的一个主要论点，从而成为逻辑实证主义在英语世界的代言人。1946—1959年，他曾是伦敦大学学院的精神逻辑哲学的教授，同时也是牛津大学的逻辑学教授。1970年，他被封为爵士。

Peter S. Bearman

彼得·S. 比尔曼
（哥伦比亚大学乔纳森·R. 科尔社会科学讲席教授）

彼得·S. 比尔曼（Peter S. Bearman）是哥伦比亚大学创新理论与实践跨学科研究中心（Interdisciplinary Center for Innovative Theories and Empirics）主任，乔纳森·R. 科尔社会科学讲席教授（Jonathan R. Cole Professor of the Social Sciences）。1978年，比尔曼从布朗大学获得社会学学士学位，1982年和1985年又从哈佛大学分别获得社会学硕士和博士学位。他毕业后在哈佛大学社会研究学位委员会工作了一年，并于1986年加盟北卡罗来纳大学教堂山分校。1996年，比尔曼加盟哥伦比亚大学。2001—2005年他出任哥伦比亚大学社会学系主任，2007—2008年出任统计系主任。此外比尔曼还是牛津大学外聘教授、伦敦政治经济学院方法论和社会学荣誉教授。作为网络分析专家，比尔曼参与设计了"国家青少年健康追踪研究"（National Longitudinal Study of Adolescent Health）。他是《门卫》（*Doormen*）一书的作者，和谢默斯·汗（Shamus Khan）共同主编了由哥伦比亚大学出版社出版的"中层理论系列图书"。比尔曼于2008年当选为美国艺术与科学院院士，2014年当选为美国国家科学院院士。

2017 年 5 月 23 日

哥伦比亚大学诺克斯大楼（Knox Hall）

教授，我的第一个问题是：在您眼中什么是社会学？

社会学是一门研究与人类行动或行为有关的现象的学科。社会学非常迷人，因为它所涉及的范围非常广泛，以至于研究的问题渗入到其他学科，譬如宏观的历史问题是我们研究的一部分，微观的神经系统与相应的行为互动也是我们研究的一部分。社会学关注我们所创造的世界的方方面面，它是我们思考世界的一种方式，允许我们对人类丰富多彩的生活进行审视并赋予其意义。我把社会学看作"收容学科"，因为它不像经济学有一套简单并且一致认可的研究范式，不像政治学有明确的研究领域，社会学对各种观点、各种思考方式都非常包容和开放，这意味着社会学其实是一个内容非常丰富的领域，其中有一群有艺术追求的人在赋予他们生活的世界以意义。

那么您认为社会学何以成为一门独立的学科？

这是个很难回答的问题，因为我们会研究很多问题。我们研究历史，所以我们有历史社会学这个分支，那么我们和历史学的区别是什么？我们有经济社会学，那么我们又和经济学有什么差别？我们甚至还研究神经社会学（neural sociology）。我认为我们在做的，就是把我们所遇到的其他学科框架中的问题以某种方式进行社会化研究，我们努力地思考社会化：行动者大脑里发生了什么？什么在促使他们行动？行动者所嵌入的社会关系是如何塑造和控制行动者的行动的？以历史社会学为例，我们不仅仅会去讲故事，把它说成是历史的一部分，而且还要弄明白如何建构在其中发挥主体作用的人与人之间的关系，以及这种关系如何塑造、限制、控制，甚至推动了事情的发展,并作为历史的结果被呈现出来。如果我们研究社会环境对我们的抱负和希望施加影响的方式,我们不仅会把注意力放在描述抱负方面,还会思考人们承受影响的一面。所以在我看来,社会学总是聚焦于重要的社会关系,并尝试以行动者嵌入的社会关系为分析框架解释社会现象。

在社会学领域学习和研究这么多年以后,您认为社会学最吸引您的是什么?

我的研究涉及很多不同的领域,因此对我而言,(尽管并非所有人都这么想,)社会学里有一些让我非常着迷的东西。我个人喜欢通过不同的方法观察我们生活的世界,这样我可以看到很多原本看不到的东西,而这些东西一旦被发现了,人们就意识到它们其实是真实存在的,尽管外在于个体,但时刻对我们产生影响。所以对于我来说,研究的问题所散发出的魅力让人着迷,这么说或许有点太抽象。举例来说,我一直想弄明白交换系统是如何构建人与人之间的关系的,为的是能够看到一个完美的交换循环,而这是一个非常令人着迷的现象,因为它的完美程度就好像双螺旋结构(double helix),或者为了能够将知识的复杂结构可视化。从新的视野来观察,这在我看来是学科赐予我们的礼物,我们需要通过新的眼光来揭示它。因为我们是人,所以当我们揭示了规律,我们会依照规律做出反应,然后调整我们与规律之间的关系,譬如当我们发现太阳系的时候,突然之间,我们就有了关于地球和太阳关系的新认识,而这反过来也塑造了我们的行为等。从成效来看,尽管社会学不能和天文学相提并论,但我们也创造了卓越的成果,譬如我们发现了分层系统,发现了互惠关系的稳定性。我们学科的全部历史就是一个不断打破理所当然,对抗理所当然,重新认识世界的过程,我不确定其他学科是不是也像我们一样在系统地打破常识,重建我们对世界的认识。

彼得·S. 比尔曼

您从一开始就选择社会学专业直到现在，您为什么会做这样的选择呢？

这是个我不愿回答的问题。因为布朗大学过去是，现在可能还是一个离经叛道的学生（misfits）才会去的学校，而社会学专业的要求比较低，事实上是没有要求。我读大学的时候没有好好学习，我甚至都不应该毕业，我挂了很多科。到我大四的时候，因为我父亲要来参加我的毕业典礼，所以我必须选一门专业，社会学专业当时只需要学生上够八门课，其他什么都不需要。我当时认识一两个做老师的朋友，而且我已经上过六门课了，所以他们答应给我剩下两门课的学分，那样我就可以毕业了，我就这样选择了社会学。因此在某种程度上我的选择是很偶然的，我当时还答应那两个老师会在期末把课程论文交上去，但是我不确定我后来有没有真的那样做。毕业以后，我去了位于西雅图市和华盛顿州东部之间的瀑布区，那里有非常美丽的山脉。我当时就住在瀑布区，靠搬运树苗、种树为生。那时候我在住的小木屋里读了很多有关系统理论（system theories）的书，那个小木屋所在的土地属于一个公司，而这个公司每隔七年都会来把这些小木屋推倒，因此人们在那里居住的时间都不会超过七年。因为在美国，如果你在一个地方住够七年，那么这个地方就成你的了，所以这个公司会把那个地方夷为平地。有人在那里盖了小木屋，我就搬了进去，我在那里读了很多理论。但是你应该知道，一个人读书是很无趣的，你需要一个能够交流的对象。由于我不知道该怎么办，所以我就给我父亲认识的一个朋友写信，这个人就是傅高义，我在信里面说："我在考虑去读研究生，您觉得哈佛大学的社会学专业怎么样？"他后来给我回信说："很不错，你应该申请试一试。"所以我就申请了，而且我成功了，那真是天大的惊喜。尽管我当时对社会学仍然知之甚少，但我觉得那也是一个优势，因为当你从一个不同的领域进入的时候，会有不一样的东西激励你，让你更加感兴趣，至少在那时候我是这么想的。我很幸运，因为我遇到了罗纳德·布里格（Ronald Breiger）*，他现在在亚利桑那，还有我的导师哈里森·怀特。他们当时都在做社会网络研究，我认为他们的研究让我真正明白了什么是社会学，社会学应该是研究人与人之间的关系的学科。也就是从那时候起，我成了一名社会学家，而在那之前，一切都是很偶然的，因为我从来没有认真地对待过它。

到现在，我从事社会学研究已经很长时间了，我认为有许多不同类型的社会学家，有些社会学家对工作场所的歧视、技能或教育的回报非常感兴趣，而我对这些所谓的独立变量并不感兴趣，在独立变量里面没有能让我感兴趣的对象。我所感兴趣的是如何换一种思路来思考问题的起因，进而解决问题。社会学就是这样一门学科，你不需要成为得出某个结果的专家，只需要成为一个有某种思考方式的专家就可以了。我从哈里森·怀特那里学到了一样东西，我经常讲给我的学生听，那就是当你注意到一些事情发生以后，你要后退一步，去看那些事情对于其他地方而言意味着什么。举例来说，我们经常会遇到交通拥堵，有各种原因引发的交通拥堵，我想很多社会学家在研究交通拥堵的问题时，他们感兴趣的一定是为什么会发生交通拥堵，这是一个好问题。但是当你看到交通拥堵时，你也应该马上意识到，如果所有人都在这儿，都陷在交通拥堵中，那就意味着在其他地方道路是畅通的，那里的人们是自由流动的。换句话说，当你在一个地方看到有很多限制的时候，在其他地方一定有很多的自由。这就是我学到的东西，就好像你看到了桌子上的东西，你还要去想桌子下面有什么，往下看，真正的故事、有趣的故事往往都在桌子下面。这就是我从我的导师那里学来的东西，用不同的方式来观察和理解问题。有趣的是，我导师的第一篇论文是关于睡觉的社会学意义的，你可能会想："什么？他怎么会研究这个？"我还记得文章里面的一句话好像是："因为有人在睡觉，所以一定有一群人得醒着，因为他们要保护那些睡觉的人。"你会意识到，这是一种不同的认识世界的方式。

能讲讲您在哈佛读书时的生活吗？是不是每天都在忙着阅读和发表？

不，我们那时候不需要发表，现在你们恐怕不发表就没法活了。我记得我去哈佛以后，哈里森·怀特成了我的导师，然后我和其他研究生聊天，他们就告诉我说："他是个很难对付的人，离他远点儿。"他们还告诉了我一个关于他的故事，他们说："有一天早上他醒了，当时他的学生都在，然后他就说：'这些苍蝇在我脑袋上嗡嗡什么？'然后他用力把苍蝇拍到墙上，把它们都拍死了。"后来人们就说那是做哈里森的学生的下场。因此他们都告诉我："别听他的，他就是个怪人（nut）。"后来我去见他，他和我说："你看起来像是要做点事儿的人，你为什么不每个学期选六门课，这样第一年就能上完所有的课，然后从第二年开始写毕业论文。"他说的没错，那其实是个非常明智的做法。但是我回来以后，同学都问我："哈里森和你说了什么？"我告诉了他们哈里森和我谈话的内容，然后他们就说："不不不，你每个学期选三门课，花两年时间完成就行了。"于是我就愚蠢地听从了他们的建议，而不是哈里森的。此外，在哈佛的第一个学期，我跟着罗纳德·布里格一起工作，我当时发现了一些有趣的数据，是关于16世纪英格兰的父子代际流动的，罗纳德当时在研究流动表（mobility table）。我记得那是12月20号，我们约定在12月25号早上九点在他的办公室见面，在12月25号前的一两天，我才意识到那天是圣诞节，所以我就给罗纳德打电话，那时候还没有电子邮件。我就说："你好，罗纳德！"罗纳德当时还是一个助理教授，我接着说："你知道吗？那天可是圣诞节。"他说："我知道，但是你知道吗？如果你真想来见我的话没问题，因为我那天会工作，你想工作的话就来见我，如果不想，那就去做你想做的吧。"我当时就想："好吧，这家伙一定是疯了，他肯定是想要拿到终身教职才这么拼的。"所以我就没去见他。可后来我慢慢发现，那就是生活，每个人都必须很努力地工作。我在读研究生的时候还做了很多研究，但是都达不到发表的程度。我记得我当时写了一篇有关"一般交换"（generalized exchange）内容的文章，是关于有趣的亲属系统的，我是在研究生第二年写的那篇文章。然后我拿给了哈里森·怀特，并告诉他我想把它发表了。结果哈里森说："为什么？为什么要给自己找这个麻烦？"①你知道，那篇文章的确算不上是一篇佳作，而且我们也没有发表的硬性要求，所以更多的情况是我们自己收集数据然后深入地思考一下就可以了，我读研究生的时候一直不知道该怎么写文章。直到我做了助理教授以后我才知道该怎么写文章，那的确是件很难的事，你需要会写文章的人告诉你该怎么做。但是那时候，哈里森一定程度上已经和社会学渐行渐远了，他不再发表文章，所以我起步比较晚也和这个有关。

您还记得一些对您影响很大的教授或者老师吗？

当然了，哈里森显然对我影响很大。还有罗纳德·布里格，他在教完我第一年以后去了康奈尔大学，我们一直保持着联系，尽管我们没有合作写过文章，但是我们一直在互相学习，他对我产生了非常大的影响。还有一个非常聪明的意大利人，他当时是我的博士论文答辩委员，他叫亚历山大·皮泽诺（Alessandro Pizzorno），他研究劳动问题，不过他在美国待了一段时间以后就回意大利了。还有一个年轻的助理教授叫史蒂文·赖蒂纳（Steven Rytina），他去了麦吉尔大学，他非常聪明，可是他也一直没弄明白该怎么写文章，不过他是一个善于思考的人，所以他对我也有影响。另外一个影响我的人是戴维·兰德斯（David Landes），他不是社会学家，而是经济史学家。最早是他聘请我教社会研究专业的课，那对我帮助很大，而他也是一个善于思考的人，我从他身上学到了很多东西。我从我的同事、学生身上也学到了很多东西。我有一个团队，里面的人现在都很了不起，譬如迈克尔·梅西（Michael Macy），他现在在康奈

---

① 言外之意是没有必要发表，因为当时没有发表的强制要求。

尔。在我教书的第三年，我遇到了很多非常优秀的学生，有一个学生叫乔尔·波多尼（Joel Podolny），他现在是苹果公司大学（Apple University）的校长，他写过一篇非常重要的关于社会网络管道与棱镜的文章①；还有罗杰·古尔德，也是和我关系非常好的学生，后来成了我的朋友。我是波多尼和古尔德毕业论文的答辩委员。还有一个政治学家叫詹姆斯·费伦（James Fearon），他现在是斯坦福大学政治系的主任。因此，有大概十一二个学生和我共事过，他们都比我聪明。能够遇到比自己聪明的人对我来说真的非常好。在我曾经教过的一门课上，有古尔德、波多尼、费伦、马克·范伯格（Mark Feinberg），范伯格现在是宾夕法尼亚州立大学的遗传学家。我想我的班上如果有八个同学，那么其中有六个可能都比我聪明。当你有这种经历的时候，你就知道如何从他们身上学习。这些和我年龄差不多的学生和同事可能比我想象的还有影响力，我的人生也因为他们变得更加丰富。

在哈佛的时候，现在情况可能不一样了，不过我在的时候，老师和研究生之间的隔阂非常大。我记得我以前每天都会从办公室走路回家，因为我当时住在离剑桥不远的一个叫萨默维尔（Somerville）的地方。我每天都会碰到哈里森，并且假装是个巧合，其实我知道他什么时候回家，然后我就陪他走路回家，等走到他家那条街以后，我再自己走回家，所以这样一来我们几乎每天都会碰面。有一天，走到他家那条街以后他并没有像往常一样拐弯而是继续往前走。你知道，那已经是我和他走路回家两年以后了，所以我暗自得意地说："您终于要陪我走回家一次了。"因为那时候我们已经在一起工作很长时间了，结果他看着我毫不客气地对我说："你就别异想天开、自作多情了。"你知道吗？听到那句话的一瞬间，我整个人都感觉不好了。可见，我们那时候的师生之间有很强的距离感。

---

① Joel M. Podolny, "Networks as the Pipes and Prisms of the Market," *American Journal of Sociology*, 2001, 107（1）：33—60.

当您从一个学生转变成一个老师以后，您想教给学生什么？您如何处理与学生之间的关系？

我想我和学生建立的是一种非常不同的关系。首先，我更加平易近人。其次，我的很多学生和我年纪差不多，有的甚至比我还大，我和学生密切合作。但是我和哈里森的合作就没有那么密切。尽管我跟他学习，有他办公室的钥匙，我会替他读邮件、回复邮件。有时候人们向他征求论文的修改意见，我就替他回信给他们，然后在后面把哈里森的名字写上去就行。尽管我在他的生活里，但是我们并不是朋友。我和我的学生就不一样了，我们之间不但密切合作，而且作为一个老师、三个孩子的单身父亲，孩子们会经常到我办公室。有时候我不能来办公室，同事和学生就到我家去，我们一起写东西，我们合作得非常好。

那您如何平衡工作与家庭？

我不确定我做得很好，你应该问问我的孩子。每个人要根据现实情况来工作，我想我逐渐学会了如何在短时间内快速高效地写作，如果我有 20 分钟，我会嗖嗖地很快写完。当你开始抚养孩子的时候，你就会发现，想先坐下来好好想想，然后再提笔写东西简直就是痴心妄想。所以我一般都比孩子们起得早，特别是他们到了一定年龄以后，我意识到我不能睡得比他们晚，因此我会很早上床睡觉然后在早上四点钟起床，在送他们去学校之前做点工作。因此你要根据实际情况来工作。我后来就变成了可以同时在很多项目上工作，但是工作时间都不会很长的那种人。所以如果我面前突然出现一整天的时间，那我恐怕就会不知所措了，但是如果只给我半个小时，我反而很清楚我该如何利用这半个小时。因此，如果把一天分割成很多小的时间块，那对我来说是没问题的。尽管如此，我还是觉得对不起我的孩子，尤其是我儿子，因为你知道的，很难让一个人在做一件事的时候还总想着其他事情。我不确定是不是有一种好的解决办法来平衡工作与家庭。

您在学术生涯中是否也经历过坎坷？我知道您花了很多年去学习发文章，(是的，五年。)**后来您学到的秘诀是什么？**

我在就业市场上很受欢迎，顺利地找到了工作，我觉得这是运气。我写完毕业论文以后就把它以书的形式出版了。我当时在市场上受欢迎是因为我签了一本书的合约，不过那时候合约是很不正式的。当时也没有人像我一样研究网络，我处在一个新领域的最前沿，而且当时也没有人做历史网络研究，所以说我很幸运。后来我就去了北卡罗来纳大学教堂山分校，但是到了北卡以后我才知道那里的强势学科是人口统计学，而我对那一无所知，于是我开始每天和人口学家打交道，他们都是非常聪明、非常有趣的人。

我最初的五年时间都花在了一个项目上，尽管当时资助被取消，但是现在它却成了有名的从青少年到成人的健康调查①，这是一个很大的围绕青少年的研究，涉及很多的网络成分。但我一直没有发表文章，之所以没有发表是因为我从来没把它们寄出去过。我当时也的确不知道该怎么写文章，因为我从来没被教过如何写文章。后来我寄了一篇文章，我想应该是关于一般交换的那篇。我记得在我读研究生的第三年，我把那篇文章寄给了《美国社会学评论》，然后我收到了杰拉尔德·马韦尔（Gerald Marwell）*的回信，他当时是《美国社会学评论》的主编，信上面到处都是他用红笔标记和删除的印记，他在信上写着："你应该找一个资深的同事请教一下如何写文章。"但也许是我写得太不好了，所以他在"资深同事"几个字上面画了一个叉，把"资深"两个字去掉，就留了"同事"两个字，然后他可能还是不解气，就又在"同事"两个字上画了一个叉，改成了"任何人"。哈哈，所以坦白地说，我当时真的不知道该如何写文章。于是我去找了一位资深同事理查德·辛普森（Richard Simpson）*，他当时是《社会力量》的主编。我和他说："我应该怎么办？"他读完我那

---

① 国家青少年—成人健康追踪研究（Add Health）是对美国青少年代表性样本的纵向研究。

篇文章以后和我说:"你知道吗？这篇文章需要一个导论,这样才能有意义。"所以他帮我修改了那篇被《美国社会学评论》拒绝的文章,我又投给了《美国社会学杂志》,然后他们提出了修改意见,我修改后再提交。总之,那篇文章前前后后被修改了11遍,花了我11年的时间,所以的确很费劲。

然后我就开始向迪克（理查德·辛普森）学习写文章的格式,当我学会了以后我就知道该如何写文章了,但是这个过程花费了我很长时间。因此当我去申请教职的时候,我实际上不应该拿到教职的,我甚至都会投票反对我自己拿到教职,因为我当时就写了一本书,发了六篇文章,很一般的水平,只不过我们当时刚刚申请到一个2000万美元的资助项目,是迪克和我申请到的这笔2000万的资助。我当时不知道的是,如果你申请到一笔2000万的资助,那么会有2000万用来资助你的研究,另外还会有1400万打到你所在的学校账户上。坦白地说,我觉得学校当时一定在想:"我们可不想失去这笔钱。"因为那样做对学校没意义。尽管没有得到很多同行的积极评价,但我还是拿到了教职。而且我最终明白了应该怎么做,一旦弄明白了,其实也就没有那么难了。所以当我和我的学生一起合作的时候,我的目标是和他们每一个人合作一篇文章,这样他们就知道该如何写文章,然后他们就可以自己写了。我当时的确花了很长时间才弄明白该怎么写文章,我甚至没有准备好申请教职,因为我那时候已经知道我可能要干什么去了,如果我没拿到教职,我可能就提前过上了另一种生活,那就是修缮老房子,我想我不会比现在开心。不过后来我开始走运了,我拿到了上面提到的资助项目,我知道了如何开展研究,我的学生也都开始走向成功。你知道马太效应的,一旦你取得了一点进步,获得了信誉,你就会获得更多,但是如果你没有得到信誉,即使工作是一样的,你还是得不到同行的认可。我有时在想,如果我用一个假名字来提交文章,结果会怎么样？我很想这么做。(发文章)的确很难,除非你已经到了一定的位置，别人都在仰视你，不过我很想像我刚才说的那样尝试一下。

我听说您到哥伦比亚大学以后发现您的新同事都很傲慢、不好相处，而您把这个归咎于这栋楼的门卫，我想这是您写《门卫》这本书的最初原因。那么《门卫》这本书背后的故事是什么？您在写这本书的时候遇到的最大困难又是什么？

是的，我当时是社会学系的主任，有很多民族志学家想要来我们这里任职，但我不知道该如何评估他们的工作，所以我想我应该尝试去做一次民族志研究，这样我就知道他们做得好不好了，这其实是我最初的动机。那时候我总是开"社会学导论"的课，我认为这是最重要的一门课，因为上这门课的学生通常都好像是一张白纸，通过讲课你可以影响他们。不过那时候我对这门课已经有点厌倦了，因此我想尝试一点新的东西，于是我就想："我应该尝试教教他们如何做研究，我希望他们去做田野，去采访别人，去设计问卷然后收集数据，我想让他们觉得他们是在完成一项研究。"所以我需要找一些安全可靠的人作为研究的对象，吸毒的人很有趣，但是他们有可能伤害你；犯罪分子很有意思，但是你不能让一个在哥伦比亚大学读书的18岁的学生去见一个犯罪分子。于是门卫就浮现在我眼前，他们穿着制服，看起来很安全，而且我曾经认识一个门卫，我了解他们每天都在做什么，这让我在一定程度上马上就知道他们的自我感觉。这其实是哈里森·怀特教给我的东西，他们的自我感觉并不是出自他们自己，而是来自于他们把我们所想象成的样子，即使我们并不是他们所想象的那样。如果我们很了不起，他们也会觉得他们自己很了不起，我把这看作是某种共生的关系，就像犀牛头上的小白鸟，他们彼此需要。我意识到不论发生什么，我们需要他们，他们反过来也需要我们，于是我对这种关系产生了兴趣。不过我主要想知道的还是民族志研究到底是什么。于是我在2002年完成了

《门卫》的初稿,然后我就把它锁在了文件柜里。后来罗杰·古尔德去世了,我帮着写完了他的书,回到了哥伦比亚大学。一两年以后,我重新打开文件柜,把初稿寄给了米切尔·邓奈尔(Mitchell Duneier)*,他现在是普林斯顿大学社会学系的主任。我问他:"你觉得这本书怎么样?"他说:"这本书不错。"后来米切尔给了我一些建议,我根据他的建议做了修改,然后这本书就出版了。我想那以后我就知道什么是好的民族志研究了。

当您在社会学界无法获得认可的时候,该怎么办?因为有时候一个人可能就是得不到学界的认可。

我今天就遇到了这种事。我的一个学生今天没有拿到教职,这对他是个很大的打击。不过你知道,我有三个孩子,当社会学老师不过是一份工作,当你有了孩子的时候,你的生活就改变了。我认为问题就在于很多人把他们的全部时间和精力都投入到了工作中去。我也尽量让我自己全身心地投入我的研究中去,但是我在种树、搭房子的时候其实也可以思考这些问题。我不确定我们目前在理解如何有创造力的问题上是不是就是正确的,但我总是准备好去做一些别的事(因为我有三个孩子,我不可能全身心地投入我的研究中去),因此我不认为做其他事情就会影响到我的创造力。我有一个非常好的朋友,他叫埃里克·利弗(Eric Leifer),他可能是 20 世纪 80 年代最有影响力的社会学家。你可能不知道他是谁,他曾经写过一篇非常重要的文章①,文章里面提到一个后来被约翰·帕吉特(John Padgett)称为"强力行动"(robust action)的概念,但是埃里克·利弗自己称之为"地方行动"(local action)。埃里克那时候在北卡,后来去了哥伦比亚大学,但是他没有拿到教职。现在埃里克是个农民,住在纽约州北部,他有四个孩子,每天都超级开心。你知道为什么

---

① E. M. Leifer, "Interaction Preludes to Role Setting: Exploratory Local Action," *American Sociological Review*, 1988, 53 (6): 865-878.

吗？因为没有人能剥夺他的思想，他仍然在思考。所以我觉得我们有点儿像是在赛马（race horses），我们接受的教育越多，我们做的事情越多，我们能看到的就越少，好像那就是整个世界，但是只需要一丁点儿的想象力，你就会发现，那只不过是我们看到的世界。不过我很幸运，我没有遇到这些问题，我拿到了教职，大家都喜欢我做的研究，所以在你说的问题上，我没有特别不幸的经历。尽管有很多工作是我想要而没有得到的，但这没什么，没得到就没得到。

请您给社会学专业的学生提一些建议吧。

我想我的建议可能算不上好的建议，不过当我看到聪明的人在做他们觉得应该做的事情，而不是在做他们真正想做的事情的时候，我会很难过。换句话说，一个人觉得应该照某种方式去做分析，或者觉得应该研究某个问题，并不是因为摆在他面前的问题是他感兴趣的问题，我会很难过。我认为在学科内部经常发生的就是学科的规范性取代了创造性，让人们觉得就应该用那些惯常的方式来研究问题，所以要先查阅文献，再开展研究。

我能给出的最好建议就是，如果你不能从研究中获得乐趣，那你就不要继续下去了。我每天早上六点半到七点之间就到办公室了，那时候这栋楼里除了门卫几乎没有别人，所以我每天工作很长时间，但这是我自己想要的生活，因为我热爱我正在做的工作，我觉得很开心。但是我感觉很多人并不是这样的，那样的话做学术反而成了噩梦，因为你总是担心其他人在想什么，担心被拒绝。

我记得有一天，这件事现在来看反而更有意义了，我那时候还在读研究生，哈里森写了一篇文章，但是被《美国社会学评论》拒绝了，结果他给我打电话说："嗨！我的文章被拒绝了！"我正打算说"我很替你伤心"的时候，他说："我太开心了，学科现在强大了！"就好像学科强大到了连他的文章都拒绝了。于是他意识到了两个现实问题：一是社会学更加成熟了，二是他要去做别的事情。他替那些人感到开心,尽管他们赢了(那群无聊的人终于让这个学科强大了起来),但我觉得哈里森也为能够做自己想做的工作感到开心。

请您回顾一下,您是如何成为社会学家的,以及作为一个社会学家对您的影响是什么?

我想我是很偶然地成为社会学家的,因为对我来说那是最容易的事。从赋予世界意义的角度来说,我觉得随着我年龄的增长,我对社会学的理解也在增加。当我看到一对年轻人走到一起以后,他们约会或者做其他事情,我不会去说:"他们都来自上层阶级,正是因为他们都来自上层阶级,所以从社会学意义上讲他们会在一起。"我所看到的是各种社会关系和网络把这些人糅合到了一起。因此我以一种关系性的视角来认识世界,当然这种视角也在影响我。现在你知道社会学是做什么的了吧?

我们生活得很好,我在这所好到难以置信的大学任教,这里有非常棒的图书馆,到处都是非常聪明的人,而且他们都比我年轻,所以他们让我也焕发青春,这就是学术,对吧?我想如果你能保持改变,能够进入到这里,你会发现所有一切都非常棒。我很幸运,另外我有一些资深的同事,我可以向他们请教,你已经和他们中的一两位聊过了,比如克里斯托弗·温希普,如果我有问题不知道该怎么处理,我就给他打电话,我不觉得克里斯托弗比我大很多,相反他是一个和我很合得来的人。他是一个很稳重的人,我就没有他那么稳重。另一个人是彼得·马斯登,你也和他见过面,那时候我还是助理教授,但就是他聘请了我。彼得和我像是处于两个极端的人,他非常严肃,但是如果我们性格上是完全不同的两种人,那说明我们其实可以进行很多合作,就像我们对如何建设我们当时所在的社会学系的看法一样,因此很难说做一个社会学家的意义在哪里。因为如果反过来问我这个问题,答案是不可思议的,如果我不是社会学家，那么我现在可能在修缮老房子，我喜欢动手做一些东西。但是谁知道呢？

相关人物介绍

罗纳德·布里格（出生年不详），美国社会学家，亚利桑那大学社会学教授。他的研究涉及社会网络、分层、数学模型、组织社会学和文化社会学等领域。他与哈里森·怀特和斯科特·A. 布尔曼（Scott A. Boorman）合著的《多元网络的社会结构（一）：角色和职位的块模型》（Social Structure from Multiple Networks I: Blockmodels of Roles and Positions）至今仍被广泛引用，堪称经典。

杰拉尔德·马韦尔（1937—2013），美国社会学家、社会心理学家和行为经济学家，生前在威斯康星大学麦迪逊分校和纽约大学任教。他以在集体行动、合作、社会运动、守法行为、青少年和宗教问题上所取得的研究成果而知名，其中最有名的就是通过"囚徒困境"（Prisoner's Dilemma）来探索实现合作的各种可能条件。

理查德·辛普森（1929—2017），美国社会学家，北卡罗来纳大学教堂山分校社会学教授。1972—1975年，辛普森出任北卡罗来纳大学教堂山分校社会学系主任；1969—1972年，担任《社会力量》杂志的主编。

米切尔·邓奈尔（出生年不详），美国社会学家和民族志学者，目前担任普林斯顿大学教授、社会学系主任，其代表作《人行道》（Sidewalk）荣获查尔斯·赖特·米尔斯奖。

Michèle Lamont

米歇尔·拉蒙特

（哈佛大学社会学和非洲人、非裔美国人研究教授及
罗伯特·戈德曼欧洲研究讲席教授）

米歇尔·拉蒙特（Michèle Lamont）是哈佛大学社会学和非洲人、非裔美国人研究教授，罗伯特·I.戈德曼欧洲研究讲席教授（Robert I. Goldman Professor of European Studies）。1978年和1979年，她从渥太华大学分别获得文学学士学位和政治理论硕士学位。1983年，她从巴黎大学获得社会学博士学位。1983—1985年，她在斯坦福大学进行博士后研究工作；1985—1987年她加盟得克萨斯大学奥斯汀分校；1987年被任命为普林斯顿大学社会学系助理教授，1993年晋升为副教授，2000年晋升为教授；2003年加盟哈佛大学。作为文化和比较社会学家，拉蒙特出版和发表了大量关于文化与不平等、种族主义与耻辱、学术与知识、社会变革以及质性方法等主题的著作和文章。拉蒙特于2016—2017年出任美国社会学协会第108任主席。为了表彰她对欧洲和世界社会科学所做出的杰出贡献，拉蒙特于2017年获得伊拉斯谟奖（Erasmus Prize）。

2017年6月1日

哈佛大学 CGIS 大楼（CGIS Building）

教授，您眼中的社会学是什么？

社会学是关于社会关系、社会过程以及建构社会生活模式的研究。

如果我想让您给社会学下个定义，您会怎么说？

我给社会学下的定义是，在历史传统中经由集体智慧作用产生的，用来分析塑造了各种社会类型的社会关系、过程和模式的理论、方法和精神分析工具的学科。

那么社会学何以成为一门独立学科？

我认为社会学是与众不同的。它是一门古老的学科，可以追溯到19世纪。社会学也是一门多元范式的学科，我觉得社会学的优势就在于它的多样性。由于存在多元范式，所以我们基本上可以研究任何我们想研究的问题。事实上，我们的注意力是从微观到中观再到宏观的，我们关注的焦点从邻里到网络到文化再到制度，这些都是中观层面的现象，但是却需要不同的理论框架、不同的工具去理解它们。所以我认为，社会学家能够研究现象呈现出的复杂性、丰富性和多样性，这是一个巨大的优势，特别是当我们的邻近学科变得越来越狭隘（narrow）的时候，就更加突显了我们的宝贵。譬如在政治学里面，随机控制实验（randomized controlled trial）作为一种技术越来越占据主导地位，这就意味着政治学家研究的问题所涉及的范围越来越小。我认为社会心理学正面临着实验危机，而人类学同样面临着挑战，那就是无法摆脱对研究人员和研究对象之间关系的依赖。所以在一定程度上，我认为社会学在过去三十多年的时间里成功避开了一些发展道路上的陷阱，我们发展得相对健康，当下也是我们学科发展的最佳时期。

在您从事社会学教学与研究这么多年以后，社会学最吸引您的是什么？

我喜欢社会学的多样性。我喜欢社会学允许我研究任何我想研究的问题。我不觉得社会学应该去研究大脑内部发生的事情，我不觉得社会学应该去研究——比如动机。因为我认为我们应该在我们擅长的领域发挥作用，而不应该去做其他学科所擅长做的研究，我们应该有我们自己坚定的社会学愿景（vision）。我不欣赏那些我称之为自我嫌弃（self-hating）的社会学家，他们总是觉得社会学要效仿认知科学、要效仿经济学。我认为我们应该为大多数社会学家在做的研究"站台"。我喜欢社会学的多样性，因为它允许我们在社会学中做很多事儿。你知道，社会学中不存在任何被先验排除的问题，这也是社会学的优势所在。

作为美国社会学协会主席，我很想请教您一个问题，那就是社会学的未来。在您看来，十年或二十年后的社会学会是什么样的？

我知道有人做了这方面的研究，譬如杰里·雅各布斯（Jerry Jacobs）*，他写了一本关于交叉学科的书，探讨了交叉学科如何走向繁荣和像社会学这样的学科如何走向舞台中心的问题，还罗列了交叉学科研究所涉及的领域，如商学院、教育学院和犯罪学院正在进行的研究所取得的进展。所以总的来说，我对社会学的发展前景非常乐观。我认为，在我们能否把我们所做的研究和诸如经济学家、人文学家所做的研究之间的差异解释清楚的问题上，我秉持乐观的态度。我认为现在是社会学发展的大好时机，因为在美国，光是另类事实（alternative facts）① 就足以在政坛引发危机，何况社会学现在的确是个很大的行业，全国有 4 000 个左右的社会学系，还有很多研究机构在训练经验研究人员。我们不会强迫学生在定量研究和定性研究之间做选择。我希望我们能够继续沿着多元范式的方向发展，方法论的多元主义仍然是对我们真正重要的东西。我也希望社会学家不要因循守旧，我觉得青年一代的社会学家正在承受的"不发表就淘汰"（Publish or Perish）的压力对他们是有害的。我认为，如果每个人最初的目标是在各自的领域有所作为，并且有自己的规划，那么青年一代的社会学家当下真正应该关心的问题是如何创新，要明白什么才是自己真正感兴趣的，因为如果连他们自己都不感兴趣，我真不知道还有谁会对他们的研究感兴趣了。所以我不会说社会学的未来将会是宏观社会学的未来，或者比较社会学的未来。我相信，用毛泽东主席的话来说，社会学将会"百花齐放"。我相信只要社会学坚持它的多元性、多面性，它就一定可以发展得很好。

您认为当前美国社会学的主要问题是什么？

我认为一些同行对社会学还缺少信心，他们总是关心经济学发生了什么事，认为我们应该向经济学家学习，或者他们会说："大数据来了，我们也应该做好准备，迎接大数据。"我认为，只有当我们能够提出理论问题的时候，大数据才会真正有用武之地，就大数据本身而言，我觉得并没有什么价值。我认为，人们现在都关心自己是不是搭上了下一股潮流的顺风车，关心基金会资助什么样的项目。从我个人的角度来说，我比其他人更加怀疑追随潮流的做法。所以如果让我给我的社会学同行一些建议的话，我希望他们别受他人支

---

① "另类事实"是美国总统顾问凯利安妮·康威在 2017 年 1 月 22 日的新闻采访中使用的一个词。她在接受采访时为白宫新闻秘书肖恩·斯派塞关于唐纳德·特朗普总统就职典礼出席人数的虚假声明辩护。在与查克·托德的采访中被迫解释为什么斯派塞"发出可证伪的谎言"时，康威表示斯派塞给出的是"另类事实"。托德顺势回答说："瞧，另类事实不是事实，它们是虚假的。"

配，多花精力研究尚未被研究过的理论问题，而不是简单地埋头研究文献，即使这些文献已被一再地研究。我一直努力通过探寻理论盲点（blind spots），通过发现现有理论的不足，通过思考未被研究的领域的方式来推进文献研究，为未来的研究做准备。我认为很多研究都是可预测的，而且注定是无趣的，通常这些研究不过是对你熟悉得不能再熟悉的地方做一些微小的改动，所以我内心非常希望社会学同行能够下功夫去思考因果路径，究竟事物是什么样的因果关系。举例来说，那些通过布迪厄的框架，或兰德尔·柯林斯的框架，或符号互动的框架都不能解释的问题是什么？

回到您的大学时代，您最初学的是政治理论，您去了巴黎以后转向了社会学，那么您当时为什么会有这个转变？

对于中国读者，我想这个故事会很有趣。当我还在上大学的时候，我是1976年上的大学，我就成了一个马克思主义者，不过是一个马克思主义人道主义者①，尽管我也曾陷在马克思主义的人道主义和结构主义马克思主义之间，前者主要受马克思早期作品的影响，所以马克思主义的人道主义和结构主义马克思主义的差别就好比《关于费尔巴哈的提纲》与《资本论》的差别一样，但我更倾向于马克思主义的人道主义。那时候的确很有趣，我想我花了一整年的时间阅读《资本论》，从训练思维的角度来说，那是一段非常美妙的经历，我学到了很多如何成为一名政治理论家的东西，我的硕士论文写的是列宁的阶级意识理论，还有物质主义和经验批判主义知识理论中的主客体关系理论。我的观点是它们中的一个是主观主义的，另一个是客观主义的，是理论的阶级意识和认识论的结合。但是当我完成这篇宏大的论文以后，我发现这和日常生活脱离得有点远。我觉

---

① 马克思主义的人道主义是马克思主义的一个分支，主要关注马克思的早期著作，特别是马克思的《1844年经济学哲学手稿》，他在其中揭露了异化理论，而不像他后来的作品，更多地关注资本主义社会的结构概念。

得社会学的一个优势就是它接近日常生活，对指导当代生活也更有帮助。于是，我决定不再研究那些已经不存在了的人的思想和理论。

您能不能讲一讲在巴黎求学时的一些美好记忆？因为我想知道您的研究生生活是什么样的。

我那时候已经做了一个意识形态的研究，为了能在巴黎做同样的研究，我在加拿大的导师就送我到他的朋友那里工作，他的朋友当时在社会学系任教，这就是我成了一名社会学专业的学生的原因。我在巴黎遇到了很多有趣的朋友，一个来自巴西的朋友把我介绍给了福柯。我发现，那时候的巴黎真是个气氛非常活跃的地方。布迪厄的《区分》出版的时候我就在那里，《区分》是他研讨会的部分成果。所以那是一个让人非常兴奋的年代，法国社会学中很多有趣的事情就发生在那个时候。所以我感觉我来对了地方。法国的培养模式存在瑕疵，因为我们都没有经历过严格的方法论训练，人们花了很多时间讨论社会学对象的重建，却没有在论证上多花心思。后来我去斯坦福大学做博士后，在那里学习了很多方法与研究设计的知识，这都是我在巴黎时没有人教过我的。

那段国外求学的经历对您产生了怎样的影响？因为我知道您做了很多不同国家之间的比较研究。

我从小在魁北克生活，长大以后，大多数法裔加拿大人都会去法国，我的很多老师都曾经在法国接受教育，只有少数人在美国接受教育，所以我去法国读研究生就成了顺理成章的事情。而且我当时拿到了奖学金，可以资助我去法国完成学业。我完成学业的时候还很年轻，才25岁，我本打算回加拿大找份工作，可是我觉得我还很年轻，所以我又不想那么做。后来我有机会去斯坦福，西摩·马丁·李普塞特非常欢迎我去他那里，而且他也是一个做比较研究的学者。作为一个在两个国家生活过的加拿大人，做比较研究对我而言是很自然的。而且我觉得我的社会学思维受到比较问题意识的影响，所以一切都是顺其自然的结果。

您还记得在您学习社会学或者开启学术事业过程中对您影响比较大的人吗？

当然了，读大学的时候，对我影响最大的一件事莫过于我上了一门关于社会和政治思想史的课，那门课开了一学年，而授课的老师是安德烈·瓦歇特（André Vachet），他曾经是亨利·列斐伏尔（Henri Lefebvre）*和马尔库塞的学生。他讲授的内容是从柏拉图到马尔库塞的个人主义发展历程，他的博士论文写的是克劳福德·布拉夫·麦克弗森（Crawford Brough Macpherson）的占有性个人主义理论（the theory of possessive individualism）[①]。由于他讲述得非常精彩，所以让我对他的整个思想脉络都有所了解，并且学会了如何开展类似的研究，那对我产生了深远的影响，时至今日我做的很多研究还是深受马尔库塞《单向度的人》的影响。马尔库塞和亨利·列斐伏尔的研究在一定程度上是对资本主义试图消除差异的做法的谴责。人们吃一样的东西，看起来也一样，思考起来也一样，其核心原因是资本主义均质化的权力（homogenizing power of capitalism），而我是在用不同的方法继续这个研究。有趣的是，我唯一的比较学老师就是李普塞特，不过我去找他的时候，他年纪已经很大了，因此他并没有教给我很多东西。作为一个比较主义学者，我很大程度上是自学的。

当您从一个社会学专业的学生转变成一个社会学专业的老师以后，您想教给学生的是什么，或者您希望学生从社会学中学到什么？

我最早是在得克萨斯大学奥斯汀分校教书，那里见证了我的蜕

---

① "占有性个人主义"理论是麦克弗森对政治哲学的重大贡献，其中个人被认为是他或她技能的唯一所有者，他们对社会没有任何责任。这些技能（以及其他技能）是在公开市场上买卖的商品，在这样一个社会中，自私和无止境的消费渴望被认为是人性至关重要的核心。

变过程。当时我的英语说得不好，带有很重的口音。不过他们却要求我给本科生上课，那对我而言是一项挑战，但与此同时我对社会学又总是充满信心。我想我当时努力在做的就是，帮助学生意识到还有其他现实的存在，他们认为理所当然的世界并不是唯一的世界，我认为这是文科教育的一部分。你试着教给学生一些他们需要的方法和工具，让他们去理解世界，去批判性地思考，去深思他们周遭所发生的一切。

我发现您的研究兴趣非常广泛。所以在您自己看来，在多大程度上您的研究兴趣和人生经历有关？

我马上就60岁了，如果你去看和我同龄的社会学家，你会发现他们中有些人一辈子只研究一个问题。从我个人来说，我不可能像他们那样，因为我会觉得乏味。我认为社会学家要去研究让你感兴趣的问题，尽管不停地转换领域有可能导致你最终一无所成，但是就我的情况而言，我认为我是从一个领域转换到另一个相关的领域，我是从不同的角度探寻同一个问题，所以我认为我是在追随我的兴趣。即使我发现有机会可以重复之前的研究，重复写同样的东西，我也绝不会那么做，因为我知道我会感到无聊。因此我对自己学生的建议就是，相信你的直觉，去研究你感兴趣的问题。其实我们都可以从事别的工作，譬如去公司挣更多的钱，但是我觉得做学术能带给你的，就是让你有机会沉浸在自己所发现的有趣的问题当中。我认为频繁地变换领域对学术而言没有什么好处，所以不要那样做。

作为一名成功的社会学家，您是如何平衡工作与家庭的？

我很幸运，因为我的爱人也是一个社会学家。我们一起分担家务，同时也会让我们的孩子去尽量理解，理解他们的父母可能要经常不在家，不过但凡我们在家，我们就一定会陪着他们。我们做过很多取舍。学生喜欢把我们老师当作母亲来看待，但我们有时候可能会让他们失望。所以我会告诉我的学生，我有三个孩子，我做母亲的能力可能只能局限在我自己的家里面，我会为了他们的奖学金或者其他事情出面，但是我可能确实做不了他们所有人的母亲。我觉得我的学生都非常善解人意，他们也知道当他们需要我的时候能指望得上我。我也是一个女权主义者，我对学术界的性别不平等一直非常关注，我会为我的学生（遇到的性别歧视）奔走呼吁，也是很多女性的良师益友。在学术界如果让我碰到了性别歧视，我会对那些（坚持男人至上的）家伙忍无可忍，我会当面和那些人理论，所以我的"不好惹"在学术界是出了名的。我认为，相比其他男性主导的行业，学术界的女性不会觉得自己无足轻重或者被孤立。所以在一定程度上，我觉得我比其他人的境遇要好很多，因为在我的工作环境中，很多人都在倡导性别平等，我的同事几乎都是不平等问题的专家，我认为大家都在自我规范、自我要求，因为大家都在研究不平等问题，只是还不够完美罢了。

在过去的几十年，您遇到过哪些坎坷？

我想对于国外的学生，我应该说，第一次来到美国的时候，我从来没想过我会生活在一个说英语的国家，所以我花了很长时间学习用英语写作，而这个过程非常痛苦。我认为，在每个人事业发展的第一个十年或者五年，你会发现，你投入的非常非常多，但是收获的却非常非常少，你会觉得自己透支了。我记得我有过被透支到极限的经历，那期间我整个人好像都麻木了，但是我还得不停地写文章、出书。我在普林斯顿大学做助理教授的时候，那时候我还没拿到终身教职，（所以我需要发表，）可我并没有发表我的博士论文。尽管我觉得我的博士论文关注的问题很有趣，但我也清醒地认识到我要留在美国，而把那篇论文以书的形式出版暂时不会获得美国同行的认可，于是我决定先不出版，但这也就意味着我需要马上从头开始一项新的研究，并且尽快出版一本新书。幸运的是在我拿到终身教职之前我终于出版了一本书，我记得自己当时的感觉就是："天呐，我完全是在凭感觉开飞机。"①我的丈夫也是一名社会学家，他在两年后也来到普林斯顿大学寻求终身教职，我们当时在同一个系任教。为了都拿到终身教职，我们一方面要承受巨大的发表压力，另一方面还要努力树立好的声誉。而当时的普林斯顿社会学系，在我印象中从 1976 年开始就没有给任何人提供过终身教职，我们那时候已经是 1992 年了，能拿到教职的可能性特别小。所以我想对那些可能正在经历人生低谷的同学说，在人生的特定阶段去经历一些苦难是很正常的，你可能会觉得你是在独自穿越沙漠，而且身旁没有人在鼓励你，将来会不会获得荣誉和奖励也还不知道，即便如此，你还是要继续前行。我相信很多人都经历过这个阶段，这是人生的一部分。你要知道，在工厂工作会有很多令人不满意的地方，在学术界同样会有很多令人不满意的地方，如果你在得不到任何鼓励的情况下，在不确定自己是不是能够胜任的情况下，依旧埋头苦干，你一定备感艰辛。但是我记得我的一个老师曾经告诉我，学术成就取决于你的决定和坚持，尽管离不开你的聪明才智和创造力，但是也离不开你的坚持不懈。所以我告诉我的学生要学会处理这些事情，因为处理这些事情本身也是他们需要掌握的技能。

但我觉得您一定付出了非常多的努力，才获得了今天的成功。您出生在加拿大，然后去巴黎求学，又来到美国开启自己的学术事业，最终成了一个很成功的社会学家。您究竟是怎么做到的？

我想和其他事情一样，是各种好运的结果，有一部分的确是好运。我可以告诉你一个有趣的故事。当我还在法国的时候，我试着申请美国的研究岗位，我给三个人写了信。结果兰德尔·柯林斯当时离开了学术圈，阿尔文·古尔德纳（Alvin Gouldner）*刚好去世，而

---

① "Fly by the seat of one's pants." 美国谚语，意思是说没有时间进行思考，全凭感觉做事。

西摩·马丁·李普塞特当时在斯坦福,他给我发了一份电报,告诉我说:"欢迎你来我这里!"那时候还没有互联网,所以这纯粹是运气,李普塞特写过很多关于高等教育研究的书。他当时对我的博士论文很感兴趣,而且他和加拿大一直保持联系,因为他的第一份工作是在加拿大找到的。而他对我来说就好像是我的叔叔,因为在我申请教职的过程中,他给我写了很多推荐信。兰德尔·柯林斯对我也非常支持,还有其他很多人都在我的职业生涯中帮助过我,所以我说是各种运气的结果,你需要像他们那样的人去帮助你,但是你也要努力工作,你要用很高的标准要求自己。举例来说,如果你要动手制作一个板凳,你肯定想把这个板凳做成四条腿的而不是三条腿的,因为你知道四条腿的板凳会更稳固。同样的,如果你想写一本书,你就要像制作有四条腿的板凳那样去写,这些都是你需要去学习的。所以坦白地说,我认为(成功)就是各种运气和努力工作的结果。

您希望《获得尊重》(*Getting Respect*)这本新书产生什么样的影响?

这还很难说。因为你知道这本书其实是由七个作者共同完成的,它不是论文合集,而是一本真正的书,事实上是一本非常复杂的书,这本书花了我们很长的时间,也是让我非常自豪的一本书。因为它揭示了人们如何经历种族歧视,以及人们在遭遇种族歧视后的不同经历和回应。我希望能有更多的人阅读这本书,因为我们用的分析策略非常具有原创性,而且涉及的范围不仅仅是种族歧视。所以我希望这本书能产生一定的影响,我们期待大家对这本书提出各种批评和建议。另外,这本书有很多脚注,所以是本非常复杂的书,这就意味着这本书上不了《纽约书评》(*New York Review of Books*)。你也知道,知识的传播过程是很复杂的。不过我感到很幸运,因为这本书是在我担任美国社会学协会主席的这一年出版的,今年八月我会在蒙特利尔发表演讲,到时候我会提到这本书。所以届时会有机会让更多的人了解这本书,这是很幸运的一件事。不过目前我们还没有收到太多的评价和反馈,也很难说将来会怎样。

说到发表,您还记得您是什么时候发表了自己的第一篇文章吗?

我发表的第一篇文章是关于权力的,我记得题目是《比较视野下的权力——文化关系》("The Power-Culture Link in a Comparative Perspective")。我当时在渥太华档案馆写博士论文,我花了很多时间去理解权力的概念,那是一篇很复杂的文章,我先从权力的结构视角写了一篇,我觉得写得不好,但我还是寄给了《美国社会学评论》。结果他们连送外审都没有就直接拒绝了,所以那时候我就在想:"天呐,看来要想发表,我真的还有很长的路要走。"后来克雷格·卡尔霍恩(Craig Calhoun)*,他当时是《比较社会研究》(Comparative Social Research)的编辑,他向我约稿,这样我的这篇文章才最终发表出来。有趣的是,今年我获得了伊拉斯谟奖,他们通常把这个奖颁给那些研究权力、知识和多样性的学者。当我问那个基金会的主席为什么要把这个奖颁给我的时候,她说:"因为你写了那篇关于权力的文章。"然后我对她说:"我都不敢相信你们能找到那篇文章,因为它从来没被引用过,甚至没有人知道它。"所以你知道,这其实是一个过程,需要很长的时间才能明白该怎么做,我对我的学生也是这么说的。

您觉得社会家应该写什么类型的书?我的意思是说,社会学家是不是也应该去写一些学术圈之外的读者也能看得懂的书?

我认为我们需要写不同种类的书。尽管我觉得写《获得尊重》这本书让我感到很开心,但是现在我在想,如果最开始是以不同的风格来写的话,这本书或许可以影响更多的读者。由于当时有好几个项目摆在我面前,我不得不从一个项目转移到另一个项目,尽管它们之间不是对立的。但是我认为,如果我们当初写得更大众一点,让不同的读者都能接受就更好了。

从您的经验出发，您会给想在将来从事学术事业的学生什么样的建议？

对于只有一次机会的事情来说，我认为学生应该认真对待他们前期的发表机会，因为那些发表展示了他们的创造力以及他们从事经验研究的能力，一旦你完成了这些，你就在学科期刊上建立了属于自己的学术记录。接着你可以写一本书，一本对整个学科而言都有影响的书，当你获得了自己的声誉以后，你可以开始考虑去影响更多的读者。我认为，有时候人们想走捷径，想在没有做出实质性成果的时候就被广泛认可，我觉得那是个问题。

最后一个问题：请您回顾过去的几十年，您是如何成为一名社会学家的，以及作为一名社会学家，对您产生的影响是什么？

其实我最初想做一个记者，也想过当演员，但是我很早就意识到我不会成为一个出色的演员，而做记者和做学者、研究员、社会科学家又很相似，所以我认为我做了我本来想做的事情。我很喜欢我现在的工作，因为我是个充满好奇心和求知欲的人，而做学术满足了我的需要。尽管我现在有很多工作要做，要承诺很多事情，还要对很多请求做出回应，而我又是一个不喜欢拒绝别人的人，但我还是不得不经常说"不"，不然的话我恐怕会没时间睡觉，而找到恰到好处的平衡是个过程，不过这个问题也不只是我有，我相信每一个人都有这样的问题。

相关人物介绍

杰里·雅各布斯（1955— ），宾夕法尼亚大学社会学教授，担任过《美国社会学评论》主编。他的研究主要围绕妇女的就业问题展开，具体包括收入、工作环境、兼职工作以及工作和家庭的冲突。与此同时，雅各布斯还研究跨学科学术交流，他近期出版的作品是

《捍卫学科：研究型大学的跨学科和专业化》（*In Defense of Disciplines: Interdisciplinarity and Specialization in the Research University*）。

亨利·列斐伏尔（1901—1991），法国马克思主义哲学家和社会学家。他以对日常生活的批判，引入城市权利和社会空间的生产等概念，以及对斯大林主义、存在主义、结构主义和异化的批判而闻名。他在一生中，共撰写了60多部著作和300多篇文章。

阿尔文·古尔德纳（1920—1980），美国社会学家。他最知名的著作是《西方社会学正在到来的危机》（*The Coming Crisis of Western Sociology*）。在这本书中，古尔德纳认为社会学应该摆脱生产客观真理的束缚，理解社会学和一般知识的主观本性以及这种主观本性是如何与时代背景联系起来的。

克雷格·卡尔霍恩（1952—   ），美国社会学家，亚利桑那州立大学社会科学教授。他的研究领域包括社会理论、社会运动和社会变革，同时他也倡导利用社会科学来解决公众所关注的问题。2012—2016年卡尔霍恩曾出任伦敦政治经济学院院长，在此之前，他是纽约大学社会科学教授。出版有《激进主义探源：传统、公共领域与19世纪初的社会运动》（*The Roots of Radicalism: Tradition, the Public Sphere, and Early Nineteenth-Century Social Movements*）等作品。

Viviana A. Zelizer

薇薇安娜·A. 泽利泽
（普林斯顿大学洛伊德·科特森50人教授团社会学讲席教授）

薇薇安娜·A. 泽利泽（Viviana A. Zelizer）是普林斯顿大学洛伊德·科特森50人教授团社会学讲席教授（Lloyd Cotsen 50 Professor of Sociology）。泽利泽出身于阿根廷的一个犹太家庭。她在布宜诺斯艾利斯大学学习了两年的法律，结婚后移居美国。起初她就读于罗格斯大学并于1971年拿到学士学位。1974年她从哥伦比亚大学获得哲学硕士学位和文学硕士学位；1977年，又获得社会学博士学位。1976—1978年，泽利泽在罗格斯大学任教；1978—1988年，她执教于哥伦比亚大学；1988年以后，她开始在普林斯顿大学任教。1992—1996年，她出任普林斯顿大学社会学系主任。泽利泽是一位杰出的经济社会学家，她关注文化和道德意义对于经济的影响。她的著作关注的主题包括人寿保险发展史、儿童社会价值的转型、金钱在社会生活中的地位以及亲密关系中的经济交易；她还关注经济伦理和消费实践等话题。《给无价的孩子定价：变迁中的儿童社会价值》（Pricing the Priceless Child: The Changing Social Value of Children）是其代表作之一，曾获查尔斯·赖特·米尔斯奖。2007年，泽利泽当选为美国艺术与科学院院士。

2017年6月5日

普林斯顿大学华莱士大楼(Wallace Hall)

教授，从您拿到社会学的博士学位算起到现在已经过去四十年了。回顾您的整个学术历程，在您眼中，您觉得社会学是什么？

这是一个非常好的问题，有趣的是我也是直到去教"社会学导论"这门课的时候才真正理解了什么是社会学。我在哥伦比亚大学和普林斯顿大学教了很多年的"社会学导论"，很多美国学生在高中的时候接触过心理学和政治学，但是没有接触过社会学，所以我经常要给他们讲清楚什么是社会学——其实有一个非常简单的答案，我常用"出租车司机的疑问"这个例子来解释。因为有一次我打车，出租车司机问我是做什么工作的，当我告诉他我在教社会学的时候，他问我："什么是社会学？"所以简单的回答是："心理学研究的是人们的思维活动，就是你的思维活动，而社会学研究的是人与人之间的关系，还有制度对人的影响。"这就是我当时立马给出的回答。而且从本质上来说，这没错，因为社会学家致力于超越以个体为中心的解释路径，把关注的焦点放在人与人之间的关系上，这其实也是经济学和社会学最主要的区别。

作为知名的经济社会学家，您能不能告诉我社会学和经济学的区别是什么？

首先经济学关注的是个体，而社会学关注的是人与人之间的关系。其次，在主流经济学和古典经济学中，理性最大化原则一直是解释个体行动的基础，这也是标准的经济学解释框架的基础。在我回答经济学和社会学的差异这个问题之前，我想说，在过去的四十年里，正如社会学发生了很大的变化一样，经济学同样也发生了很大的改变。这一点对我们其实很重要，我告诉我的学生不要只盯着经济学的过去，而要看到现在有了行为经济学、博弈论、女权主义经济学，经济学已经取得了长足发展，产生了很多不同门类的经济学。然而，大部分经济学研究仍然把注意力放在个体身上，但是社会学将关系作为研究的核心，并且将作为影响因素的"共享意义"（shared meanings）真正纳入社会学的研究范围。我对文化的定义是共享意义及其在实践中的表现，要认真地关注其在实践中的表现，包括组织和政治问题。

我可以用我关于金钱的研究为例说明经济学和社会学的差别。在围绕金钱的研究方面，经济学和社会学都对替代性假设（fungibility assumption）提出了质疑。替代性假设认为所有的钱都是一样的，有单一的标准，是单一的法定货币，它最为重要且唯一的特质在于它是经济交换的媒介，不论是在中国、美国，还是在我的祖国阿根廷，每一美元或比索都是一样的。但是如果你去深入研究的话就会发现，无论在经济学还是在社会学领域，人们都相信根本不是那么一回事。经济学家，尤其是行为主义经济学家提出了"心理账户"（mental accounting）的概念，用来说明个体是如何标注不同的金钱，并用不同的认知空间来存放这些钱的，譬如这笔钱是赌博赚来的，那笔钱是用来购物的，他们有不同的认知空间。举例来说，家长都会存一笔钱作为孩子未来的教育经费，这就是一个心理账户。你知道的，我围绕金钱的意义以及金钱中存在的社会差异做了很多的研究，我称作"指定用途的钱"（earmarking of money）就是用来标注钱的不同使用目的的，我的很多学生也在做这方面的研究。我认为，虽然我们在做出区分——认知上的区分，但是除非我们能够理解关系在不同的金钱之间所发挥的作用，否则我们就没法真正理解这些区分。让我通过一个例子来说明，这个例子出自我和弗雷德里克·惠里（Frederick Wherry）、尼娜·班德尔（Nina Bandelj）合著的新书《钱会说话：解释钱是如何起作用的》（*Money Talks：Explaining How Money*

Really Works)。假设用来支付孩子将来上大学费用的存款被父亲提前挪作他用了,我们可能会说:"好吧,可那又怎么样?"我们对钱的特定用途所做的区分难道仅仅是个体需要的结果吗?当然不是,所以我们需要弄明白父母和孩子的关系是怎样的。如果这笔钱出了问题,紧接着会发什么?父母和孩子的关系、父亲和母亲的关系会出现什么样的变化?母亲有可能会非常生气,因为这笔钱被挪作他用了。因此,金钱的差异不仅是经济学或者心理账户所说的是一个个体过程,还有其他因素在起作用。这里所说的其他,就包括社会关系,我们要对社会关系进行研究,这样才能真正理解世界上正在发生的一切。

教授,您如何看待社会学内部定性研究方法和定量研究方法之间的关系,您是否认为存在定性研究方法和定量研究方法的分歧?

我从教已经很多年了,我经常告诫学生不要先考虑方法,而是要先考虑问题,考虑你要解释的理论和经验问题。首先是你想知道什么,其次才是用什么方法,所以我觉得分歧并不重要。尽管在任何专业领域类似的分歧都是存在的,但是非要一争高低的做法在我看来是浪费时间。我们没有时间去浪费。不论是通过什么方法,我们都要专注于认识世界和解释世界。拿我自己的经历来说,我的前三本书用的都是历史方法,非量化的历史方法。我是在哥伦比亚大学接受的社会学训练,我的导师西格蒙德·戴蒙德(Sigmund Diamond)是哈佛大学的历史学家,他从来没有研究过社会学,但却被哥伦比亚大学聘来教社会学的基础课,所以我接受的都是经典的历史方法的训练,如档案材料的定性分析,我甚至没有用过正式的编码。通过反复不停地阅读,我会在心里有一个大致的归纳,但不是量化的,当我发现我归纳的内容开始重复了,就说明我完成了对材料的整理。然后,我尝试从中提炼一个特别的问题。在我的第一本书中,我想到的问题就是为什么在美国会出现对人寿保险的抵制,我阅读了各类的档案材料,这就好像你用的是民族志方法,那你就要访谈很多的调查对象一样。

我的前三本书都是用的历史方法,后来我写了一本关于金钱的书,那本书聚焦于金钱的具体种类,如家庭中的钱、作为礼物的钱、福利机构发放的钱和受救济者收到的钱。于是就有人质疑我提出的金钱理论是否只适用于上述方面,而对多数人所认为的真正的钱,如组织中的钱、职业中的钱,是否同样适用?于是我决定进行一项新的研究,我称之为支付与社会关系(payments and social ties),我当时拿到了古根海姆奖(Guggenheim Fellowship)。于是我花了一年的时间在美国高等研究院专门比较组织中的不同支付方式,如工资、奖金、津贴等和亲密交易之间的关系,看我之前提出的解释原则是否适用于所有领域。后来经历了一些其他事情,譬如我被邀请到人类学的会上做商品化研究的报告,我开始更多地转向研究亲密支付,那时候我已经积累了很多材料,我到现在还有很多关于美国的圣诞节奖金的材料。总之,最后就有了《亲密关系的购买》(*The Purchase of Intimacy*)这本书。但是回到方法,刚开始写这本书的时候,我想:"好吧,我要用标准的历史方法,而且我还是要做我熟悉的那个历史时期,也就是从19世纪90年代到20世纪30年代。"我本来要看诸如求婚、结婚和离婚这类亲密关系的法律规定的变化,但是当我这么做并且积累了不少案例以后,我发现那不是我想要的,我不想追踪历史,我想展示亲密关系和经济交易是如何交叉和相互作用的,我想反驳我称之为"敌对世界"(hostile world)的理论。"敌对世界"理论假设经济世界和社会生活世界是在完全不同的解释模式下运作的,我当时想要挑战这一观点,并且提出了我所谓的"被差异化的关系"(differentiated ties),后来在书中被我重新阐释为"相互联系的生活领域"(connected lives)。为了能够这样做,就要回到我之前的观点上来,那就是问题是第一位的,方法次之。于是我就发现用历史方法显然不行了。所以我做的就是,首先把这本书分为已经完成的关于亲密经济的研究回顾和我所进行的与亲密经济有关的法律案件的研究。我不再是随着时间的推移追踪它们,而是收集最能代表它们的案例,这些案例要么是我称为具有里程碑意义的案件,要么是我发现的能够代表法律决议的案件。在这些案件中,法院要考虑在特殊的亲密关系,如恋人之间、丈夫和妻子之间、同居者之间,如何决定哪种类型的经济交易与这些关系相匹配。所以,历史方法不能用了。类似的案例还有很多。《金钱的社会意义》(*The Social Meaning of Money*)中有一章没有被我写进去,我本来是想写组织的,一个是监狱,另一个是大学。我对大学生的世界很感兴趣,开始思考这个我以"商业回路"(circuits of commerce)的形式分析的世界是如何(运转的)……商业回路是我的另一个分析框架,用回路作为经济组织的一种形式,不同于网络、等级或市场。商业回路会涉及更多的解释,我一般都会给学生推荐一些参考资料去理解,总之我开始努力去理解大学生的经济世界。我之前的一个研究生,现在是一个人口统计学家,协助我访谈学生。在过去的四五年的时间里,我们采访了大概60个普林斯顿大学的学生和行政管理人员。我们关注的焦点是普林斯顿大学中那些特别有钱的学生和来自底层的贫穷学生之间的关系,前者没有助学贷款,后者有全额的助学贷款,中间是那些或多或少有一些助学贷款的学生。那么他们之间是如何互动的?有时候在同一间教室,有时候在同一间宿舍,他们之间的互动是什么样的?所以你看到了,我不得不转换我的方法来适应我的问题。我本来计划,甚至已经做了一些围绕普林斯顿大学和其他常春藤大学的有钱孩子和没钱孩子关系的历史研究,或许将来我也还会回到历史方法上去。尽管我说了很多,但是我就是想用我自己的经历说明方法是如何适应问题的。

在做了多年的社会学研究后,您觉得社会学最吸引您的是什么?

社会学非常吸引我,因为它教会了我如何思考,如何观察世界,它让我更好地认识世界,让我更好地理解人与人之间的关系。我的主要的精力都放在了微观互动领域，因为我对这个领域的理解较深，但是我也研究组织，包括研究福利机构及其资金的使用，我现在正在研究作为组织的大学，不过我的研究热情主要倾注在我的日常生活中。教授社会学是一件非常奇妙的事，你将来也会经历。你有一个班的本科生，他们可能从来没有听说过社会学，我在第一节课上会告诉他们："我不确定你们是否会对社会学永远感兴趣，但是我可以向你们保证，在这个学期结束的时候，你们看到的世界将会是一个不一样的世界。等你们将来读报纸的时候，你们可能会说：'噢，原来是这么一回事。'"我之所以会这么说是因为我每年都会从之前教过的学生那里收到反馈，我说的不是研究生，不是那些专业的社会学学生，而是本科生，在他们提交作业给我的时候会说："这就是我们之前讨论过的，现在我终于明白了！"

所以有两方面原因让我觉得社会学非常重要。我认为社会学帮助我们更好地认识世界，更好地解释世界。我们每个人都会经历一次人生，能够更好地认识世界、解释世界对我们来说是一项神圣的使命。即使我们很幸运，人生也终有结束的一天，因此能够更好地认识我们周围的一切本身已经很重要了。除此以外，很多社会学家都在改变世界。通过社会学我们可以改善世界，这也是一种责任，有些人采用直接的方式，在普林斯顿大学，我们就有人参与到了政策的制定当中，其他人则采用间接的方式。

我想给你一套思考政策以及政策关系的方法。在我看来，任何一个政策倡议都有四个不同的方面：你首先要有一个规范陈述，你想做什么，你要做的事情要有利于社会公平或提升道德水平；其次你要有一个事实陈述，告诉大家事情现在是怎么样的；然后你得有一个可能性陈述，告诉大家事情将会怎么样；最后你要有一个因果陈述，告诉大家我们如何从这儿到那儿。

我来给你举个例子，你（指作者）是研究劳动力和性别不平等的，那我们就以工资差距为例。在美国，女性的工资是男性工资的

80%,所以规范陈述就是我们要求平等,因为这不公平。这是一种规范陈述,你也可以说这种现象非常普遍等。其次是事实陈述,女性的工资是男性的80%。然后是可能性陈述,我们要改革工资系统,实现男女平等。最后是因果陈述以及实现目标的路径,我们可以通过法律实现同工同酬,如果发现女性和男性做同样的工作却得不到同样的报酬,我们就可以通过法律解决。在美国,我们有很多这样的情况最终诉诸法庭。我们同样可以在组织内部制定政策,要求女性和男性拥有同等的向上流动的机会。我们知道在过去,男性和女性被分置在不同的上升阶梯里,因此上面说到的都是实现改变的路径。如果没有理解这些,好的政策是无法执行的。这是一般的路径。

让我再从货币世界中举一个例子给你。我写了很多关于指定用途的钱的文章,人们并没有把所有金钱都看作是一样的,这就造成了很大的不同。我们如何得到报酬?我们用谁的钱?我们如何用以及给谁用?我称之为关系型的指定用途的钱(relational earmarking of money),你可以说它很有趣,但是谁会在意呢?但事实真是这样吗?首先,在我们的私人生活中它很重要,尽管妻子和丈夫赚的钱一样多,但是妻子的钱和丈夫的钱却用在了不同方面,妻子就会意识到"噢,这真是个性别问题"。所以它帮助我们理解我们的生活。此外,它也被政策加以利用,有人用我的研究成果去制定政策,那对我而言是个不小的惊喜。非常突出的一个例子就是凯瑟琳·埃丁(Kathryn Edin)*,她是一位在福利和家庭财产方面做出了杰出贡献的社会学家,她写了很多书。在最近的一本她与人合作的书中,她做了一个关于收入所得税抵免的研究,就是对于养育孩子的工薪家庭,允许他们拿回一部分的钱。凯瑟琳发现,当钱是以税收抵免的方式而不是以福利救济的方式返还给工薪家庭的时候,工薪家庭获得了更多的尊严。所以返还金钱的形式对于返还对象来说很重要,而且和钱的数量没有关系。返还对象也会把这笔钱以不同于工资的方式花出去。凯瑟琳和她的合作者想要告诉我们的是，我们要设计出让金钱转换的更好方式，以维护需要者的尊严，而不是让他们感到难堪。凯瑟琳的研究采纳了我的研究成果，所以这是一个如何间接改变世界的例子。

回到您的大学时代，您当初为什么会选择社会学？

我在阿根廷布宜诺斯艾利斯长大，我17岁的时候就开始接受专业训练。和欧洲不一样，阿根廷没有四年制的文科。我在读高中的时候就跳了一级，我当时去的是一所英语高中，所以我17岁就去上大学了。我当时做了很多事情，因为我喜欢很多东西，我喜欢学习。我的父亲是一名律师，在我父亲的引导下，我学习了一年的法律，同时，我去了哲学与文学系，在那里学习社会学、经济学等，它们都是以专业化为目标进行专业化训练的，所以我选了好几个专业，我很喜欢上社会学的课。与此同时，我在布宜诺斯艾利斯为一些国际会议做同声传译，每年都有三四次机会，所以我做了很多事情，而且我喜欢我做的事情。不过我最喜欢的还是上社会学的课，我还记得我读米尔斯西班牙语的书，我非常喜欢。很多年后，我因《给无价的孩子定价》这本书获得米尔斯奖，在我照例发表演讲的时候，我就提到了在我还是一个学生的时候阅读米尔斯作品的经历。后来我嫁给了一个美国人所以到了美国，我本想在联合国找一份同声传译的工作，我很喜欢做这种工作，我做得也不错，但是我不想做笔译，那个太难了。我喜欢同传，对我而言那是一个挑战，因为你要找到更加合适的词语来准确表达。但是后来我发现，要想在联合国工作首先要有大学学历，所以我就去读大学。在我毕业的时候，我已经完全被社会学迷住了，我有一个非常棒的老师，她是一个德国人，那时她刚刚从哥伦比亚大学获得博士学位，因为她的鼓励，我后来就去了哥伦比亚大学。我上了罗伯特·默顿开的最后一门课，是关于社会结构的非常有名的一门课。我在那里还遇到了非常好的教授，像伯纳德·巴伯（Bernard Barber）*，但是容我插一句，那时候我还不知道我将来会去教书，因为我本以为我会加入"成年人"的队伍。我记不清了，不过我当时想过去广告行业，我甚至面试过几份非学术性的工作。但是后来他们让我去给哥伦比亚大学的一个暑期班上课，我想是 1976 年的暑假，是在我毕业之前。那个课的内容是介绍社会学。就在我讲完第一堂课以后，我发现自己完全喜欢上了当老师的感觉。当我走出教室的时候，我对自己说："这简直太棒了，这就是我想要做的。"那种感觉就好像是看了一场精彩的电影。从那以后，我给本科生上课的热情从来没有停止过，而且我用同样的热情培养我的研究生。你可以看到我身后的照片，他们中有些人不仅是我的学生，还是我最亲密的朋友。

正如您经常提到的，在哥伦比亚大学有四位老师对您产生了很大的影响——西格蒙德·戴蒙德、伯纳德·巴伯、戴维·罗斯曼（David Rothman）和罗伯特·默顿。他们是如何影响您的，以及您从他们身上各自学到了什么？

他们通过各自精湛的学识影响了我，他们当中有三位是社会学家，罗斯曼则是一位非凡且给人以启发的社会历史学家。我在哥伦比亚大学的第二年收到了国家心理健康研究所（National Institute of Mental Health）的奖学金，这个奖学金用来资助参加罗斯曼开办的社会历史培训项目，项目主要是培养历史学专业的学生掌握社会科学方法。当时学生中有两个来自社会学系，我就是其中一个被挑选出来接受历史方法培训的社会学专业的学生，这也是我会接受历史方法训练的原因。如果我没有拿到那个奖学金的话，我可能就偏向了拉丁美洲社会学，这样就没法（通过我的例子）向你和其他学生展示我们生活中的偶然性了，默顿把这个叫作意想不到的后果，而我称之为社会生活中的偶然机遇。由于这个培训项目有一项规定，那就是论文必须写美国的社会史，所以我最终没有研究拉美社会学。在戴蒙德教授的课上，我还发现了自己对人寿保险的兴趣，说起这个可能又是一长串的故事。我为什么会选择人寿保险来做我的博士论文，这就是另外一个故事了。总之他们作为老师、作为思想家，更多的是在启发我，而不是密切地监督我的研究，他们给予了我很大的独立性，我很幸运能够有机会找他们谈话，而且每次谈话都很鼓舞人心。这样的幸运一直延续，我后来还遇到了很多非常优秀的朋友和同事。

当您从一个学生变成一个老师以后，您想教给您的学生什么东西，或者您觉得学生应该接受什么样的社会学训练？

我以前说过，"敌对世界"错误地把经济生活和社会生活看成是独立存在的。我认为还有一种版本的"敌对世界"，那就是要么你只去从事那些能够帮助你找到工作的研究，而且你只能拿出一小部分时间来上课，因为上太多的课会影响到你的研究，这是工具理性的表现，要么你就选择追随自己的激情。所以工具理性和情感是对立的。我希望的是，正如我在我的学生中看到的那样，你可以找到介于两者之间的道路，因为除非你对一件事充满好奇与热情，否则你不可能从中学到东西。与此同时，至少在美国，职业化道路上的竞争非常激烈，现在社会对学生的期待和过去不一样，学生必须要发文章，而且发表得越快越好，越是发到顶级杂志越好，所以你不得不稍微调整自己的时间分配，但是目标始终是要把二者结合起来。尽管你真正的工作是研究，但不要觉得给学生上课就成了你甩不掉的包袱。这又是一个虚假的"敌对世界"。作为老师，我们能够影响学生的人生，这是上帝赋予我们的责任，我们永远不要轻率地对待这份责任。

在您的学术生涯中有没有经历过坎坷？您最终是如何度过的？

我觉得平衡教学、生活与科研对我来说很难。我从来没有遇到过非常大的坎坷，不过，倒是有一件事，很多女性其实都经历过，那就是过度完美主义。有时候你会花很多时间在某个特定问题上，但这算不算坎坷？我想也不是，因为那就是我应对生活的方式。你知道，我只有一个孩子，这不是什么国家政策导致的，也不是因为我想写更多的书，而是因为我远离我在阿根廷的家人。我的儿子现在也是普林斯顿大学的教授，而且非常有名。（**你们是普林斯顿大学历史上第一对母子同为教授的组合。**）你看到新闻了？是的，我很高兴，因为我的儿子非常优秀，他的孩子也非常优秀。但是如果我当初选择在阿根廷生活的话，我会有更多的孩子，只是那样的话，生活可能要比现在不容易一些。我想说，学术生活是更加富有弹性的，如果我像自己当初设想的那样成为一名律师，我想我会面临更大的挑战，就像在律师这一行的所有男人和女人一样，面对非常苛刻的僵硬安排。很多年前，我在一次会议上听到了帕森斯的演讲，我记不清是哪一次会议了，他认为在大学教书对于女性来说是一个非常理想的工作，他有一套关于男性和女性劳动分工的家庭理论，你知道的，是他自己的解释。他认为做学术是一份非常不错的工作，因为它富有弹性，尽管他的理论有其他问题，但是他说的这部分是对的。学术界的男性和女性都有工作上的弹性，我们都有暑假，尽管不同的学校有不同的要求，但是暑假的确给我们提供了不少便利。

您还记得您何时发表的第一篇文章吗？您当时的感觉是什么？

当然了，谁都不会忘记自己发表的第一篇文章。那是基于我的博士论文写的，发表在《美国社会学杂志》上。当时我感觉非常好，你不会忘记第一篇。就好像美国的商人，我不知道在中国是不是这样。他们会把赚来的第一笔钱投入他们的下一笔生意中，永远忘不了。而我们做学术的自然也忘不了我们发表的第一篇文章。

您第一篇文章发表的过程是不是很难?我其实想问,当学生或者年轻的学者得不到同行的认可的时候,该怎么办?

他们应该继续努力。现在和过去不一样了,我的第一篇文章发表在 1978 年,我可能忘掉了准确的年份,不过应该是 1978 年,因为我的书是 1979 年出版的,而文章是在那一年之前发表在了《美国社会学杂志》上。当我看到评审意见的时候,我现在已经忘记了当时评审意见的内容,但我记得我当时收到了一条非常尖锐的意见。我现在记不太清楚其中的细节了,可是我记得我当时不知所措的样子。几年以后,我在美国社会学协会的一个讨论小组上听到有人在讨论我的文章,于是我就说:"我当时收到了一条非常好的评审意见,虽然修改起来很难,但是我很感谢能够收到那样好的意见。"因为当时都是匿名评审,所以我并不知道评审专家是谁。结果卡罗尔·海默(Carol Heimer),一位非常优秀的社会学家,她的论文写的也是人寿保险,她现在任教于西北大学,她说:"我就是那个评审人!"因为她当时是芝加哥大学的研究生,所以她有机会参与很多的评审工作,于是我才知道当初是她给了我那个评审意见。现在发表变得越来越难了,竞争越来越激烈,而且只有两家权威杂志(《美国社会学评论》《美国社会学杂志》),所以很难发表。不过我还是鼓励我的学生,如果你能收到评审意见要求你修改,那就尽可能地去修改,如果这样还不行,那就去投别的杂志社,你要不停地尝试。我就有学生一开始被拒绝,但是后来被别的杂志社接收,再后来出了书,最后变得非常有名的。再次强调一下,如果推动你的是你对研究问题的热情,那么你会不停地尝试,因为你想和别人交流你的发现。

您的书《给无价的孩子定价》产生了非常深远的影响,并获得了米尔斯奖。您能不能告诉我们一些这本书背后的故事,比如您从哪里获得的灵感?

关于这本书,我确实有一个幕后故事。当我围绕我的博士论文做研究的时候,后来那篇博士论文还成了我的一本书《道德与市场》(Morals and Markets),内容是关于美国人寿保险的发展历程的。我在一篇文档材料中发现了一个比较晦涩的脚注,我当时分析了很多档案材料,都涉及针对儿童人寿保险的一个争议,我就对此产生了兴趣,因为我当时研究了很多成年人的人寿保险,所以我想知道儿童的人寿保险是什么样的。但是那时候我还没想过要写一本关于儿童的书,纯粹是因为好奇,因为一时而起的热情。我当时并不知道怎么样才能收集到材料,所以我首先去了保诚人寿保险公司(Prudential Life Insurance Company),看看他们那里是否有一些文档材料,因为他们公司是最早出售儿童人寿保险的公司之一,结果我发现他们的档案都被烧毁了,他们能给我的就是一张记录了第一个投保孩子的照片。然后我就去了另一家人寿保险公司——大都会人寿保险公司(Metropolitan Life Insurance Company)。那家公司在纽约,我去的那天刚好发现那里有一家很老的图书馆,我什么都没找到,但是我和那里的管理员说了我的情况,然后那个管理员就说:"好的,我会给你找一些资料出来。"一个星期以后,我又回到了那个图书馆,结果她拿出来一大堆关于儿童人寿保险的资料,这是我之前从来没看到过的。虽然我读过历史学家写的关于他们发现档案材料的故事,但是我从来没想过自己会经历这种事,那真是个大发现。同样是因为我的热情,促使我完成了对那些浩瀚材料的整理。令人惊奇的是,那些都是围绕20世纪初的低收入家庭孩子采取的政策。尽管(保险费)非常便宜,但是对于低收入家庭而言仍显昂贵,可他们为什么要买保险给孩子,难道是为了让他们得到体面的埋葬?于是我开始调查,而且在研究的过程中,对孩子的生命被定价的方式的分析和好奇让我愈加对研究产生了兴趣。我当时刚好在罗格斯大学找到了一份工作,遇到了萨瑞安·布科克(Sarane Boocock),她当时在研究儿童社会学,所有这些因素共同促使我写完了这本书。但是我是在完成了关于儿童收养和出售、意外致死的章节以后,才回到童工的辩论上。我想告诉你,这不是一个正常顺序的写作路径,但这却很重要,我总是告诉学生,当你发现新的问题时,你可以改变原先的计划。在《金钱的社会意义》这本书的最新版中,我写了一个编后记,强调了我们在写书过程中可能遇到的意想不到的情况。

最后一个问题,作为一名社会学家对您的影响是什么?

这是一个很难回答的问题,因为我不知道另一种人生,或者相反的人生会是什么样的。如果当初在人生的十字路口,我按照原本所想的那样成为一名律师,或者当一名同声传译,我的世界会有多大的不同?毋庸置疑,(社会学让)我对生活的看法发生了改变,而我对生活的看法反过来也影响了我的社会学实践,我对社会互动和社会关系的深刻感受是与社会学相契合的。所以我不可能变成一个没有时间考虑他人的非常难对付的"老板"。

相关人物介绍

凯瑟琳·埃丁(出生年不详),约翰·霍普金斯大学的杰出教授,2018年被聘为普林斯顿大学教授。她专门研究以福利为生的人,代表作有《收支平衡:单身母亲如何通过福利和低工资生存》(Making Ends Meet: How Single Mothers Survive Welfare and Low-Wage Work),以及《我能坚守承诺:为什么贫穷女性要未婚生子》(Promises I Can Keep: Why Poor Women Put Motherhood Before Marriage)。2014年,埃丁当选为美国国家科学院院士。

伯纳德·巴伯(1918—2006),美国社会学家。他曾在哥伦比亚大学担任社会学教授,1970年曾出任社会学系主任。巴伯的研究领域主要集中在科学社会学和社会结构理论等方面。

Annette P. Lareau

安妮特·P. 拉鲁

（宾夕法尼亚大学埃德蒙·J. 和路易斯·W. 卡恩讲席教授）

安妮特·P. 拉鲁（Annette P. Lareau）是宾夕法尼亚大学埃德蒙·J. 和路易斯·W. 卡恩讲席教授（Edmund J. and Louise W. Kahn Professor）。拉鲁1974年获得加利福尼亚大学圣克鲁兹分校的社会学学士学位，1978年和1984年分别获得加利福尼亚大学伯克利分校的社会学硕士和博士学位。1986年她开始在南伊利诺伊大学卡本代尔分校任教，然后又分别到天普大学和马里兰大学任教，2008年加盟宾夕法尼亚大学。拉鲁是研究家庭生活的社会学家，她对儿童和父母的社会地位如何影响他们的生活经历很感兴趣。她从家庭—学校关系、儿童养育的文化逻辑、父母决定在哪里居住和送孩子去哪里上学的讨论中发现并研究问题。她的《不平等的童年》（Unequal Childhood）荣获2004年度的米尔斯奖。拉鲁在2013年当选为美国社会学协会主席。

2017 年 6 月 6 日

宾夕法尼亚大学迈克尼尔大楼（McNeil Building）

教授，在您从事了多年的社会学教学和研究工作以后，您眼中的社会学是什么？

社会学是关于人类群体的研究。心理学家经常研究个体，他们研究个体的性情或个性。社会学家研究群体，男性群体、女性群体、非裔美国人群体、移民群体等。社会学还研究制度，研究塑造我们日常生活的社会结构和社会系统。尽管大学系统在我们出生之前就已经存在，而且将来也会继续存在，但总是会有教授、学生、注册管理员源源不断地进出这个系统。总之，社会学对制度和结构感兴趣。

社会学被认为是一门涉及面非常广的学科，那它何以成为一门独立的学科？

我认为社会学有一套很好的观念。社会学可以帮助我们理解其他学科不能帮助我们理解的东西。经济学是非常有趣并且重要的学科，但是经济学往往孤立地研究经济系统。经济学家对人们日常生活中的行为经常有着不切实际的假设。他们表现得就好像人们不是以理性的方式在行动。社会学家则在现实情境中研究人们的行为，他们试图了解日常生活的本来面目，而且社会学家很清楚，日常生活是被社会力量和历史力量所制约和塑造的。

在社会学领域学习和研究这么多年以后，您认为社会学最吸引您的是什么？

我觉得社会学中充满了惊喜。我写了一本书叫《不平等的童年》，因为我那时候对日常生活的本来面目非常感兴趣。所有的家庭看起来都很正常，让你感觉很自在、很舒服，当你在他们家的时候，他们看起来也像平时在家一样。但事实上，这些家庭非常不同。有些家长通过提问来回答孩子的问题。他们把培养孩子看作是一项特殊的工程。他们试图发展自己孩子的天赋和技能。但是别的父母也非常爱他们自己的孩子，只不过他们会给孩子发出指令。不同于引导孩子表达他们的观点和思想的方式，他们会说，"停下来""别那样做""闭嘴"，他们也认为这么做是在保护他们的孩子。他们把成年视为困难和挑战的代名词，因为成年以后，一个人可能会没钱支付账单、面临失业或从事无聊的工作。因此家长把童年看作是神圣无邪的时光，他们想在困难和挑战来临之前，尽力保护孩子。在研究过程中我发现，和中产阶级家庭相比，工薪家庭对于成年有着不一样的看法。

回到您的大学时代，您从最开始就选择了学习社会学，您一生的大部分时间都投入到社会学中，那么您当时为什么会选择学习社会学？

如果我能说自己年轻的时候有一个计划那就好了，但事实上我没有。在我已经是个成年人的时候，我仍然不确定我想要做什么。由于我在大学三年级的时候到国外交流学习，所以大四入学的时候，他们不允许我注册，因为我当时还没确定专业。不得已，我只好浏览专业目录，试图找出我的学分占比最多的专业，最终找出来的就是社会学。因此这不是计划好的。此外，我其实对社会问题很感兴趣，对社区、不平等问题很感兴趣，对富人和穷人的差异也很感兴趣。总之，由于上述种种原因，我对社会学产生了兴趣。

有没有哪位老师在您还是一个学生的时候对您产生了很重要的影响？

有一个教授叫戴恩·阿彻（Dane Archer），他教我研究方法。我记得在一次课上,他讲的内容很吸引我,那堂课非常有趣。现在回想起来,我去听课本是"无心插柳",没想到我对他讲的东西非常感兴趣。而且我想说,尽管那时候我还是个年轻人,但是他却非常看好我,认为我有潜力,鼓励我去读研究生。他的鼓励和支持是他给予我的最好的礼物,因为如果没有他的鼓励,我想我可能不会去读研究生。我的父母当时都是小学老师,我可能也会成为一名小学老师。我现在想到了米尔斯谈到的社会结构,个人成长和历史的交互作用,反正在我毕业的时候,我找不到小学老师的工作。尽管之前是有很多小学生,但是由于美国出生率下降,到我毕业的时候刚好就没有那么多小学生了,自然也就不需要那么多的小学老师了。当时我正在四处找工作,恰好这时阿彻教授鼓励我去读研究生,于是我就听从了他的建议。

在您成为一名社会学专业的老师以后,对您产生过影响的还有谁?

阿莉·霍克希尔德对我有影响。她当时是我的老师。她写过很多书。其实,在我还是她的学生的时候,她并没有出版这些书。她那时候也才刚刚开始自己的执教生涯。但是她告诉我要对日常生活的细节敏感,要对互动感兴趣,不能去空想家庭生活,而要把家庭生活看作是栩栩如生的现实,这是她在讲课过程中反复强调的一点。其实,我很羡慕许多人写的书,譬如《我们所有的亲人》(*All Our Kin*)以及其他的民族志作品。很多老师对我帮助很大,迈克尔·布若威对我来说就是一个给予我很大帮助的人。还有很多伟大的社会学家,如乔治·威廉·多姆霍夫(George William Domhoff)*,他写过关于权力精英[①]的文章,他以前也是我的老师。

[①] G. W. Domhoff, "The Power Elite and Their Challengers: The Role of Nonprofits in American Social Conflict," *American Behavioral Scientist*, 2009, 52 (7): 955–973.

自从您成为一名社会学教授以后，您想教给学生什么，或者您认为学生应该接受什么样的社会学训练？

我认为学生应该明白，富人和穷人之间的差异是全球性的，一个人的出身其实对他的生命历程产生了深远的影响。今天在费城，有两个孩子出生在宾夕法尼亚大学医院，医生、律师或商人的孩子与门卫、公交司机或穷人的孩子会有不同的人生机会和不同的人生轨迹，而且在世界上任何地方都是如此。更糟糕的是，贫富之间的差距还在继续扩大。政府出台的政策可以起到一定的抑制作用。美国政府在20世纪五六十年代出台的高税收政策以及社会项目政策，就让当时的孩子生活在比现在要好的经济环境中。但是现在针对孩子和其他弱势群体的社会项目受到的重视程度远不如从前。

在您的学术生涯中有没有经历过坎坷？您最终是如何度过的？

我有过很多坎坷的经历。我想被拒绝以及由此产生的失望情绪都是生活的一部分。当我把我的第一本书寄给出版社的时候，他们连看都没有看就给我退回来了。可是这本书最终还是出版了，而且还获了奖。如果当初被拒绝以后我就放弃了的话，那么这本书恐怕永远也不会和读者见面。因此我认为，你必须要相信自己，但同时也要多听别人的意见。有人曾经和我说过，在顶尖期刊发表文章数量最多的人往往也是被拒绝次数最多的人。每一个教授都被拒绝过，每一个人都有过文章被拒、经费申请被驳回、写书计划被叫停的经历，所以我觉得意识到被拒绝同样是生活的一部分很重要。失望也是这个过程的一部分。我认为，脸谱公司存在的一个问题就是人们可以在上面大肆渲染他们的成就，炫耀一下发生在他们身上的幸福的事情，但这是一种扭曲，因为真实生活同样有失望、挫折的一面，也会让你心碎、气馁和难受，所有这些沮丧的事情也是生命历程的一部分。

说到这里，我接下来想和您聊一聊《不平等的童年》这本书。它是非常了不起的一本书，获得了米尔斯奖，并且出了中文版。那这本书背后的故事是什么？比方说，您从哪里获得的灵感，最大的发现是什么，以及在写书的过程中遇到的最大困难是什么？

最初我是希望围绕小孩的课外生活做一些访谈，我想通过访谈了解他们的日常生活是什么样子的。我首先采访了他们的父母，发现中产阶级的父母要去参加小孩的足球比赛，以至于家庭生活经常被打乱。如果他们有三个孩子，三个孩子都在足球队，碰巧外面在下雨，那么他们就不得不重新安排计划，所以他们一个周末有可能参加九场足球比赛，甚至没时间在一起吃晚饭，他们忙得不可开交。于是我就问他们："能不能和我说说足球？"但是他们给我的答复都不一样。他们说："因为他想玩，而且把它带回了家。"听起来就好像是理所当然的一样。可能是因为我觉得从访谈中获得不了什么有价值的信息，我就开始想，要不要先去做一些入户观察？所以我想再一次强调，正是因为失望或者失败，我才决定变换思路去做观察的。这在当时看来是很不寻常的方法，其实到现在也是。于是我就询问他们我可不可以每天到他们家，连续拜访三个星期。我们当时给每个家庭支付了相当于现在的 550 美金，差不多是一个贫困家庭一个月的收入。但是还是有一些家庭拒绝了我们，我们一共询问了 17 个家庭，有 12 个家庭接受了我们的请求，相比我们总共发出去的请求，这算是一个合理的回应。整个过程进展得磕磕绊绊，因为总是会遇到一些问题。而在做这项研究的过程中，我其实根本不清楚我在做什么。不过慢慢地我发现，父母都很爱他们的孩子，但是在如何帮助他们孩子的问题上却有着不同的看法，而这种不同的差异程度让我感到惊讶。

您的研究生生活是怎样的，是不是每天埋头苦读，想着如何发表？

我是 1984 年拿到的博士学位，所以我读研究生是很早以前的事了。由于当时的博士项目只提供三个学期的奖学金,因此我不得不出去打工挣钱。其实我们那时候都在打工挣钱,今天就不一样了,美国学生通常可以拿到五年的奖学金,所以现在比我们那会儿要好得多。不过我想说我当时还是读了很多的书。尽管我有三个不同的教授,但他们都举着埃米尔·涂尔干的《社会分工论》说:"这是涂尔干的博士论文,也是你们学习的榜样。"他们说这话的时候非常严肃认真,所以加利福尼亚大学伯克利分校的老师对我们的期望很高。他们希望我们能思考宏大的问题,进而形成理论,然后做出重要的学术贡献。后来我获得了斯坦福大学的博士后奖学金,斯坦福大学在伯克利南边差不多80公里的地方,那里的老师有着完全不一样风格。他们一天就能读完韦伯,学生的博士论文也只需要解决某个大问题的某一小方面即可。他们相互合作,研究问题的一小部分,而且不会长年累月地研究一个问题,这些都让我感到惊奇。没想到两所学校的研究生培养模式竟然会有如此大的差别。伯克利非常注重理论,所以我在当时读了很多布迪厄的书,我觉得他的思想至今都很不可思议,非常富有启发性,并且对我的研究生生涯起到了指导作用。

说到布迪厄,您觉得他的书好读吗?

我觉得他的书很难读。我记得他的一本书里面有一句话竟然包含了76个单词,所以有时候难读到让人感到沮丧。但是我觉得布迪厄是个非常聪明的人,《区分》是我最喜欢的一本书,布迪厄通过这本书揭示了人们的社会阶层差异是如何在服饰、食物、身体、运动、家居装饰、政治、化妆以及日常生活的例行上显现出来的。

您还记得您是什么时候发表了第一篇文章吗?当时您的感受是什么?

我的第一篇文章是和我的老师合作发表的。在我还是一个学生的时候，发表是一件可望而不可即的事。我很想发表，但那就像人类登陆月球一样难。现在作为导师，相比自己做学生的时候，我觉得我应该尽力去帮助我的研究生，给予他们更多的指导。因为当初我是自己走过来的，我知道这一过程很不容易，他们现在和我当初一样，也不得不依靠他们自己。但是我觉得让他们多了解一些幕后的故事或许对他们有益。所以，我现在在写一本关于民族志研究的书，讲述如何进行民族志研究，是一本非常实际的、具体的、指导手册类的书。我希望通过这本书让大家明白，即使在研究中犯了一些错，仍然不影响你最终获得一个不错的研究结果。

正如您刚刚说到您第一次被拒绝一样，如果学生或者年轻的学者在一开始得不到同行的认可该怎么办？

我认为他们应该认真听取他们得到的反馈意见。美国和中国不一样，中国更加注重考试而美国更加注重写作、论文和反馈。发表自然会涉及写作，因为发表的是文字而不是数字。通常情况下，你首先要有论点，然后再想自己的研究做出了什么样的贡献。就像美国《金发姑娘和三只小熊》(Goldilocks and the Three Bears) 的童话故事一样，金发姑娘跑到三只小熊家，嫌熊爸爸的床太硬、熊妈妈的床太软，只有躺在小熊的床上才睡得舒舒服服。我认为，在问题的选择上也一样，你不能太冒失，选择"他们从来没做过的研究"；也不能太胆小，想着"我只是描述一下研究"。你应该试着说："我认为在这方面已经做了很多研究，但是在他们研究的时候，没有充分说明这个概念，他们没有正确理解这个概念，所以我要尝试澄清这个概念。"这样一来你就是在做贡献。我觉得人们被拒绝一定是有原因的，所以要学着解读反馈意见，找一些你敬佩的同行帮你分析一下，听听他们的意见，然后看看其中是不是存在共性的问题。通常问题都是为数不多的几个问题中的一个导致的，要么是文献综述有问题，要么是结果有误，要么是表达不够清楚，还有如何进行分析的问题。

但一般情况下都是可以解决的问题,所以你要认真听取你得到的反馈意见。

您是如何平衡工作与家庭的?

我认为找时间休息非常重要。在我读研究生的时候,我会从一个星期里面拿出一天来休息。我通常是从周六下午四点休息到周日下午六点。不管有多忙,休息和睡觉都是很重要的。特别是在中国,在我印象里,中国人要比美国人努力得多。我觉得在美国能够保持一种平衡的生活状态很重要。我喜欢园艺,喜欢读小说,喜欢看电影,而且有研究表明,在通常情况下,离开书桌去散步或者去健身房锻炼一下,会让人变得更有创造力和想象力。一直坐在那儿反而不见得能够起多大作用。而且每个人在一天中的某一时段工作效率会特别高,在别的时段工作效率会非常低,所以你要找出你工作效率高的时段,并且尽量保证你能在那个时间段工作。

您认为社会学家应该写什么样的书?对于学术圈之外的读者,社会学家是不是也应该尝试去和他们对话,为什么?

我认为社会学家应该尝试和更广范围的读者进行对话。社会学的观点很重要,我们通过社会学的观点可以从一个不同的视角认识世界。我认为写得清楚明了(clearly)很重要,这不等同于写得简单(simply)。马修·德斯蒙德(Matthew Desmond)*的新书《扫地出门:美国城市的贫穷与暴利》(*Evicted: Poverty and Profit in the American City*)就是一本非常好的书,因为他写得非常清楚明了。阿莉·霍克希尔德也写了很多非常好的书。我认为在写作方面,尽量不要用大词,不要用术语,而要提供鲜活的案例,但同时确保你在论证你的观点。所以你要努力寻找确凿的证据,以及不支持你想法的观点。你要确保你想过"好吧,如果我错了怎么办?如果我站在了我的对立面怎么办?"这样的问题,而且你要努力地去寻找那些支持你对立面的证据。你需要在数据分析和写作的过程中保持严谨，确保你讲的故事能够用来呈现你的观点。

您会对社会学专业的学生提出什么样的建议，以帮助他们学好社会学？

我认为阅读很重要。我觉得读小说很重要，读社会学的著作也很重要。我觉得看电影、看纪录片和读书不是一回事。而且我觉得当你开始阅读的时候，你要去读一些不太容易读的东西，或者让你觉得有挑战的东西，或者你不能完全理解的东西，这么做可以拓宽你的思路，帮助你更好地思考、更清楚地思考。所以我认为阅读很重要，可以读报纸，甚至可以读一些无聊的东西，还可以读一些读者评论。

说到阅读，在您读大学的时候，您最喜欢读的书是什么？

我现在加入了一个读书小组，每个月读一本书。我喜欢马修·德斯蒙德的《扫地出门》。我觉得金伯利·黄（Kimberly Hoang）的《欲望中的交易》（*Dealing in Desire*）也是一本非常好的书，这是一本新书。我喜欢米切尔·邓奈尔的《人行道》、迈卡·波洛克（Mica Pollock）的《无声的颜色》（*Colormute*），还有卡洛琳·泰森（Karolyn Tyson）的《融合的中断》（*Integration Interrupted*）。我刚刚读完了斯蒂芬妮·迪卢卡（Stefanie DeLuca）、苏珊·克兰皮特-伦德奎斯特（Susan Clampet-Lundquist）和凯瑟琳·埃丁合著的《在不一样的美国成长》（*Coming of Age in the Other America*），它讲述了一段时期的穷人生活，是本非常好的书。我觉得有很多非常有趣的书，阿莉·霍克希尔德的书都很有趣，玛丽安娜·库珀（Marianne Cooper）的《独自谋生》（*Cut Adrift*）讲述了不稳定的经济背景下的家庭生活。当然，也有很多有趣的文章。

请您回顾一下，您是如何成为一个社会学家的？

我想一部分原因是我的父母都是小学老师。我的母亲家境不好，所以她小时候吃不上饭。她的父亲，也就是我的外祖父经常赌博，我的外祖母因此很绝望，我的母亲从小就要照看弟弟妹妹，她从小就生活得非常不容易，这样的生活经历影响了她，而她反过来也影响了我。我的父亲来自一个海军家庭。我的父母分别出生在1917年和1918年，那是很早以前了。他们两人都经历过第二次世界大战。大萧条那会儿他们还都是孩子，所以他们一直都很节俭。由于各种复杂的原因，他们决定搬到一个富裕的小镇，我的父母与那里生活的人非常不一样。尽管我们有很多吃的，但是和小镇上的其他人家比起来，我们的条件一点儿也不好。举例来说，我们喝的是奶粉，而不是鲜奶，我们没有那么多的新衣服穿，我们家的车是辆老爷车，所以在小镇里我们显得很特别。我想正因为如此，我对社会群体感兴趣，因为其中包含了社会身份等级，我们家和其他家庭处在不一样的等级位置，因此我对这个等级结构很感兴趣。到我读大学的时候，我在一个黑人社区——一个非裔美国人社区——住了三个月，我在那里的学校辅导小孩学习。我会在晚上跑到人家家去敲门，然后问："某某需要辅导他的作业吗？"然后第二天我一大早就起来，坐上校车去学校，因为我还是那个学校的教学助理。当我晚上在学生家的时候，他们的父母会和我说："哦，我希望他能在学校好好表现。"但是等我白天到了学校以后，那里的老师会和我说："哦，他们的父母根本不关心他们在学校的表现。"我当时还是一个大二的学生，但我所经历的一切却强烈地震撼了我，因为我发现，尽管他们都在谈论学生，但是学校老师和学生家长的观点竟然如此不同。所以我认为，看到社会生活中的差异，看到分歧，看到人们基于同样的事实产生不同的看法，激发了我想要了解不同观点背后的深层原因的好奇心。

作为一名社会学家对您产生的影响是什么？

能够成为一名社会学家是我的荣幸。这是一份非常棒的工作，也是一个非常好的机会。我有过四份工作，我先后去过南伊利诺伊大学、天普大学、马里兰大学和宾夕法尼亚大学。我以前在州立大学教书（现在在私立大学教书），我觉得我对高等教育体系有着更加全面的认识。我研究阶级的向上流动性，研究那些出身贫穷家庭但最终上升到中产阶级的人，尽管这种人在美国很少见。我对不平等的结构和不平等的再生产感兴趣，我对向上流动和向下流动也很感兴趣。

在您拿到社会学博士学位的时候，找工作是不是很难？

那时候很难。而我的父母一直不理解。因为我当时为了找工作离开了加州。我先去了中西部，然后又来到了宾夕法尼亚州。加州和宾州的距离大概是4 000多公里，从宾州坐飞机到加州要6个小时，但是我母亲从来没有到过我这里。她一直不理解我为什么不待在加州。尽管那时候找工作很难，但也让我有机会成为更好的自己。我觉得在东海岸和在西海岸的生活是不一样的。我在这里结婚，也在这里生活了很多年，我很高兴自己生活在这里，这里就是我的家。但是在我年轻的时候，这对我来说的确是一个需要适应的过程。

如果您当初没有选择成为一名社会学家，那您现在很有可能在做什么？

我可能是一名社工或者小学老师。我现在年纪大了，我出生于1952年，当我成年的时候，女性通常都选择做老师或者护士。曾经有一个比我大几岁的人，她是一个经济学家，她就说，以前100个博士里面只有4个会是女博士。所以那时候对于女性而言，进入专业领域是件很不同寻常的事。

您觉得未来十年或二十年社会学会怎么样?

我认为社会学会随着世界的改变而改变。例如在美国,我们有越来越多的青年移民,我们有越来越多的西班牙裔青年。在美国超过一半的孩子不是出生在已婚家庭中。因此我们存在更多的非婚生育(non-marital births)。我们还有多伴侣抚育(multi-partner fertility),可能一个有孩子的父亲同时和其他几个女性保持不同的关系。所以我认为就像学校在变迁,我们现在有很多不同类型的学校一样,随着社会制度的变迁,社会学也在变迁。随着世界的改变,我们也将开始研究新的问题。

对于许多刚刚开始学习社会学的学生而言,他们很想知道社会学有什么用,或者学过社会学之后将来能做什么。

社会学是一门非常好的学科。如果你想去做市场研究,或者去苹果、脸谱这样的互联网企业,或者想做一名工程师、成为一名医生,社会学都是非常好的平台。社会学提供了一个非常好的专业背景,因为在你的日常生活中,你会遇到来自各行各业的人。你将来可能要尝试设计产品,为不同行业的市场营销服务;你将来可能要通过药物治疗患者,但同时面临患者对药物的抱怨。社会学可以帮助你理解社会变化,这对于你要去的任何行业来说都非常重要。所以社会学非常好,它还教会你如何写作,如何批判地思考,这些都是非常有价值的技能。即使你想去银行,我相信社会学也会是一个非常好的前期选择。

最后一个问题,您觉得社会学让您感到幸福吗?

我不认为一个专业就可以决定一个人幸福与否,我不觉得学习哲学、经济学或者数学的人就更幸福。但我觉得社会学可以让你从一种更加批判的视角来认识世界。我相信这会帮助你深刻地认识到生活中的不平等。我也相信这会帮助你理解那些原本可能没有任何意义的东西。任何事情的发生都有原因，尽管你或许不喜欢那个原因。如果有人在公交车上冲着他的孩子大喊大叫，你心里明白这不是你教育孩子的方式，但是这么做很有可能是对的。或许孩子最后会对父母更加礼貌、更加顺从。不能因为那不是你教育孩子的方式你就觉得那样教育孩子在道德上是错误的。如果把20世纪初教育孩子的方式拿到今天，那么大多数父母都有可能被抓进监狱。所以你要以历史发展的眼光来看待家庭中的子女教育方式。我不认为正确的教育方式就一定是最好的。我认为有很多不同的教育方式，而且它们各自都有优缺点。我认为我们应该表现出我们对那些使用和我们不一样的教育方式的人的尊重。

相关人物介绍

乔治·威廉·多姆霍夫（1936— ），加利福尼亚大学圣克鲁兹分校社会学和心理学荣誉退休教授。多姆霍夫出版过很多著名的社会学类畅销书，其中最著名的是《谁统治美国？权力、政治和社会变迁》(Who Rules America? Power, Politics and Social Change)。

马修·德斯蒙德（1979/1980— ），美国社会学家，普林斯顿大学社会学系教授。德斯蒙德2006年被授予哈维奖学金（Harvey Fellowship），2015年获得麦克阿瑟"天才奖"（MacArthur Fellowship）。2017年，他的《扫地出门》一书荣获普利策奖。

Philip S. Gorski

菲利普·S. 戈尔斯基
（耶鲁大学社会学教授）

菲利普·S. 戈尔斯基（Philip S. Gorski）是耶鲁大学社会学系教授，比较研究中心和麦克米兰中心（MacMillan Center）宗教与政治座谈会负责人之一。1986年他从哈佛大学获得社会研究专业的学士学位，1996年从加利福尼亚大学伯克利分校获得社会学博士学位。戈尔斯基毕业后加盟了威斯康星大学麦迪逊分校，2004年加盟耶鲁大学。戈尔斯基作为比较历史社会学家而知名，他对现代性和现代早期的欧洲理论和方法有着强烈的兴趣。他的研究聚焦于国家形成、国家主义、革命、经济发展和世俗化，尤其关心宗教和政治的相互作用，其他方面还包括社会科学的哲学与方法论、社会生活理性化的本质和角色等。他的作品得到了广泛的认可，譬如《马克斯·韦伯的〈经济与社会〉：评论指针》（Max Weber's 'Economy and Society': A Critical Companion）、《新教伦理的再探讨》（The Protestant Ethic Revisited）等。从2004年开始，他出任《社会学理论》（Sociological Theory）的联合主编。

2017 年 6 月 13 日

耶鲁大学，学院路 493 号（493 College Street）

教授，您在哈佛读书的时候的专业是什么？社会学是您当时的首选专业吗？

我的专业叫社会研究，是由社会理论、社会科学和历史组成的交叉学科，这为我后来的社会学学习打下了很好的基础。

那您去伯克利以后为什么选择了社会学专业？

我当时其实考虑过很多专业。我考虑过历史专业、政治学专业，还有哲学专业，但是我喜欢社会学，因为社会学融合了经验研究和社会理论。政治学里面没有和经验研究对话的独立的社会理论，尽管有政治哲学，但它也是从政治学中分化出来的；历史学则压根没有明确的理论化倾向。因此社会学就成了最符合我兴趣的专业。

在引领您成为社会学家的道路上有谁发挥了重要作用？

我想指引我转向社会学的最重要的那个人应该是我在哈佛的老师杰夫·温特劳布（Jeff Weintraub）教授，我当时听了他的一门关于卡尔·波兰尼的《大转折》的课，然后和他进行过很多次交流，他鼓励我从国家科学基金会那里申请攻读社会学研究生的奖学金。我想那对我最终下定决心起到了很重要的作用。

还有谁吗，对您有过很大的影响？

我去读研究生以后，我想对我影响最大的应该是两个人，罗伯特·贝拉和安·斯威德勒，因为通过他们我找到了对宗教和文化研究的兴趣，这是非常重要的。而且他们总是能够启发我，因为他们总是思考一些大问题、有难度的问题。

说到您的研究生生活，我想知道您是如何度过的？您那时候在做什么，是不是天天在阅读、在研究、在考虑发文章？

那时候时间过得非常快，我每天花很多时间去阅读、写作和思考，这些就是我每天在做的，我或许应该花更多的时间在生活上，但是我当时对我在研究的东西太痴迷了。坦白地说，我当时并不担心发表问题，因为那时候社会学还不是那么专业化，那时的伯克利社会学系也没有现在这么专业化，我直到研究生第三年或第四年的时候才开始考虑发表的问题。老实说，现在不一样了，学生不得不从一开始就考虑发表的问题。

您那时候最喜欢读谁的书，或者谁的书对您的影响最大？

我想我的博士论文主要受韦伯和福柯的影响，我试图通过一定的方式把他们的研究进行理论和经验的综合，然后在一定程度上研究宗教和纪律在国家形成过程中所起的作用，因为在新教伦理中同样包含一定的国家精神和纪律精神。所以他们是我读研究生的时候对我影响最大的两位理论家。

有些学生认为韦伯的书太难读了，您读的时候也有同样的感受吗？

当然了，在我读大学的时候，韦伯是我最不想读的古典理论社会学家。我经常不理解他所要表达的意思，因为那需要一定的历史知识，特别是欧洲历史知识作铺垫。我大学毕业以后在欧洲生活了几年，花了很多时间去了解欧洲历史，所以等我去读研究生的时候，我才理解了韦伯令人惊叹的理论观点。

自从您成为一名社会学专业的老师以后，您想教给学生什么，或者您觉得社会学专业的学生应该接受哪些方面的训练？

我希望在研究生阶段我们能够更加重视理论教育，或者更加重视理论训练。我发现最近几年我们降低了对理论学习的要求，而方法课却越来越多。我不反对方法训练，但我觉得这样做很危险，因为如果你接受了很多的方法训练，却把理论训练放在一边的话，那么你将来只会通过你熟知的方法去选择问题而不是通过你想解决的问题去选择合适的方法，而问题往往是在理论知识的启发下产生的。

在您从事社会学研究这么多年以后，我想问的最重要的一个问题是：在您眼中什么是社会学？

我想，社会学多少和历史学、经济学不同。我认为经济学家致力于从个体的欲望、信仰、偏好和实用性的角度解释世界。而社会学家则关心社会世界中存在于个体之上的文化与制度，对我们所处的世界表现出的历史偶然性感兴趣。这一点似乎在把社会学推向历史学的范畴，我其实对历史知识非常热爱，但是我认为历史学家有时候对他们研究中遇到的细节和独特的东西特别着迷，以至于他们忽视了模式和共性的东西。这些模式和共性的东西不仅仅在知识层面非常有趣，而且在实践层面，对于社会科学的目标之一——向人们传递知识以改变他们所生活的世界，也非常重要。

在社会学学科内部，我们有很多的分支学科，您对社会学内部的这种分化怎么看？您觉得哪种情况对社会学更有利，是学科整合还是更加多元化？

这是一个非常好的问题。我认为社会学内部呈现的分支学科多样化既是一件好事也是一件坏事。我认为在一定意义上它是好事，因为这使得研究新领域、使用新方法变得更加容易。但是这种分化也有不好的一面，那就是使学科内部出现分裂，导致非常小的分支领域无法和其他领域进行对话，我认为这也使得相邻学科汲取社会学的养分变得更加容易，而它们本质上是将这些养分从社会学的核心中拿走，然后变成它们自己的一部分。我们可以从各式各样的研究中看到这一点，性别研究、种族研究、移民研究等，这些原本都是社会学研究的核心问题。所以分化既是一件好事也是一件坏事，我不确定我们应该遏制这种现象还是任由其发展，我想不论哪种情况都有利也有弊。

社会学中最吸引您的是什么？

我想应该是社会学学科的广博性和复杂性，对于其他学科来说，你不得不选择一个非常窄的专业领域，而且你还会因为待在一个狭窄的领域而备感压力。但是选择了社会学，意味着你在职业生涯，甚至特定阶段的事业期，都可以选择不同类型的研究。对于像我这样虽然兴趣广泛，但是不会持续很久的人来说，社会学就变得非常有魅力。

社会学被认为是一个非常宽泛的学科，那么您认为社会学何以成为一门独立的学科，以区别于历史学、宗教学、文化学以及其他学科？

我认为社会学的独特性体现在它的理论传统和方法论多元主义上。举例来说，如果除去那些和经验研究不相关的政治理论，那么政治学几乎就没有自己的理论传统；至于人类学以及历史学，它们都有各自偏重的一种方法，要么是民族志田野，要么是文献研究。但是社会学里面有很多方法，定量的和定性的，网络分析和回归分析，以及从网络分析和回归分析中衍生出的各种方法，还有民族志的田野研究、历史比较等。在我看来，只有社会学才能满足研究社会的条件，社会世界极其复杂，因此需要强有力的理论工具和一系列的方法论工具。

您刚刚提到了方法论，那么您认为在社会学内部是否存在定性研究方法和定量研究方法的分歧？

我不认为这种分歧还像二三十年前那样尖锐。在我看来大多数青年一代的美国社会学家都致力于掌握几种不同的方法,并根据他们的研究采用不同的方法。我觉得这一点让人非常欣慰。不过我认为现在仍然存在一定程度的定量方法优先,并且用评价定量方法的标准去评价定性方法的现象,我觉得这是不对的。我认为那些做定量研究而且明白他们在做什么的人,无论是采取实验还是准实验的方法,事实上并不完全理解他们工作的意义。方法上的多样性实际上和社会本身的异质性有关。社会不仅仅是由人组成的,也不仅仅是由文化或者物质组成的,而是由它们全部组成的。因此要了解社会就需要利用各种不同的方法,这和研究物理和生物不同。我认为,社会科学方法多样的根源在于社会本体的异质性。

您的研究兴趣非常广泛,您是如何逐渐构建起自己的研究兴趣的?

正如我提到过的,我是一个注意力持续时间很短的人,我说的持续时间短不是说只持续五分钟的意思,而是有半年或一年的样子,我在一些问题上研究了一段时间以后,就会渴望去研究新的问题或者不同的问题。我的第一本书属于政治社会学范畴,是关于联邦德国左翼政党的,然后我通过比较—历史研究将我的研究推及整个欧洲,再然后我开始对我自己的国家——美国——感兴趣。所以构建研究兴趣和领域在一定程度上是偶然的,我碰巧赶上了在学科当中比较重要,或者在世界范围内比较重要的问题,我想就是这么回事。

您如何看待教学和科研的关系,以及二者是如何关联的?

我想很多社会学家、很多专业学者倾向于认为教学和科研是水火不容的。在一定程度上是这样的,因为二者都要占用时间,而我们的时间就那么多。可是我觉得如果一个人足够聪明的话,二者是可以协作共存的,它们之间是相辅相成的关系。我认为教学让我学会了如何更好地表达自己。因为在你读研究生的时候,你可以经常谈论一些复杂的、高深的、晦涩的东西，但是当你开始教书的时候，你已经不再是一个学生了，这时候你要想办法讲得清晰、直白、简明扼要。这对我的写作来说其实非常有用，甚至有助于把我从晦涩的写作方式中解放出来。如果你上课的内容和你的研究很接近，而且你的课上又有非常优秀的学生，那么你就可以从他们身上学到很多东西来丰富和完善你自己的研究；你同样可以从研究生那里学到新的东西或者了解新的进展。所以教学和科研是相辅相成、协作共存的。但这不能摆脱二者都需要花费时间的事实，而时间又是一个非常有限的资源。

那么您是如何平衡工作与家庭的？

情况并不总是像我期待的那样好，反正不容易。我认为，事实上你不可能平衡得像你所期待的那样好，你只能尽力而为。我认为家庭生活可以对你的学术生活产生一些制约，迫使你去正确地对待学术工作，然后投入一些时间到其他方面，有时候就是放松和娱乐，这些东西反过来其实对提高你的工作质量也有帮助。如果你总是在工作，从不关心工作以外的任何事情，从情感上来说，你会在面对学术事业中的跌宕起伏时变得非常脆弱，也就是说，你会变得非常混乱、非常疲倦，所以享受私人的家庭生活并不是什么坏事。

在您的学术生涯中有没有经历过坎坷？您最终是如何度过的？

我认为写作以及任何大的写作计划都会让我多少感到身心俱疲。对于我来说，或许对于大多数人来说，经历过的最大磨砺可能就是写博士论文，那时候每个人都会怀疑自己能不能完成，这个感觉会持续很长的一段时间，在这段时间里你的感觉就是你不可能完成。大多数写完博士论文的人其实都经历过那个阶段，然后就迎来了他们自己的高产期，一直到他们把博士论文写完。另外一个会让你感到焦虑的时期是申请终身教职的时候，尽管你可以做一些事情，但是你并不知道这么做是不是就足以拿到终身教职。等到了事业发展的中期或中后期，所有的事情都变得不一样了，你不再受制于人，再没有人会告诉你该做什么，你的未来不再取决于你是不是做了特定的事情，你完全拥有了做自己想做的事情的特权。不过你同时也有了负担，那就是你要去决定什么是值得做的，什么是重要的，什么才是把你的时间用在写作、研究和思考上的最有价值的方式。

我很好奇您毕业找工作的时候是不是很难？

人才市场竞争总是很激烈。我的意思是说一定有好的时候也有不好的时候。我觉得我的运气很好，因为我毕业那一年和现在的情形有点像，当时经济长期萎缩，刚刚开始复苏，所以突然之间出现了很多岗位；但是即使在好的年份，还是有很多优秀的人找不到好的工作，甚至找不到任何工作。就算你找到了很好的工作，你还是会忧虑，所以关于这一点我没什么太多要说的，现实情况就是变得越来越难了。

您还记得什么时候发表了自己的第一篇文章吗？您当时的感受如何？

是的，我记得。那是一篇期末论文，我当时上了安·斯威德勒的一门课，就写了这篇论文，而且还把它提交到了莱因哈德·本迪克斯的讨论会上，结果他们两个人都建议我把它发表出去。我当时没有发表经验，不过突然之间受到来自导师的鼓励，是一件非常有趣的事。但是发表文章非常耗时，我花费了三倍于预期的时间，不过在它终于发表了的时候，看到自己的名字第一次出现在期刊上面，我感到非常兴奋。

您在《纪律革命》（*The Disciplinary Revolution*）这本书中指出了宗教对强权国家产生的重要作用，为现代早期出现在欧洲特定区

域的强大集权国家的产生提供了新的解释路径。那么您是从哪里获得的灵感以及您在写这本书的过程中遇到的最大困难是什么？

从某种意义上来说，这本书可以回溯到我在哈佛大学四年级时上过的一门课。我之所以选择那门课是因为我听说讲课的教授非常投入并富有激情。那门课叫"黄金时代的荷兰艺术与文明"（Dutch Art and Civilization in the Golden Age），背景是在16—17世纪。讲课的老师是一位历史学家，叫西蒙·沙玛（Simon Schama），我想他现在应该已经退休了，他离开哈佛以后到哥伦比亚大学教了很多年的书。荷兰的一个独特性在于它是一个非常有秩序、非常高效，也非常有权势的国家，荷兰是一个庞大的帝国，非常富有，但是荷兰不像法国或者英国那样有一个强大的中央集权的君主制度。在我读研究生的时候，我开始审视围绕国家发展的各种争论，（荷兰）作为一个反常的案例，总是停留在我的脑海里，于是我开始思考该如何解释这种反常。我阅读了很多材料，发现勃兰登堡-普鲁士也有加尔文教的背景，和荷兰非常像。于是我有一种感觉，认为这或许可以作为部分的解释，而我要做的就是找出其中的联系，并且尽可能地收集到最好的例证来说明这种联系。

那么在写这本书的时候您面临的主要问题是什么？需要更多的时间吗？

我有足够的时间，所以我没有很赶，我本来可以花更多的时间在上面。我想一个人总是可以花更多的时间在自己的书上，总是可以做一些工作让自己的书变得更好。我当时最大的问题可能是我走了些弯路。当我在做这个历史研究的时候，我试着将其系统化，一直盯着一组资源，然后突然之间我意识到那不是我的主要论点，所以我花了几个月的时间在各种文献资料上，努力收集例证，结果最后都没有写进书里面。那让人感到很沮丧，但是我想对于这类工作而言，发生这种事情也很正常。

从您的视角来看，您会给社会学专业的学生什么样的建议？

对于本科生来说，我想我会说，在你毕业之前，尝试以研究论文的形式或者以毕业论文的形式做一个新颖的研究项目。尝试做一个新颖的研究项目非常重要，因为直到你尝试自己做研究，你才会发现你有不懂的或者不完全理解的东西。评论别人的研究要比自己去做一个像样的研究容易得多。而我不认为谁都能直接明白这一点，除非你自己尝试去做一个新颖的研究。此外，这有助于你决定做学术是不是你想要进一步追求的，因为你将来要花大量的时间在上面。如果这不是你喜欢的，那么你将来也不会想要继续做学术。如果你不喜欢花大量的时间在研究和写作上，你知道的，这里面伴随着欢乐与痛苦，那么做学术恐怕就不是适合你的职业。

对于研究生来说，我想我的主要建议是不管出于什么原因，你都要研究你真正关心的问题。你关心这个问题或许是因为你发现这个问题对你而言是知识层面的挑战，让你感到兴奋；你关心这个问题或许是因为它在某种程度上与政治和社会有关。不管怎样，不要因为你觉得将来会有人喜欢，或者你觉得将来能够将其推向市场才去研究这个问题。因为所有这些你都无法预测，你唯一能够预测的是，如果你在写博士论文，还打算出版，那么你接下来的三五年甚至七年的时间都会用在你的论文上。如果你的论文涉及的内容不是你真正关心的，那么可想而知接下来的时间你会有多么痛苦。

您是如何成为一名社会学家的？

我很早就发现我对理论感兴趣。有一段时间我想成为一个政治理论家或者政治哲学家，特别是在我年轻时候，我还没有一个足够清晰的规范性认同，我感觉作为一个政治哲学家，我可以随意地去写。后来我发现社会学非常吸引我，因为它把理论观点和经验研究结合在一起。社会学为我们提供了一定的基础去认识外在于你和你的观点的客观对象，我认为这是我选择社会学的重要原因。

作为一名社会学家对您的影响是什么？

显然，它给予了每个人认识世界的独特视角。我认为，从传统上来说，社会学家是那些致力于实现社会平等和社会融入的人，他们把这些问题纳入自己的研究中去。所以我认为这是社会学对我产生的影响，是我一生的价值承诺。

如果您当初没有选择成为社会学家，您觉得你现在很有可能在做什么？

坦白地说，我想我会继续留在其他学科领域从事学术研究。因为在我读大学的时候，我就知道做学术是我最好的事业选择。如果我进入了商界或者从事法律工作，我觉得我不会开心。尽管我有能力从事那些工作，而且如果我愿意，我也可以从事那些工作，但是我不觉得我会做好那些工作，或者做得很开心。所以我对于走到今天这一步感到很满意。

您认为十年或二十年后的社会学会怎样发展？

这是一个好问题，但是这个问题很难回答，因为社会学在很大程度上是由外在于它的事物所推动的，因此很难预测。举例来说，现在人们都在关心大数据，可是二十年或者三十年前，没有人会想到大数据的出现。尽管那时候已经发明了互联网，但是显然没有人，或者只有很少一部分人意识到了互联网的出现将会带来的结果。我认为从这个意义上来说，很难预测社会学会怎么样。而且还有一些事情是让人意想不到的。譬如为什么现在会出现这么多的民族志研究？二三十年前民族志作为被人嗤之以鼻的方法是不被看好的，人们都认为调查研究或者实验迟早会取代民族志研究，但结果它一直存在，甚至变成了一个非常热门的领域，吸引了很多优秀的年轻学者。所以我认为这在一定程度上回答了你的问题，我的确不知道未来二三十年社会学会怎么样，但是我很期待看到它将来的样子。

您刚刚提到了大数据，您觉得大数据会给社会学带来一场革命吗？为什么？

不会，但我认为大数据会增加革命的可能性。我见过这种情况很多次了，当一个新的方法，或者新的数据来源出现的时候，你去观察，有些人会支持，并且说新的方法或数据源的到来将要改变一切，但是实际并没有，直到现在也没有。15 年或者 20 年前，理性选择理论（Rational Choice Theory）一度被认为会一统社会科学，并且颠覆一切，它的确是一场重要的革命，但结果却毁誉参半。我认为大数据的结局是一样的。大数据声称它会彻底废除理论，我认为这一观点将被证明是明显错误的。所以别太相信它。

您觉得社会学让您感到幸福吗？

它没有让我总是感到幸福，尽管我很享受从事研究的过程，但是你也知道，社会研究的深入往往伴随着一定程度的悲伤，甚至是愤慨，对吧？因为你希望事情变得更好，你也知道有意义的改变会有多么困难，所以这并不总是一个让人开心的过程，但也只能这样。我的意思是说，我很享受每天的写作和思考，尤其是当一切进展顺利的时候。

Randall Collins

兰德尔·柯林斯
（宾夕法尼亚大学多萝西·斯温·托马斯社会学讲席教授）

兰德尔·柯林斯（Randall Collins）是宾夕法尼亚大学多萝西·斯温·托马斯社会学讲席教授（Dorothy Swaine Thomas Professor of Sociology），世界知名的非马克思主义冲突理论学家。1963年他从哈佛大学获得文学学士学位，1964年从斯坦福大学获得心理学硕士学位，1965年又从加利福尼亚大学伯克利分校获得社会学硕士学位，并于1969年获得社会学博士学位。柯林斯曾在多所著名大学任教，他最初任教于加利福尼亚大学伯克利分校，后来在威斯康星大学、加利福尼亚大学圣迭戈分校、弗吉尼亚大学和加利福尼亚大学河滨分校都有过任教经历，最终落脚于宾夕法尼亚大学。他曾经两次以小说家和自由学者的身份退出学术界。柯林斯被公认为当代著名的社会理论学家，其专长领域既包括微观社会学，如面对面互动、知识社会学和社会冲突，也包括涉及政治和经济变革的宏观历史社会学。2000年，柯林斯当选为美国艺术与科学院院士，2010—2011年出任美国社会学协会主席。

2017年6月28日

加利福尼亚圣迭戈，柯林斯教授家中

教授，在您从事社会学教学与科研这么多年之后，您眼中的社会学是什么？

我认为大家普遍接受的一个观点是，社会学是关于人类社会行为的科学，涉及人们彼此之间的合作、对抗和相互联系，而且社会学是一个涉及面非常广的领域，在一定意义上，我觉得社会学是所有社会科学中涉及面最广的一个学科。像经济学这样的学科更多的是关注人们的经济行为。当然，能够专注于有限的特性并进行研究也不是什么坏事，但是社会学的优势就体现在它能够通过更宏大的社会行为背景去研究经济行为。我觉得和其他学科相比，这的确是真的。历史学是另一个非常有趣的学科，也是所有社会科学中最古老的一门学科，我通过阅读历史总能从中学到东西。但是历史学不太强调自身科学或者理论的一面，所以不会去研究模式是什么、动力是什么，有时候一些历史学家也会谈到社会模式，但是社会学家才是这方面更系统化的理论家。

既然社会学被认为是一个涉及面很广的学科，那么您认为社会学何以成为一门独立的学科，不同于历史学、心理学？我知道您学过心理学，而且还拿过心理学的硕士学位，那么它们之间的差别是什么？

我可以通过我自己学习心理学的亲身经历来说一说。我读研究生的时候选择了心理学系，因为我当时受到了弗洛伊德和让·皮亚杰（Jean Piaget）*的影响，对儿童的认知发展很感兴趣。但是由于那时候认知革命还没有进入心理学研究领域，所以心理学系的老师就把我派去了实验室,我在那里研究老鼠,就是老鼠怎么在迷宫里跑来跑去,还研究它们的大脑等。一年以后,我得出一个结论——还是社会学有意思。现在心理学已经不仅局限于研究小动物,而且发展到了研究人类世界。尽管最近几年,心理学的一个领域几乎要发展成为一个独立学科,就是所谓的认知科学领域,但是它主要依赖于计算机。这也非常有趣,因为计算机与人的互动对于社会学家来说也是一个有趣的话题。不过计算机和人不一样,从狭义角度来说它们要比人更加理性,而且计算机没有感情。我认为,如果你想要创建一个像人一样的计算机,你得把人所拥有的感情和认知的能力赋予计算机,然后让计算机和人互动,这样计算机就可以像小孩一样自主学习,最终计算机就会学着像人一样行动。不过这还需要很长的时间,人工智能在一定意义上是计算科学的突破,我们可以高速地进行大量的数学运算,这样计算机在一定意义上可以做很多人类能做的事情以及一些人类都做不到的事情,但是计算机还没有达到这种程度。我不想排除任何可能,不过50年或100年以后,计算科学领域可能会有大的变革,但我坚信计算科学最终需要向社会学学习的东西远比我们需要向它学习的多。

社会学里面有很多分支学科,您怎么看待社会学中出现的这种分化?在什么情况下社会学会变得更好,学科整合还是多样化?

是的,我想这是一个两难的困境。社会学包罗万象,这就是为什么你的培养大纲上几乎涵盖了所有话题,这是社会学的优势——包罗万象。作为一个学科,作为一个涉及很多人的领域,它的问题就是——举例来说,现在美国大概有 15 000 个社会学家,这没什么奇怪的,但是在一个大型的会议上,你会发现在某个领域你可能有不认识的人,或者你一个人都不认识,大家也有可能都不认识你。但我认为有些事情应该是可以把你们联系在一起的。首先是社会学关注的最古老的话题,即分层和不平等,也可以说是社会阶层,尽管最近几年加入了更多的因素到里面,像种族、民族、性别等,但是这些都是分层模型的侧面,分层在社会学中广泛存在,几乎所有领域都涉及分层。就像很多社会学家都喜欢研究性别社会学,这是一个非常流行的领域,不过这只是人们围绕分层感兴趣的一个特定领域。在很长一段时间里,早期的女权主义理论家某种程度上都是从马克思(主义)那里细分出来的,她们肯定会说她们要比马克思在性别问题上更加激进,不过看起来她们就像是把马克思的模型拿过来用在性别问题上一样。在过去50年,最有影响也最成功的社会学家是皮埃尔·布迪厄,布迪厄对他所说的权力和经济文化资本有着清晰的认识。但我实际上想说,贯穿许多领域的不过是互动本身,也就是微观社会学。并不是每个人都在研究微观社会学,我想有些领域会完全无视它,人口统计学就无视互动(尽管它没必要如此)。因为人口统计学是研究人口的,所以和出生与死亡有关,这样一来人口统计学和性(别)研究是有关系的,而性(别)研究显然涉及很多互动。人口统计学家所关心的事情,如人们什么时候生小孩、什么时候作为性伴侣生活在一起、什么时候结婚、什么时候离婚,对于他们来说,这也许只是一些数字,但是对于社会学家来说却是可以近距离研究的。所以很多问题,或者说几乎所有领域都可以被观察,你只要打开显微镜,仔细观察就可以了。

您如何看待从事定性研究和定量研究的研究人员之间的关系?您觉得目前在社会学内部是不是还有定性和定量的分歧?

是的,这样的分歧已经存在很久了。尽管在这个过程中总是有人尝试把二者结合起来。我记得欧文·戈夫曼应该是在20世纪50年代开始发表文章的,进入60年代和70年代以后,人们都想研究日常生活,观察生活中的细节,我们在一定程度上是由于戈夫曼的成功而大受鼓舞。我记得有一个偏重定量的学者说过:"主流社会学杂志上发表的都是定量文章。"他这话的意思是说,谁让你们没有定量数据来支持你们的研究。尽管有些人持这种态度，但总的来说，我认为相对普遍的观点是你需要多元方法。不过也有人想要钻研特定的方法，觉得将来就要用这种特定的方法或者那种特定的方法。在一个广泛的领域出现一些钻研不同方法的专家是很自然的一件事。

我个人认为，整体来说，定性社会学有更大的可能去发现未知。你可以想一想在那些早期的古典社会学家中究竟是哪些人提出了那些伟大的模型。马克思、托克维尔（Tocqueville）*、韦伯、齐美尔，这些都是定性社会学家，唯一的定量社会学家是涂尔干，而他还不完全算是定量社会学家，准确地说他是一个使用多元方法的社会学家，因为他在某种程度上发明了用来研究自杀的多变量分析，但他也研究宗教仪式、犯罪等。所以我认为这些年来，我在某种程度上是从韦伯转向了涂尔干。涂尔干对我而言非常有启发性，如果你去看看他做的研究、他处理细节的手法，你就会发现他非常了不起。或许我也应该说一点定量社会学擅长什么。定量社会学擅长于描述，假如你想知道在管理中女性是不是会遭遇"玻璃天花板"，如果定量社会学家能够拿到数据，那么他们一定会给你一个数字来说明。在很长一段时间里，社会学家都对社会流动或身份获得感兴趣。不过这一领域在一定程度上已经失宠，不是因为它不重要，而是因为经历了从20世纪50年代到80年代的大量研究以后，人们最终失去了对它的兴趣。我们都知道教育对职业发展有积极或消极的作用，你可以不停地加入更多的变量，但是总的模型不会发生太大的改变，所以更有意思的是去做一些定性研究。我在学校的班级里面做过定性的研究，正好看到了小孩是如何和老师及其他小孩进行互动的。我来给你举个例子，我在宾大社会系有一个学生叫杰西卡·麦克罗里·卡拉尔科（Jessica McCrory Calarco），她做了一项研究，研究小孩，我想那些小孩应该都是8岁左右，但是也可能是在一个更大的年龄范围里。杰西卡有这些小孩的社会阶级背景资料，她对他们表现出的差异表示惊奇，她说："来自上层社会阶层的小孩会主动找老师寻求帮助,他们学到了更多与权威人士打交道的方式。他们不怕老师,而且还尝试让老师辅导他们完成作业。工人阶级的小孩,他们的父母大多数时候告诉他们要有礼貌,不过他们有时候也会违反纪律,他们会躲避老师,所以从老师那里获得不了什么帮助。"你可以发现,正是互动形式在制造差别。因此很多有趣的结果来自于你真正地融入田野,去看看你能发现什么。我认为定量研究的最大问题就是以数据为中心,而且还是标准化数据。你得想一想能提出什么样的问题,然后依赖访问员去做问卷调查,而提出什么样的问题在一定程度上有一套传统,这一套传统差不多有 50 年的历史。不过他们现在也会问一些新的问题,但是总的来说很严格、很标准化,这就好比你要去探索世界,却被告知只能戴一副眼镜,而且还不能摘下这副眼镜去寻找新的发现,所以很难通过定量研究发现新的东西。

您在哈佛求学的时候,老师是塔尔科特·帕森斯,所以我猜您是从那个时候开始学习社会学的。那您当时为什么选择社会学?

其实不是,我去哈佛的时候,本来想做一名工程师,因为我受到了我祖父的影响。我从小和我的祖父生活在一起,而他曾在军队服役,是一个工程兵。不过我很快就在想:"这里竟有这么多我从来没听说过的专业,像哲学或是心理学。"所以我觉得哲学应该是我选择的第一个领域。然后我又从哲学跳到了心理学。不过哈佛那时候既有心理学系,也有社会关系系,心理学系当时很有名,因为负责人是伯尔赫斯·弗雷德里克·斯金纳(Burrhus Frederic Skinner)*,他研究动物的学习能力。那时候帕森斯把研究社会关系的不同专业领域的优秀人才集中起来,有社会学家,有人类学家,还有社会心理学家,搭建了在知识层面非常具有诱惑力的研究平台。

我一直对我采访的著名社会学家如何度过他们的大学时代和研究生时代感兴趣,所以您是如何度过学生时代的?是不是整天阅读、做研究或忙着发表?您能不能告诉我一些您的故事?

我在哈佛大学读书的时候,实际上并没有好好学习。因为我去哈佛之前上的学校是美国人所谓的预科学校(prep school),预科学校是专门送学生去常春藤大学的,所以我在预科学校的时候就已经上了两年的大学课程,因此去了哈佛以后我不需要上那么多的课。于是我就去喝酒、划船以及到女子学校看看能不能约上姑娘。哈哈。过了一段时间以后,我才开始沉下心来学习,那时候我打算研究儿童的认知发展。读研究生的时候,我去了西海岸的斯坦福大学,正如我之前提到的,斯坦福大学的心理学系是非常有名的,不过那时候认知革命还没有传到我们那里。著名的心理学家让·皮亚杰那时候才刚刚被介绍到东海岸,当时在哈佛已经有了研究皮亚杰的专家学者,但是西海岸还没有。后来我打算从旧金山湾区搬到伯克利,当时北方的民权运动正试图将黑人融入白人的工作圈子,获得和白人一样的工作机会,而南方则爆发了非常严重的暴力冲突,有些人甚至志愿到南方去,组织黑人登记、投票,结果有些人被杀了,有些人被逮捕了,所以那是一段非常紧张刺激的时期。我和我的妻子搬到伯克利以后,我们加入了其中的一个民权组织。我们从中受益良多,不仅是因为民权运动本身,而且因为我第一次接触到了马克思主义者,尽管并不是所有的人都是马克思主义者,但是有一些是。有些人当时讨论了很多关于革命的思想。所以实际上是在那里,我读了很多关于马克思、恩格斯(Engels)*和托洛茨基(Trotsky)*以及历史方面的书。

我知道您曾经参加过言论自由运动(Free Speech Movement)、反战运动(Anti-war Movement),那些经历对于您或者您后来的研究产生了什么影响?

那些对我产生了非常重要的影响。因为我一直在读马克思,我那时候就在想:"好吧,这算是革命运动,不过是发生在某个地区,实际就在大学里面罢了。"但是另一方面,我发现了历史中没有讲过的东西,那就是巨大的热情,每个人的感觉都好像是"我们正处在世界的中心,一切都在发生改变"。因为这景象的确在世界的某个地方上演,譬如中国正以相似的方式在相同的时间进行革命,法国也是。不过让我感到震惊的还是情感(绪),集体情感(绪)让我再一次想到涂尔干,而帕森斯之前也谈到过,涂尔干说:"当人们聚集在一起的时候,他们会加速他们的情感(绪)升级,因为社会互动会转化为情感(绪)升级,或者情感(绪)强化的过程,然后人们的信念会由于情感(绪)升级变得更加牢固。"有一次,我们差不多有1 000个学生冲进了大学的行政大楼,然后以非暴力的静坐示威占领了整座大楼。实际上,法国社会学家乔治·索雷尔(Georges Sorel)*说过:"罢工更多的是在象征意义上使人们变得更加团结。"所以从那时候起,这就成了我的兴趣,我意识到情感(绪)的起伏取决于冲突中人群的集会和组织方式。

我们都知道您最初是和帕森斯学习的,但是后来您和功能主义理论决裂并转向了冲突理论,我想您在一定程度上是站在了帕森斯的对立面,尤其是将您和提出中层理论的默顿比较的时候。所以您能不能告诉我们冲突理论背后的一些故事?因为我们是从教科书上知道这个概念、这个理论的,而现在我们有机会可以从您本人这里了解更多。

其实塔尔科特·帕森斯的理论中有很多非常好的东西,他唯一没有涉及的就是冲突,或者说他很少谈论冲突以及事情发生改变的时候会发生什么。但是你知道的,冲突过后肯定会达到一个新的均衡状态,不过帕森斯的理论在这方面很薄弱。在继续说下去之前,我想先说一说帕森斯的过人之处。帕森斯在教古典理论这块非常在行,他关于韦伯和世界宗教以及涂尔干的课是我上过的最好的课。

他非常善于指出他们理论的关键所在，所以帕森斯把韦伯和涂尔干放到一起研究，他也研究了其他一些重要的社会学家，比如维尔弗雷多·帕累托（Vilfredo Pareto）*。事实上，自我整合系统的概念就来自于帕累托，也是我认为帕森斯理论最薄弱的地方。但是能够把韦伯和涂尔干结合起来，而不是把他们分开，我认为才是真正重要的。

那时候我跟随帕森斯学习，帕森斯也对弗洛伊德感兴趣。他之所以会对弗洛伊德感兴趣是因为他想从个体层面找到一些理论支持。对于他，如果个体身上体现了一些社会价值体系的思想，他就会说："是的，那就是弗洛伊德的超我。"所以儿童如果成功地实现社会化，把社会内化到个体思想中，那么他们一定会经历弗洛伊德所划分的阶段。我现在和很多人一样非常喜欢弗洛伊德。他是一个非常活跃的理论家，的确做出了很多突破性的贡献。但是在伯克利，我发现欧文·戈夫曼有更好的研究方式，欧文·戈夫曼也一直是个弗洛伊德主义者，但是弗洛伊德经常关注的是儿童。他认为最初你是无意识的，然后逐渐会被意识压制。戈夫曼创造了非常了不起的概念——前台和后台，就好比一个剧场。事实上，就好像弗洛伊德的无意识概念，我是不会给你展示无意识的，而意识压制不是别的，就是社会化。儿童在他们很小的时候就学习如何获得前台和后台，但是他们没有后台，因为他们的父母总是可以看到他们的一切，所以是在他们长大以后，他们才获得更多的后台。我发现戈夫曼在这方面更擅长，而且他还把这个问题带到了当下，这就不只涉及儿童，你可以有意识地看到正在发生的一切。

总结一下，正如我说的，帕森斯的理论中没有冲突的元素，但是没有帕森斯的话，我不可能从韦伯那里汲取概念，也不可能从涂尔干那里汲取概念，也不可能从戈夫曼那里汲取概念，最后还把它们放到微观层面。不同于整个社会的组织均衡，我研究的是每一个群体或每一种场景，我在微观理论方面要比在宏观理论方面做得更好。

自从您成为一名社会学教师，显然您有非常丰富的执教经验，您想要教给学生什么，或者您认为社会学专业的学生应该接受什么样的训练？

我想关于这个问题我会说两点。第一，回到你说的社会学内部涉及很多不同的专长的问题上，对此我们无法避免，不过我认为所有学生都应该有不止一种专长。因为如果你有两个专长，或许还有一些其他兴趣，那么你就有不同的人际网络，你会从中获得一些交叉观点，而且也会让你更多地思考理论。譬如，是什么把这些联系在一起。我认为这点很重要。第二，对联系进行加工处理的过程就是所谓的理论。当我这么说的时候，我想说这个表达是相对直白的，当人们所做的东西获得了大众的青睐，那么人们就开始把这个东西称为理论。我没有一开始就说理论是一些抽象的或者解释性的方法，当然你可以这么说，但是很多著名的理论家不是一开始就是理论家，涂尔干一开始就是理论家；欧文·戈夫曼一开始并不是理论家，他不过是做了一些人们感兴趣的研究；韦伯在一定程度上是反实证、反科学的，他并不相信会有一般的理论，尽管他可以提出一些人们感兴趣的东西，譬如他关于分层的三维度的理论、他关于科层化的理论，都是被广泛认可而且非常重要的理论。所以如果你在一个专长上努力，而有另一专长的人看到了你的成果，那他们就很有可能把你当作理论家，他们会说："我们就是从你那里汲取的理论思想。"

我刚刚忘了问您一个问题，那就是除了您提到的那些人，比如帕森斯和戈夫曼，您在哈佛和伯克利求学的时候还有没有其他人对您影响比较大？

在伯克利的时候，有一个非常著名的社会学家叫赫伯特·布鲁默，他创建了符号互动论，他相比戈夫曼更像是一个天生的理论家。戈夫曼是个狡猾的家伙，如果你去问他一个理论问题，我想他会说："我得把问题留给你们搞理论的人，我就是个做田野研究的。"而且他可能还是以挖苦的语气说这句话。而布鲁默总是尝试告诉你在一个情境中发生了什么，其他什么都不存在，所以他强烈反对定量研究和结构功能主义。布鲁默会说："什么是社会阶级？你在哪里看到它了？"就好像："你看到它的时候它长什么样？"现在，如果你去看统计表格，有一行数字或者变量在里面，或者变成一张图，这里是上层阶级，这里是中上层阶级，看起来好像分了好几层，就好像是一层一层的砖块垒起来的样子，但是布鲁默会说没有什么看起来会像那个样子，你看到的不是这个，你看到的是其他东西。有些人接纳了这个观点，认为这些东西不存在。常人方法论就采纳了这个观点，认为社会学是一个幻觉，除了人们的解释以外什么都不存在，所以人们的解释很重要。现在我觉得，权力、金钱、组织、网络位置是很重要的，但是我认为布鲁默想要告诉我们的是，不要把这些都当作理所当然的，而是要努力观察，观察它们看起来像什么，在你研究的时候到底发生了什么。举例来说，最近我对情感产生了兴趣，我们有了一些比较好的工具来研究情感。因为要通过人们脸上的表情来分析情感，所以我一直在收集人们的照片，几乎是从摄影出现的时间点开始收集，也就是从20世纪初。你可以从中看出一些非常重要的差别。比如说，至少在西方国家，上层阶级和工人阶级在表达他们自己的方式上有很大的不同。我首先要强调一下我说的是西方国家，因为在别的地方你可能看不到。上层阶级的人们很喜欢微笑，但是如果你仔细观察他们的微笑，那些微笑也不是非常温暖的微笑，倒像是我应该微笑的微笑，因为我一切都很好，我是一个上层阶级的人；工人阶级的人们脸上看起来虽然没有那么严肃，但他们看起来很忧郁，这是真的。事实上你可以在不同的地方看到类似情境，不过情况可能已经发生了变化。在俄罗斯，精英阶层是不笑的，他们看起来有点愁眉苦脸。

在几十年的学术事业中，您有没有过挣扎或艰难的时候，那是什么时候以及您是如何度过的？

我想人们总是希望有人喜欢读他们的作品、喜欢他们写的东西，不过这并不经常发生。说到艰难，我觉得自己很幸运，我一直在做我喜欢的事情。我想虽然我离开过学术圈，但我后来很快又收到了执教的邀请。曾经有一段时间我觉得我认识差不多 1 000 个社会学家，我和他们谈论过他们的工作。不过我现在没有认识那么多社会学家了，因为他们现在要么已经老了，要么已经退休了，有些甚至已经过世了，年轻人替补了进来。我也不再像年轻时候那样到处跑了，所以我不知道现在和以前是不是还一样。在我看来，社会学家都是非常有趣的人，如果你问他们正在做的研究，几乎所有人都在做着有趣的研究。我不会说社会学家都一定有趣，你知道的，我们不工作的时候就没趣，可是当我们工作的时候，会非常有趣，所以能和社会学家相处是一件很有趣的事。

您有很多杰出的著作，而且在全世界范围都有影响。《互动仪式链》（*Interaction Ritual Chains*）出版于 2004 年，2009 年有了中文版。这本书反映了您致力于发展"激进的微观社会学"（radical micro sociology）的愿望，那么这本书背后的故事是什么？您是从哪里获得的灵感以及写作过程中遇到的困难是什么？

我之前已经提到了戈夫曼和赫伯特·布鲁默，我想我现在应该说一下哈罗德·加芬克尔（Harold Garfinkel）*，他是常人方法论的领军人物，但也是一个非常奇怪的人。他对自己的哲学立场坚信不疑，他有着强烈的哲学信念，相信一切都是现象学的，是我们把自己的主观范畴强加到事物上面。不过他也吸引了很多学生，他让这些学生去做非常微观和经验的研究。他做的实验有时候是很奇怪的，有些紧跟科技发展，所以才会有通过录音机进行的研究，这类研究是从加芬克尔的学生开始的，他自己后来也做了一些，不过主要是从他的学生哈维·萨克斯（Harvey Sacks）*和伊曼纽尔·谢格洛夫（Emanuel Schegloff）开始的。这样我们就可以通过观察细节来研究人们之间的互动。我通过各种渠道认识了这些人。我在伯克利的时候就认识他们中的一些人，当我回到圣迭戈，加入加利福尼亚大学圣迭戈分校社会学系以后，那里已经有几位常人方法论专家。由于我还是加利福尼亚大学洛杉矶分校的访问教授，所以我有机会认识哈罗德·加芬克尔本人。

现在我在阅读谈话分析专家进行的谈话研究，我发现这和涂尔干的关于意识创造团结的模型不谋而合，人们喜欢谈话因为他们能够进入一个共同的节奏，而当他们进入一个共同的节奏以后他们开始彼此认同。但是如果人们总是彼此同意，那还怎么发生改变？我想其中一个原因是有些人不能够进入这种互动节奏。举例来说，如果你把来自不同社会阶层的人放到一起，他们通常聊不到一块。如果你把本地的人和其他地方的人放到一起，他们也没有共同的话题。因为当有人在聊他们朋友、邻居的八卦或者绯闻或者离婚这些事情，你如果不知道这些事情你就没法和他们聊。所以，不同于帕森斯曾经说的要有一个大的团结在一起的社会，我认为应该很多小的社会，小社会各自都很团结，但是和有一定距离的其他小社会则没法和睦相处。我来给你举个政治版本的例子。你知道在西方国家，人们很担心恐怖分子。西方国家的人在想，这些人究竟是怎么想的，为什么要去研究炸弹还要去杀人？很显然，所谓的恐怖分子自身是很团结的，如果他们当中有人被警察抓到了，那个人会说："我之所以这么做是因为你们在谋杀我们国家的人民。"诸如此类。你会发现他们惊人地团结，这种基于地方产生的团结可以产生数量惊人的冲突，而冲突本身会导致事情向意想不到的方向发展。当世界在关注小地方的人们的时候，我们通常可以准确地预测他们之间如果发生冲突意味着什么，但是冲突本身会导致一些意想不到的后果，产生一些新的情况。

回顾您的学术生涯，您是如何成为一名社会学家的？作为一名社会学家对您产生了什么样的影响？

我尝试过很多不同的领域，最终成了一名社会学家，因为它对我而言是最有趣的事情。至于它怎么影响我——如果用社会学的眼光来看，那么在我一生当中发生的很多事情都可以变得非常有趣，所以从这个意义上来说，你永远不会感到无聊。什么会让事情变得无聊？要么是因为你无所事事，要么是因为你夹在了一群无聊的人中间。在你是一个社会学家的情况下，你不会无所事事，因为你很快就会开始思考一些问题的社会学意义。和一群无聊的人在一起反倒更有可能是个问题，可能对于他们自己来说并不觉得自己无聊，只是对你来说显得无聊罢了。不过我发现如果你能问他们一些问题，那么通常情况下他们会告诉你一些有趣的事儿，这样你就会产生一些期待。如果你和有权势的人聊天，有很多事情他们是不会告诉你的，而最有趣的事情往往就是他们没有告诉你的事情。譬如你问他们政治阴谋或者他们是如何经营自己生意的，他们会告诉你的只是一些想法，而不会告诉你他们实际是怎么做的，所以那听起来会没意思。还有，和一些普通人在一起会存在一个问题，那就是你不可能总听到有趣的事情。如果他们有伴侣或配偶，我通常会问他们是如何相识的。他们会告诉我他们的故事。故事通常都是这样的："劳拉是我的妻子，但她之前是我室友的女朋友，后来我遇到了她……"也不知道怎么回事，反正劳拉最终成了他的女朋友。这只是其中一件事，我想到这个是因为这涉及网络社会学和婚姻市场，你也可以问人们类似的问题，然后发掘一些在社会学意义上有趣的东西。

相关人物介绍

让·皮亚杰（1896—1980），出生于瑞士，心理学家和认知学家，他以在儿童发展方面的开创性研究而闻名。他所创立的学说促进了认知研究的兴起，为认知发展心理学的建立奠定了基础。

托克维尔（1805—1859），法国外交官、政治学家和历史学家。他以作品《论美国的民主》和《旧制度与大革命》而闻名于世。

伯尔赫斯·弗雷德里克·斯金纳（1904—1990），美国行为主义心理学家，哈佛大学心理学教授，新行为主义的代表人物，操作性条件作用理论的奠基者，被认为是自弗洛伊德以来最重要、最具影响力的心理学家。斯金纳提出了"强化理论""操作性条件作用"等观点，并创制了研究动物学习活动的仪器——斯金纳箱。1950年，斯金纳当选美国国家科学院院士，1958年获美国心理学会颁发的杰出科学贡献奖，1968年获美国总统颁发的美国最高科学荣誉——国家科学奖章，1990年获美国心理学会首次颁发的心理学终身成就奖。

恩格斯（1820—1895），德国思想家、哲学家、社会科学家。恩格斯与马克思共同创立了马克思主义理论。1848年，恩格斯与马克思共同撰写了《共产党宣言》。那以后恩格斯在经济上支持马克思进行研究并创作《资本论》。马克思逝世以后，恩格斯完成了《资本论》第二卷和第三卷的整理、出版工作。

托洛茨基（1879—1940），马克思主义革命家、理论家和政治家。在意识形态上，托洛茨基是一个马克思列宁主义者，但是后来他在马克思主义的基础上发展了自己的思想，创立了托洛茨基主义。托洛茨基主义是马克思主义的一个主要学派，其主要思想是反对斯大林主义。在斯大林统治期间，托洛茨基被流放，并最终遭到暗杀。

乔治·索雷尔（1847—1922），法国哲学家、工团主义革命派理论家。他提出神话和暴力在历史过程中创造性作用的独特理论。

维尔弗雷多·帕累托（1848—1923），意大利社会学家、经济学家、政治科学家和哲学家。帕累托晚年开始转向社会学研究,他发展了"精英循环"的概念,这是社会学领域的第一个社会循环理论。帕累托的社会学思想后来经由乔治·霍曼斯等人带到哈佛大学,对塔尔科特·帕森斯等人产生了巨大影响。

哈罗德·加芬克尔（1917—2011），美国社会学家,加利福尼亚大学洛杉矶分校社会学系教授。他以创建和发展常人方法论而闻名于世。

哈维·萨克斯（1935—1975），受常人方法论影响的美国社会学家。他率先对人们在日常生活中使用语言的方式进行了非常详细的研究。尽管他因车祸早逝,也没有广泛著述,但他和伊曼纽尔·谢格洛夫等人却开创了谈话分析的先河。

Michael Burawoy

迈克尔·布若威

（加利福尼亚大学伯克利分校社会学教授）

迈克尔·布若威（又译麦克·布洛维，Michael Burawoy）是一位社会学的马克思主义者，他是著名的《制造同意：垄断资本主义劳动过程的变迁》（*Manufacturing Consent: Changes in the Labor Process under Monopoly Capitalism*）——一本已被翻译成多国语言的关于工作和组织的书的作者，也是公共社会学的领军人物。布若威于1968年在英国剑桥大学获得数学学士学位，随即前往刚刚独立的非洲赞比亚继续研究生学习。1972年在赞比亚大学取得社会学硕士学位后，他又前往芝加哥大学攻读博士学位，他的博士论文是围绕芝加哥工厂的工人进行的民族志研究，后来成为《制造同意》这本书。除了对赞比亚和芝加哥工厂车间进行过社会学研究以外，他还研究过匈牙利和后苏联时期的工厂车间。总的来说，他的研究集中在探讨后殖民主义的本质、国家社会主义的组织和向社会主义过渡等问题。他选择的方法通常是参与式观察。由于其杰出的贡献，他于2004年当选为美国社会学协会主席，并于2010—2014年出任国际社会学协会主席。

2017 年 7 月 3 日

加利福尼亚奥克兰，布若威教授家中

众所周知，您在剑桥大学的时候学的是数学专业，为什么后来改学社会学？

的确是这样，我想可能有两个原因。一是如果一个人想成为一个数学家，那他必须非常擅长数学，而我并不是十分擅长。尽管我拿到了数学学位，也可以在剑桥大学谋求一份教职，但是这恐怕还不够。数学家不仅要相当聪明，而且还要能心怀满足地追逐数学梦想才行。事实上，我最初想成为数学家，是因为我将来想做一个天体物理学家，我想学习数学是必要的。但是在学习的过程中，我逐渐对现实世界产生了兴趣，而数学看起来和现实世界没有太大关系。还有一个原因是，大概在1965—1968年间，我做了一个"错误"的决定，那就是来到美国，看到了一个全新的世界。我出生于英国的曼彻斯特，那是在一座小岛（指英国）上的一个小城市，所以1965年到美国时我感到很兴奋，因为那时候我只有十七八岁。后来当我回到剑桥，我发现剑桥简直就是个让人感到憋屈的地方，我认为我一生中最痛苦的时光就是在剑桥。所以我每年夏天都会到世界各地旅行，第一个暑假我去了非洲，搭便车穿越了整个非洲，然后我去了印度，第三年我又去了非洲，反正我逐渐对数学失去了兴趣，开始对当时非常流行的学科——社会学，产生了兴趣。

那您毕业之后为什么选择去非洲，尤其是选择了赞比亚？背后的故事是什么？

我不得不说我去非洲其实也没有什么特别的理由。在剑桥大学第一学年结束的时候，我打算利用暑假去旅行，于是我就决定去非洲，而且我要先去南非，因为我觉得那是个非常有趣的国家。我在南非待了六个星期，期间还找了一份工作，然后我就打算以搭便车的方式穿越非洲，我后来也的确是这么做的。非洲对我来说完全是一个未知的大陆。因此我从剑桥毕业以后，决定去非洲再待一段时间。我在南非做了六个月的记者，不过那些年在南非生活让人感到很压抑，因为南非在施行镇压统治。所以1968年的时候，我决定北上，去了赞比亚，并且在那里寻找看有没有学习社会学的机会。同时我发现我得找份工作挣钱，由于我的白皮肤，加上我在英国获得的学位，我在一家跨国公司——英美资源公司（Anglo American Corporation）找到一份工作，我在那里工作了两年，然后我又花了两年的时间去读研究生，研究铜矿基地的种族隔离问题，后来我在赞比亚大学拿到了我的第一个社会学和人类学学位。

您是如何度过在赞比亚大学以及后来在芝加哥大学的求学生活的？

在赞比亚的时候我感觉非常有趣，因为当时赞比亚已经独立四年了，社会科学一片欣欣向荣。不过最有趣的是交叉学科，社会学家、人类学家、政治学家、历史学家，大家都在一个研讨会上，讨论赞比亚的历史、谋划赞比亚的未来，所以大家都在建言献策，那是一段非常让人怀念的、充满激情的时光，我也是在那里开始关注美国社会学、美国政治学，尤其是所谓的发展理论（development theory）的影响的。我当时生活的环境非常偏向于用马克思的唯物主义来分析非洲，把非洲放在一个全球背景之下，对美国社会科学带有相当程度的批判。所以我想下一步就是去美国，从源头上了解发展理论。在芝加哥，有一个叫作新兴国家比较研究委员会（the Committee for the Comparative Study of New Nations）的组织，某种程度上那里就是传播发展理论的中心。有几位非常有名的社会科学家，像克利福德·格尔茨、爱德华·希尔斯（Edward Shils）[*]、劳埃德·法勒斯

(Lloyd Fallers)*，这些人在当时都是大名鼎鼎的人物，他们事实上参与了非洲、亚洲，还有美洲这些新兴的独立民主国家的社会科学的重建。但是1972年到芝加哥以后，我才发现那里没有人对非洲感兴趣，至少在社会学系没有。在我看来，芝加哥大学社会学系其实是一个没有生机的地方，所以在那里才找不到对非洲感兴趣的人。新兴国家比较研究委员会也在那时候解散了，于是我开始纠结我接下来要干什么的问题，那里和赞比亚比起来显然没有那么让人感到兴奋，应该说是很无聊。在我看来，那里的老师在向我们灌输的是无趣的社会学知识。

不过我很幸运，首先我遇到了威廉·朱利叶斯·威尔逊，他那时候也刚到芝加哥大学，我们之间建立起了联系，不过他那时候还没有学生，我很幸运，因为我们经常畅谈种族和阶级的关系。我当时已经写了一本关于赞比亚种族和阶级问题的书，而他在某种程度上才刚开始意识到阶级和种族的重要性，所以我们的谈话很有趣。有人对我从非洲带来的马克思主义思想表现得非常不屑一顾，他却经常支持和保护我，这是其中让我感到非常幸运的一点。接着我也很幸运地认识了一个波兰政治学家，他叫亚当·普沃斯基（Adam Przeworski）*，他也是刚到芝加哥。我真的很幸运，因为这些人都是刚到芝加哥。亚当是在1973年的秋季学期从巴黎来到芝加哥大学的，他给我们开设的课程是关于马克思主义的，但是是在政治学系。那时候在社会学系还没有人讲马克思主义，我可能是社会学系唯一公开标榜马克思主义的人，但我那时候只是个研究生。不管怎样，亚当把马克思主义的最新思想从法国带到了芝加哥，尽管我那时候对马克思主义有所了解，但是我并没有真正地理解马克思主义。后来他举办了一个跨越了两个学季的研讨会，那是我一生当中参与过的最棒的研讨会。亚当是个非常有天赋的社会科学家，通过他的课，我知道了法国的结构主义马克思主义以及安东尼奥·葛兰西（Antonio Gramsci）*的研究。我还从没回头想过这些。不过现在想起来很有趣，因为我当时在芝加哥大学社会学系读的是帕森斯的著作，我总会和亚当说："这些法国结构主义者与塔尔科特·帕森斯没什么区别！"然后他会说："那简直太荒唐了！"然后我说："是的，是的，他们都是功能论者！"结果，由于我不停地把帕森斯的思想带到他举办的马克思主义研讨会上，他便邀请我同他一起讲课。对我而言，和他一起讲课成了我非常重要的学习经历。我们上课的内容也从马克思主义增加到了结构功能主义。

以上就是我早期的学习经历，后来我就决定："好吧，既然这些芝加哥社会学家没有人对非洲感兴趣，那我就参与到他们感兴趣的研究领域中去。"我一直都是一个工业社会学家，我在赞比亚的部分研究也和工业有关，所以我就打算在芝加哥南部的一个工厂做一个参与式观察者。我的参与观察方法深受我在赞比亚大学的老师杰普·范韦尔森（Jaap van Velsen）的影响，他是社会人类学的曼彻斯特学派中的一员。那是一个非常有名的学派，他们会把学生送到非洲中部，研究中非国家的各个方面。这是我的导师当时会在赞比亚的原因，他教会了我很多东西，而且他对调查研究不屑一顾。而我也受到了他的这一影响。我记得有一天我去做调查，回来的时候我把在铜矿基地做的调查拿给他看，结果他说："这没有意义。"然后他还说服了我，让我也觉得我做的调查是没有意义的。从那以后，我觉得我不得不做一个参与观察者。但是自从我认识到调查研究方法在世界上占据了一席之地以后，我发现有很多非常了不起的调查研究者（而且最好的调查研究者）通常也是最好的民族志学家。不管怎样，重点是范韦尔森对于我成长为一个参与式观察者产生了很大的影响，参与式观察成了我做研究的主要方式。我做过的很多研究，包括我在芝加哥南部工厂所做的研究，都是采用参与式观察的方法，对芝加哥南部工厂的研究后来成了我的毕业论文。巧合的是，我去的那家工厂以前也被一个非常著名的工业社会学家研究过，他叫唐纳德·罗伊（Donald Roy）*，他在30年前碰巧研究过同一家工厂，而他本人就来自于工人阶级，所以他比我更熟悉工作场所，他对工厂的描绘让人身临其境。当我阅读他的作品时，我感到很惭愧，并且由衷钦佩他所取得的巨大成就。不过我也利用了这一点，那就是观察在他离开以后的30年的时间里，工厂发生了什么样的变化，而且当我意识到我们研究同一家工厂完全是出于巧合的时候，我还和他取得了联系。我们见过一两次面，他是一个充满好奇心并且非常有趣的社会学家，是一个从来不把学术界当作家，而把工厂当作家的人。这一点他和我不同，因为我来自于中产阶级。

但是我想您也花了很多时间在工厂工作。

我花了一年的时间在工厂工作，但是我的背景始终是中产阶级。我进入工厂以后，每个人都看得出来我不是来自工人阶级。我不懂技术，用布迪厄的话说，我身上没有工人阶级的惯习（habitus），所以他们一下子就看出来我不是一个合格的工人。我手上没有那些技术。对于我——一个社会学家来说，进入到一个可能被人憎恨，也可能被人喜欢，但无论如何和其他人不一样的地方是一件很有趣的事情。因为在不同的国家你会看到人们不同的反应，在芝加哥，那里的工人讨厌我；在匈牙利，那里的工人喜欢我；在俄罗斯，工人对我保持戒心，不想和我产生任何关系。所以，这就是我的事业，也是我如何完成我的博士论文的。后来我离开了芝加哥，我在那里待了四年半，我不喜欢芝加哥大学社会学系，可以说是一点儿都不喜欢，因为他们对于社会学的认识太过狭窄。除了威尔逊，他是其他人的楷模。但是总体上来说，我很高兴我能离开那里。不过一个人在读研究生的时候往往能交到最好的朋友，所以我最好的朋友都是在芝加哥遇到的，其中一个你已经采访过了，就是安德鲁·阿伯特，我想他应该比我大一级，他是个很博学的人。

当您成为一名社会学专业的教师以后，在您看来，社会学专业的学生应该接受什么样的训练？

我想成为社会学家的一个原因，是我知道我会从社会学的教学过程中获得乐趣。因为社会学家原则上应该和每个人的生活经历进行对话，应该放大那种经历、挖掘那种经历，所以当我教社会学的时候，你可以看到我所展现出的激情。我每隔一年教一次理论课，每次两个学期，首先我会在课程一开始的时候就告诉学生，这会是一堂阅读、写作和思考的课。虽然碰巧是在社会学的课上，但是我们在大学的时候应该去学习如何阅读、如何写作，你可能觉得你已经知道如何去阅读、写作和思考，可事实上你会从我的课上发现一切并没有你想的那么简单。所以我的任务是教会他们如何认真地阅读和分析文本，然后写出那样的文本，既注重内在的结构，又联系外在的世界。这样每个学生都能读懂那些 19 世纪的人写的东西，而我们现在之所以还在读他们的作品，是因为通过他们的作品我们可以对当今世界有新的认识。这就是我如何教学生的，我把我的教学方法叫作研究社会理论的民族志方法。

我相信研究社会理论有两种方法：其一是调查方法，这是大多数人在上课的时候会用的一种方法，他们会说："你们看，这是马克思、韦伯、涂尔干……"然后他们会继续教一些弗洛伊德、戈夫曼，还有福柯。正如我说的，这是调查，但是基本上你得差不多每个星期或每两个星期研究一个理论家。我想这是掌握社会理论广度的一种方式。但是我不觉得人们能够通过调查的方法学会如何阅读、写作以及分析性的思考。他们或许可以吸收一些观点，但是他们不可能学会我认为非常重要的技巧。因此我总是让学生针对每一个理论家只读一点他们的作品，10 页或者 15 页。尽管读得少，但我会期望学生们去阅读、再读、反复读，直到他们真正理解其中的内涵。所以这不是一种扩展性的，而是集中性的学习理论的方法，这也是为什么我称之为民族志的方法，这是第二种方法。我们每次只读一点马克思的作品，我们花六个星期的时间去读马克思，然后我们慢慢地把之前每次读过的马克思拼凑起来，就好像拼七巧板一样，最后搭建起马克思的整个理论。我这么做是有根据的，因为每次阅读的内容都是经过挑选的。这样他们就知道如何搭建理论。尽管这种方法有争议，但这就是我的方法。民族志方法的另一方面就是我和学生之间要进行对话，无论课上有多少学生，是20个还是200个，我都要和他们进行对话和讨论。事实上，在我的课上存在三种对话：一种对话发生在我和学生之间；一种对话发生在学生之间；还有一种对话发生在学生和课堂之外的人之间，因为我会把学生送到课堂之外。所以民族志的方法有很多。总之教学充满了挑战，但它会让你拥有即刻的满足感。我感到非常幸运，因为我能够在伯克利给那些本科生、研究生上课，他们都是非常优秀的学生。

您是如何平衡科研和教学的？

我不认为二者之间是完全没有联系的。我提出的很多主要观点都是我从教学中获得的。很多研究计划也是从人们感兴趣的教学内容中产生的。教学塑造了研究，而研究在一定程度上也不可避免地塑造了教学。但是另一方面，如果你想认真地做研究，那你要从教学中抽出身来，因为教学本身会压得你喘不过气来。所以有时候很难平衡。我现在年纪大了，不做民族志的参与观察了。但是放在以前，我会花一年的时间在不同国家的不同地方，那让我从教学中彻底抽身。不过的确，随着时间的流逝，教学和科研汇聚在一起，我现在倾向于写一些更加理论化的东西，譬如从研究生研讨会中反映出的社会问题。现在最好的研究都是出自我的学生之手，我感觉我没必要再做什么研究了，因为他们做得要比我好。

作为一名社会学家，您是如何平衡工作与家庭的？

工作与家庭，这对我来说很简单，因为我没有家庭。(**很抱歉，**

我之前不知道。）没关系，我有朋友。因为我没有家庭，所以我可以把我的一生献给社会学。我觉得有三种类型的社会学家：一种是 8 小时的社会学家，从早上九点到下午五点；一种是 12 小时的社会学家；还有一种是 24 小时的社会学家。我觉得我就是一个 24 小时的社会学家。我的一些同事会认为我疯了，他们会说："哦，布若威，那是个喜欢社会学喜欢到发疯的人。"的确，我确实喜欢社会学，我认为三种类型的社会学家对应三种不同类型的社会学，24 小时的社会学家会不停地以社会学的视角进行思考，所以我的人生就是社会学的人生。

接下来的一个问题是：众所周知，您的《制造同意》、《生产的政治》（*The Politics of Production*）和《辉煌的过去》（*The Radiant Past*）奠定了您在劳动社会学领域的地位，是什么让您从一开始就对劳工研究感兴趣的？

一部分原因是机缘巧合，我在赞比亚的时候找到了一份在英美资源公司与铜矿业相关的工作。我对后殖民时代的铜矿业所发生的改变感兴趣，尤其对种族关系所发生的改变感兴趣。殖民时代的赞比亚种族秩序到了后殖民时代在多大程度上发生了改变？结果我发现了种族隔离问题，黑人和白人被区别对待，而且在后殖民时代，这种种族隔离还在不断地被再生产，我就想对此进行解释。我打算通过阶级来解释，我认为铜矿业的阶级关系及其与国家之间的关系是种族再生产的基础。所以我开始调查铜矿业的阶级关系，阶级分析的着眼点就是后殖民时代赞比亚工人阶级的工作条件。因此从这个视角出发，我开始对阶级感兴趣，而且作为一个马克思主义者，我对不同国家的工人阶级的特点产生了兴趣。后来我去了芝加哥，发现没人对非洲感兴趣，但是人们对马克思主义的兴趣开始增加（只是芝加哥大学社会学系的人对马克思主义不感兴趣罢了）。事实上，马克思主义那时候开始在美国广泛传播，人们都在谈论工人阶级，沉醉在狂热的、空想的氛围中。所以我就想："现在很重要的一点就是，需要有人带着马克思主义的分析框架以工人的身份进入到工作场所中，去观察实际的工人阶级是什么样子的。"于是，我去工厂亲身体验所谓的资本主义，然后开始思考对于马克思主义而言那意味着什么。我开始在工厂工作，让我感到震惊的是所有人都在努力地工作。工业社会学的历史描绘是："这些工人都很懒惰，不努力工作。"可以想象得到的就是人们抱怨工人工作不够努力。但是让我意想不到的是，我见到的工人都很卖力地工作，连我都赶不上他们。所以真正的问题是他们为什么这么努力地工作？马克思主义者并没有回答这个问题。放在过去，马克思主义者或许会说是市场在强迫工人生产剩余价值。可我不这么认为，我认为不是强迫而是共识在发挥作用，所以我从马克思主义者普兰查斯和阿尔都塞那里，主要是从安东尼奥·葛兰西那里吸取观点。葛兰西的观点帮助我理解了在芝加哥南部工厂所发生的一切。一旦我对工人为什么努力工作，发达国家的工人阶级的阶级意识是什么的问题感兴趣以后，我就开始思考："如果我是对的，那么在社会主义国家应该呈现的是不一样的景象。"于是我就去了匈牙利，研究那里的工人，20 世纪 80 年代的匈牙利还是社会主义国家，不过不久就瓦解了。然后我就想："我最好是去俄罗斯，那时候还是苏联。"所以我就去了苏联，结果一年以后，苏联解体了。我只好在后苏联的环境下继续研究那里的工人阶级，90 年代的俄罗斯正在衰落，而中国则在以相同的速度崛起，这也是个很有趣的问题。我真应该去中国。**(是的，这也是我想问您的，您为什么不去中国？)** 首先，我的朋友都说，不管我去哪里，危机总是紧随其后，所以我最好哪里也别去了，就待在俄罗斯，整个 90 年代我都在俄罗斯做研究。另一个我研究不了中国的原因是语言。我或多或少（more or less）学过匈牙利语和俄语，准确地说或少或多（less than more）。哈哈，但是中国太大了，我已经过了那个年纪，我没法再学习中文。你知道的，如果你来自西方国家，你想研究中国，那么你要在年轻的时候就学习中文。我知道也有人在年纪大的时候学习中文，但是和年轻人比毕竟不一样。尽管我没机会了，因为中国太不一样、太大了，超过了我的能力范围，但是我有非常优秀的学生在研究中国的工人阶级。我觉得俄罗斯就已经够难的了，所以，我把研究中国留给其他人。

在您就任美国社会学协会主席的演说中，您把社会学分为四种类型，其中一个是公共社会学，您强调社会学要回归到公众中去。那么您提出公共社会学背后的故事是什么？

在美国，社会学是非常专业化的。社会学家彼此之间交流，分享他们的成果。尽管他们的文章刊登在《美国社会学评论》《美国社会学杂志》上，但可能只有十个人真正会去读。所以我们处在一个封闭的社区。这也是我称之为专业社会学的原因。我认为在特定的领域专业社会学很重要，但是一般来说，社会学有责任把自己推向更广泛的读者。如果社会学中有什么东西是学术圈之外的人也能理解的，那显而易见就是公共社会学，但是由于巨大的专业化压力，迫使社会学家继续在彼此之间进行对话。所以公共社会学的想法是为了开放社会学，让不同的人通过不同的方式接触到社会学。我知道其中的一些代表人物，比如你已经采访过的阿莉·霍克希尔德，她就是公共社会学的代表。还有很多我在伯克利的同事，这也成了伯克利的特色，伯克利社会学是参与式社会学。这里有一些非常有名的社会学家，罗伯特·布劳纳（Robert Blauner）*、罗伯特·贝拉、托德·吉特林（Todd Gitlin）*、克里斯汀·卢克（Kristin Luker）*、南希·乔多罗（Nancy Chodorow）*、杰尔姆·卡若贝尔（Jerome Karabel）*，这些人的作品不仅在学术圈甚至在全世界广泛传播，影响了整个公共话语。所以我想这应该成为一个重要的计划，那就是公共社会学。我并不是第一个推动公共社会学的人，我想赫伯特·甘斯（Herbert Gans）*在他就任美国社会学协会主席的演说中也提到了。甘斯是一名社会学家，是非常有名的哥伦比亚大学的社会学家，他也致力于让社会学走出学术界。在甘斯以前，查尔斯·赖特·米尔斯提出了社会学的想象力，他也对专业社会学进行过批判，而这些都是促使社会学传播到学术圈之外的思想遗产，到现在则成了基本准则。正如我所说的，我是深受我在伯克利的那些致力于发展公共社会学的同事的影响。而在世界的其他地方，公共社会学也在蓬勃发展。举例来说，我1968年的时候曾到访南非，1990年我又回到南非，在这期间我之所以没有回去是因为当时南非有联合抵制，非洲民族议会在很长一段时间内不准外国学者进入南非，因为那时候实行种族隔离制度。但是不管怎样，种族隔离政权崩溃，联合抵制被取消，南非社会学协会主席邀请我去做报告。所以我又回到了南非，而我为那里在抗争种族隔离的环境中发展起来的非常活跃的社会学感到震惊。而且这种活跃的社会学建立在工业社会学的基础之上，因为工人阶级站在对抗种族隔离舞台的中心，所以很多致力于发展社会学的社会学家也在致力于培养工厂工人代表，他们围绕抗争写出很多作品，即社会运动工会主义（social movement unionism）。我被那种深深参与其中的社会学打动不已，所以我就带着这种想法回到美国。后来我到世界各地去的时候，发现公共社会学在很多国家都很普遍，比如巴西、拉美、印度，那里的人对我说："这些事究竟和公共社会学有什么关系？可除了公共社会学，还有什么社会学会关心这些事？"这只是其中的一个小故事。总之，公共社会学是一个非常美国式的观点，因为只有在美国专业社会学的观念才会这么强，以至于你不得不提出所谓的公共社会学。

所以您认为社会学家应该努力写一些为公共服务的东西，让学术圈之外的读者也有机会接触到社会学，对吗？

是的，我认为这是我们所扮演的角色中很重要的一部分，我知道这并不容易，而且公众经常不感兴趣。

那最好的方法是什么？您知道，肯定有一些东西在阻挡我们不能那样做。

不同的国家情况不一样。在中国是一种情况，在南非是一种情况，在英国又是另一种情况，而在美国也会有不一样的情况。所以为了能够想出发展公共社会学的策略，你必须要平衡学术世界以及更大的运转于社会之中的各种政治经济力量之间的关系。没有一种办法是放诸四海而皆准的。我把公共社会学分为两类：一类是传统的公共社会学，社会学家通过媒体、通过写书，实现知识的广泛传播，这是一种中介的公共社会学（mediated public sociology）。这是我称其为传统公共社会学的原因，也是当我们提到公共社会学时通常会想到的公共社会学。但是还有一类是有机公共社会学（organic public sociology），社会学家和他们的读者是一种无中介的关系。有些社会学家会直接参与到社会运动、邻里联合、宗教组织中去，和有限的但是最积极的公众建立起紧密的联系。所以我把公共社会学分为这两类，它们共同存在、相互支持，可是有所不同，二者在不同的国家以不同的方式结合在一起。总的来说，政治—社会背景对于公共社会学的活力而言至关重要，我们需要通过分析一个社会的社会结构去理解发展公共社会学的可能。

接下来是我想问的最重要的一个问题，那就是：在您眼中什么是社会学？

这是个有趣的问题。我认为，首先需要把社会学和其他学科区分开。所以我就从这里开始吧。我认为社会学不同于政治学和经济学，因为社会学的立场是我所谓的公民社会（civil society）。公民社会是指那些政府和经济之外的组织、社会运动以及制度。公民社会成长于19世纪的西方社会、资本主义社会。那时候社会学刚刚兴起，社会学的立场和视角是基于公民社会的，而经济学的立场是经济和市场扩张，政治学的立场是政府，对政治秩序感兴趣。当然，布迪厄肯定会说这些学科之间存在竞争关系，而且持不同意见的政治学家也会对政治秩序不感兴趣，不同意见的经济学家也会对市场的优点表示怀疑。但是这些学科的中心主旨，一个是扩张市场，另一个是扩张政治秩序。社会学则致力于发展公民社会，同时和政府与经济相互牵制。这就是我所理解的社会学。但这不意味着一个人只需要研究公民社会，恰恰相反，一个人要从公民社会的立场研究政治，研究政治对公民社会的影响，只有这样社会才能为政府提供基础。对于市场也同样如此，所以我们有经济社会学。什么是经济社会学？在我看来，经济社会学是理解市场可能性的条件，但有时候经济社会学家没有足够重视市场对公民社会的影响。所以，这就是社会学的立场和视角的问题，哪里的公民社会发展得很弱，哪里的社会学就发展得很弱。哪里的社会受到镇压，哪里的社会学就遭受镇压，哪里就会产生非常活跃的地下社会学。举例来说，我和一些从智利皮诺切特①独裁时期幸存下来的社会学家交谈过，他们告诉我他们在大学从事地下的教学工作，以及不同政见的社会学家跑到东欧继续从事社会学研究的故事。所以最有趣的社会学是在镇压的背景下进行的。因此在一定意义上，社会学家是在非常艰难的条件下为公民社会斗争。总之，这就是我理解的社会学以及它的不同分支。因为公民社会涉及很多制度和组织，社会学自然也就有很多不同的视角，而且呈现出不同视角的自由放任状态，和经济学不一样。经济学定义了所谓的经济，而且经济学家声称有独一无二的经济学知识。我们还没能有效地定义社会，所以相比由单一范式推动的经济学，我们更多地表现为一门多元范式学科。

正如您提到的，我们有很多的分支学科，您觉得哪种情形会更好，更加多样化还是更加整合？

我想是这样的，尽管很多样，但是必须有一个中心，对吧？要

---

① 皮诺切特是智利的一位将军、政治家和总统。皮诺切特任内实行高压统治，实施大规模新自由主义经济改革并取得显著成效。社会对他的评价毁誉参半。

有一个内在的一致。我认为这种内在的一致通过社会学家对自我价值的认识，通过他们所持的公民社会的立场表现出来。在我们所处的时代，公民社会正遭受来自政治的威胁，就像我们今天说的，即使是在美国的大学，公民社会也潜在地遭受来自华盛顿新政权的威胁，而且很多年来大学的产出，即知识，遭受被商品化和商业化的威胁。所以，公民社会正在遭受由政府和经济的扩张所带来的侵蚀。我们生活在一个日益危险的公民社会，我认为认真思考社会学非常重要，因为社会学给我们提供了一个非常重要的可以捍卫公民社会、抗击政府和市场的角色，不过同时也将我们置于非常具有防御性的境地。这是一个非常有趣的话题。

您认为社会学何以成为一门独立的学科？

正如我说的，独立性与立场有关。所以独立性总是遭受来自其他学科和世界的威胁。社会学中最激动人心的，就是社会学奋起反击，尝试创造新的世界观来应对那些侵犯其自主性的威胁。问题是，正如布迪厄所说，每一个人都可以成为社会学家。我们要和社会中存在的常识性理论竞争。举例来说，每个人都可以提出一些关于贫穷的理论，不管他们提出的理论是对还是错。所以我们（社会学家）面临很多竞争。这就不难理解为什么有一些人会对社会学表示怀疑。因此我们其实还有很多工作要做。

在您的学术生涯中有没有经历过坎坷？您最终是如何度过的？

我有过坎坷的时候，如果你没有经历过坎坷，如果你不是在挣扎，那么你或许就不存在了。我的整个事业生涯就充满坎坷，或许现在不是了，作为一个马克思主义者要幸免于难，所经历的坎坷可想而知。**（因为您是社会学的马克思主义者？）**是的，作为一个马克思主义者，要在大学幸免于难，我经历了差不多十年的挣扎、十年的斗争。我认为作为一个社会学家，如果你不是在挣扎，那一定是出了什么问题。对于我来说，能够成为一个社会学家都要经历一番挣扎，我从没想过自己会成为一个社会学家。在赞比亚，我认为我总是表现得非常无知和愚蠢；而在芝加哥，我所参加的芝加哥研究生项目也让我感到自己很愚蠢。就现在来说，教书对我而言也是一种坎坷，因为过程总是充满挑战。我认为社会学家的一生就是充满坎坷的一生，必须是这样，必须是。

基于您的经验，您会给社会学专业的学生什么建议？

我想驱动社会学家的是致力于创建一个不一样的世界。如果我们阅读经典就会发现，那些人都致力于让世界变得更加美好和与众不同。所以只要社会学家是被这种梦想所驱动的，即世界可以变得更好、变得更加完美，那么社会学家必须理解这种可能性的界限和界限之中的可能性。有这种驱动力就足以让一个人成为伟大的社会学家。你不需要很聪明，但你需要付出努力。我认为最优秀的社会学家往往是那些对特定的事业予以付出的人，不是征服科学，而是激发科学，然后科学会在一定意义上扩大并激发社会学。最优秀的社会学家，能写出伟大作品的社会学家是那些有着深深的价值承诺的人。所以我的建议应该就是，不要畏惧你的价值，去培养它们，正如马克斯·韦伯所坚持的一样，你不能在没有那些价值承诺的条件下追求科学。这是我认为非常重要的。

作为一名社会学家如何影响了您？

正如我之前说的，社会学就是我的人生。我沉迷于社会学，社会学再从我身上汲取。是这样的，但是又没那么简单。一个人也许一生都在教别人如何认识世界，我们很多人都这么做过，甚至还写了出来。这是个很有趣的问题，那就是究竟多大程度上那种影响会波及我的日常生活。我认为在理论逻辑和实践逻辑之间存在差距。所以，一个人在日常生活中的行为和一个人能解释行为的理论之间存在不一致。这是个非常有趣的矛盾。社会学家往往是最不谙世事、最天真的人。因此，在我们所发现和宣扬的东西与我们实际的生活之间的确可能存在巨大差异。这之间可能存在一些互动，但也可能各自独立。

如果不是社会学家，您觉得您现在可能在做什么？

我可能还是会教书。我不知道我会不会当教授，但我会教书，我认为我想要教书。也许做一个数学家，我喜欢教数学，因为你可以经常和学生进行苏格拉底式的对话——事情是如何遵循逻辑的对话。你可以组织教学，那样学生会在教学中成长。曾几何时我就在想，如果我拿不到教职，毫无希望，那我会做什么？我想我会去教数学，在这个世界的某个地方，某个有趣的地方。因为数学是一种美丽的世界语言。

相关人物介绍

爱德华·希尔斯（1910—1995），芝加哥大学社会学教授。他因研究知识分子的作用及其与权力和公共政策的关系而知名。其代表作有《论传统》（*Tradition*）等。

劳埃德·法勒斯（1925—1974），芝加哥大学人类学和社会学教授。他在社会和文化人类学方面的研究主要集中在社会分层以及东非（尤其是布干达地区）和土耳其新政权的发展方面。

亚当·普沃斯基（1940—   ），波兰裔美国政治学家，目前是纽约大学政治系教授。他的研究主要集中在民主社会、民主理论和政治经济学等领域，代表作有《民主与市场：东欧与拉丁美洲的政治经济改革》（*Democracy and the Market: Political and Economic Reforms in Eastern Europe and Latin America*）等。

安东尼奥·葛兰西（1891—1937），意大利马克思主义哲学家和政治家。他的《狱中札记》(The Prison Notebooks) 为 20 世纪的政治理论研究做出了突出贡献。葛兰西以其文化霸权理论而知名，该理论描述了国家和执政的资本家阶级——资产阶级——如何利用文化机构在资本主义社会中维持权力。

唐纳德·罗伊（1909—1980），美国社会学家，1950—1979 年在杜克大学任教。罗伊经常深入工厂进行田野调查，围绕工厂互动、社会冲突和工会角色进行了大量研究。罗伊为学界熟知得益于他发表在《人类组织》(Human Organization) 杂志上的一篇题为《"香蕉时间"：工作满意度和非正式互动》("'Banana Time': Job Satisfaction and Informal Interaction") 的文章。

罗伯特·布劳纳（1929—2016），美国社会学家，先后任教于芝加哥大学和加利福尼亚大学伯克利分校。他提出的"布劳纳假设"认为，相比自愿移民群体，由殖民主义导致的少数群体因为被迫背井离乡，面临了更大程度的种族主义和歧视。

托德·吉特林（1943— ），美国社会学家、政治作家、小说家和文化评论家，先后任教于加利福尼亚大学伯克利分校、纽约大学、哥伦比亚大学、耶鲁大学、多伦多大学。他为学术界和公共领域撰写了大量关于大众传媒、政治、知识分子生活和艺术的著作。

克里斯汀·卢克（1946— ），加利福尼亚大学伯克利分校社会学教授，美国艺术与科学院院士。卢克的研究涉及性行为、性别以及性别与社会科学史之间的关系。卢克是五本书的作者，其中《堕胎与母性政治》(Abortion and the Politics of Motherhood) 荣获查尔斯·库利奖。卢克还曾被克林顿总统邀请到白宫讨论政治和社会政策问题。

南希·乔多罗（1944— ），加利福尼亚大学伯克利分校社会学教授，也是一位女权主义社会学家和心理分析师。她被视为引领精神分析的女权主义理论家先驱。1996年她的代表作《母性再生产》(*The Reproduction of Mothering*)被《当代社会学》(*Contemporary Sociology*)评为过去25年最有影响力的十本著作之一。

杰尔姆·卡若贝尔（1950— ），美国社会学家、政治和社会评论员，加利福尼亚大学伯克利分校社会学教授。他透过比较视角，撰写了大量关于美国高等教育机构和美国社会政策与历史的文章。

赫伯特·甘斯（1927— ），德裔美国社会学家。二战期间移居美国。1971—2007年，他在哥伦比亚大学任教。1988年，甘斯出任美国社会学协会第78任主席。在其就职演讲中，甘斯呼吁社会学作为一门学科应该面向更一般的公众，并且提出了"公共社会学"一词。

Andrew G. Walder

魏昂德

(斯坦福大学丹尼丝·奥利里和肯特·西里讲席教授)

魏昂德(又译安德鲁·G.沃尔德,Andrew G. Walder)是斯坦福大学人文与科学学院丹尼丝·奥利里和肯特·西里讲席教授(Denise O'Leary and Kent Thiry Professor),也是弗里曼·斯波利国际研究所(Freeman Spogli Institute for International Studies)的高级研究员。在此之前,魏昂德担任过社会学系主任、沃特·H.肖伦斯特亚太研究中心(Walter H. Shorenstein Asia-Pacific Research Center)主任、人文与科学学院国际区域比较研究部(Division of International, Comparative and Area Studies)主任。魏昂德于1975年获得约翰·霍普金斯大学政治学学士学位,1981年获得密歇根大学社会学博士学位,毕业后他到哥伦比亚大学任教。1987年他前往哈佛,期间担任哈佛大学东亚区域研究硕士生项目的主任。1995—1997年,他担任香港科技大学社会科学部主任。1997年,他成为斯坦福大学教授。作为一个政治社会学家,魏昂德教授长期致力于研究共产主义政权和国家的冲突、稳定、变化以及根源。他关于中国的著作从毛泽东时代延续到后毛泽东时代,从政治经济组织到不断变化的分层、流动和政治冲突模式。他还关注苏联式国家的经济、改革和重建等政治经济学问题。2012年他当选为美国艺术与科学院院士。

2017 年 7 月 4 日

斯坦福大学恩西纳大楼（Encina Hall）

> 正如我们所知道的那样，您一开始学的是政治学，到读博士的时候才转成了社会学，那么您为什么要转学社会学？

这得回到 20 世纪 70 年代，在我决定究竟选择哪种社会科学专业的时候，我只知道我想研究中国，而我当时有三个选择（政治学、经济学和社会学）。作为一个曾经的政治学专业学生，我一直对不平等、冲突、抗议的话题感兴趣。我大学的时候学的是政治学，但是在我考虑读研究生的时候，政治学已经不再关心不平等、冲突等问题，大多数研究中国的政治学家对政府政策、政策制定和政策实施感兴趣。所以如果我打算研究类似革命这样的问题，那政治学专业就不合适了，可社会学关注那些问题。此外，从实际的事业发展的角度来看，那时候大多数想要研究中国的美国博士生都对政治学感兴趣。但是至少在重点大学，只有少数社会学家在研究中国。我更倾向于社会学的原因是：作为一门学科，社会学关注不平等和冲突，很多了不起的社会学家都是研究诸如革命和政治抗议的社会科学家，他们都属于社会学领域，包括像巴林顿·摩尔（Barrington Moore）*、查尔斯·蒂利这些人。那时候我觉得政治学有点无聊，社会学反倒与我更加意气相投。我对政治经济也感兴趣，所以我曾考虑过学习经济学。但是我的导师告诉我，即使我拿到经济学的博士学位，那我在研究中国的问题上还是可能一事无成，因为经济学的理论都是用来分析市场经济的，而 20 世纪 70 年代初的中国还没有市场经济。此外，经济学作为一门学科并不专注于某一个国家，所以我显然不可能只研究中国，再加上一个人需要有像物理学家一样的数学能力才能拿到经济学的博士学位，所以经济学对我来说就不是一个理智的选择。

您的学生时代大部分是在 20 世纪 70 年代，我想那个时候各种运动应该此起彼伏，那么您是如何度过自己在密歇根大学的研究生生活的？您认为那个时代对您以及您后来的研究兴趣是否产生了影响？

我直到 1971 年才上的大学，那时候大多数的反战抗议都基本结束了。我在约翰·霍普金斯大学读书，唯一的一场学生运动是一场反战运动，发生在我去上大学前的那一个春天。等我去上学的时候，那场战争也已经进入了尾声，理查德·尼克松已经下令撤军，并在 1973 年的时候停止了征兵。我认为这有效地释放了社会的不满和压力。但是理性地说，我对反战运动很感兴趣，这也是我一开始会选择政治学专业的原因。在很长一段时间里，我觉得自己成了一个马克思主义者。在我大学三年级的时候，指导我的老师是个中国专家而且是一个反战积极分子，政治上他是个极"左"人士。不得不说，他对我产生了一定的影响。同时我还向其他的马克思主义者学习，其中有一个叫大卫·哈维（David Harvey）*的，他后来成为后现代理论家，他研究后全球化非常有名。他当时给我们开了一门一个学年的研讨课，内容是有关马克思的《资本论》。所以你看，我是通过马克思主义、通过社会主义者的政治思想进入社会科学领域的。至于想要研究中国，是因为很少有左派的人对苏联报以积极评价，他们一致认为苏联是一个非常保守且充斥着官僚主义压迫的独裁政权，但是中国不同，"文化大革命"时期的中国看起来非常与众不同，因为毛主席告诉学生和工人要反抗官僚主义的压迫。那吸引了一批美国年轻的左翼人士。

您认为在引导您走上社会学研究的道路上哪些人发挥了很大的作用？

我在读大学的时候从没上过社会学专业的课，选择社会学对于我来说是理性选择的结果。我想没有哪个老师影响了我，只是有人建议过我，认为如果我要研究中国的话，我在社会学领域会有更好的事业前景。但的确没有哪个人对我产生过特别大的影响，而且我在读博士之前对社会学了解得并不多。如果我想拿到博士学位，又想研究中国，在1974年、1975年的时候，我可以选择去的学校只有两个。一个是密歇根大学，那里有马丁·怀特（又译怀默霆，Martin Whyte）*，他当时还是一个助理教授，但是他看起来很有可能拿到终身教职并且留下来；另一个就是芝加哥大学，那里有威廉·帕里什（又译白威廉，William Parish）*。由于我当时就在密歇根大学，所以我就直接从中国研究的硕士项目转到了博士项目。差不多就是这样，我并不是受到什么启蒙才走进这个学科的，我就是觉得社会学更加开放，如果那时候想要研究诸如不平等和政治冲突等问题，社会学是一门更加令人心驰向往的学科。我开始学习社会学以后，正如我之前说过的，我读了很多马克思的作品，那时候的社会学更多受到新左思想而不是政治学的影响。政治学那时候还是一门相对保守的学科。如果你上有关革命的课，他们就会给你布置托洛茨基的作品让你去读，我觉得那很有意思。但是读研究生以后，我开始读马克斯·韦伯的作品，我很快就清楚地认识到韦伯是在和正统的马克思主义对话。我发现他的论证比我在上大学的时候读到的更有说服力，所以我开始重塑我的学术观点。

在您眼中，什么是社会学？

这是个很难回答的问题。这就好像在问人类学家什么是文化一样。我可以告诉你的是，现在在美国，社会学非常关注美国社会所有层面的不平等。这和我刚开始接触社会学的时候不一样。我认为美国的政治社会学、历史社会学在不断地收缩。事实上，如果今天让我重新选择博士专业的话，基于20世纪70年代我选择社会学的相同理由，我会重新选择政治学专业。因为政治学现在更多地关注比较研究，更多地关注国际化，而不再狭隘地只关注美国，这其实也是我 70 年代选择社会学的主要原因。因为那时候的政治学完全只关注美国政治，关心国会如何运作。我上大学的时候上过的最无聊的课程就是关于美国政治的，那恐怕也是到目前为止我上过最无聊的课。我记得我上了一门宪法课，然后我就放弃了去法学院读书的念头。我还上了一门关于美国政治的课，当时我就觉得，与其让我去研究美国的国会以及法案是如何变成法律的，我宁可去读会计专业。但是你知道，如果你对美国社会不平等的细节不感兴趣的话，比如性别不平等、种族不平等以及它们在美国的呈现形式——收入不平等、不同的职业发展模式，还有贫穷、种族，那么在当今美国社会学界，你恐怕就没有什么可以研究的了。此外，美国社会学家的视野变得越来越狭隘，他们不怎么研究国外、不学外语，但是这些是政治学家正在做的。

所以我可能没有在给社会学背书，但是既然你问了，我还没回答你的问题。什么是社会学？我认为社会学从本质上来说是一门知识学科，源自三位伟大的思想家：马克思、涂尔干和韦伯。二战以后，美国社会学综合了他们三个人的思想。不过有些更倾向于涂尔干传统，有些更倾向于和马克思有关的冲突论传统，韦伯的思想在一定程度上把二者联系起来。这就是我的观点。

我们都知道社会学是一门涉及面非常广泛的学科，那么您认为社会学何以成为一门独立的学科，不同于政治学、历史学、经济学和其他学科？

我有一个历史学系的同事说过："历史学是一门伟大的非结构性学科。你可以研究任何你想研究的东西，因为没有真正的规范，不存在单一支配的理论。"社会学和历史学很像，也不存在单一支配的理论和方法。你几乎可以研究任何你想研究的问题。最大的不同也是非常有趣的一点是，如果你去看作为一门学科的政治学，在 20 世纪五六十年代，甚至 70 年代，政治学都没有发展起来自己的理论。

在这段时间，政治学的所有理论都是从社会学借来的，最初来自塔尔科特·帕森斯和功能论者，后来来自冲突理论学家马克思，从社会学中诞生的现代化理论也被政治学所采纳。在那以后，政治学都没有发展出自己的理论，而是又借鉴了经济学的理论。社会学的确是一门非常广泛和灵活的学科，不管你做的是所谓的定性研究还是定量研究，社会学总是有足够的空间来使用不同的方法，而且不存在支配理论。所以我认为社会学是介于政治学和经济学之间的非常好的一门学科，人类学也介于那些学科之间。

正如您所说的，社会学内部有很多分支学科，您如何看待社会学中的分化？在什么情况下社会学会更好，更加多样化还是更加整合？

我认为美国社会学在收缩。我认为中国的社会学家同样也只关心中国，可能比美国社会学家只关心美国还要严重。反正我没有接触过很多研究国外的中国社会学家。他们几乎所有人都只痴迷于研究中国。但是我现在认为，美国也在朝着这个方向发展。我可能有点偏题了，我想我已经说过了，正是由于分支领域我才进入了社会学，但是政治社会学和历史社会学都在收缩，而且20世纪70年代的社会学家要比现在的社会学家对美国以外的世界表现出更多的兴趣。现在社会学的视野的确变得越来越狭隘，只关注美国。当我想要发表文章，或者想在一个不是专门研究中国问题的杂志上发表文章时，大多数评审都会看着这篇文章然后想："这和世界有什么关系？这只不过是中国的情况。"但是如果我写的是一篇聚焦于美国，哪怕是很小的一个方面的文章，他们都会认为这篇文章具有普世意义。所以只有当我在中国的时候，我感觉自己才是主流，但是当我在这里（指美国）的时候，我感觉自己被边缘化了，只有那些做比较和历史研究的人，才可能会对我写的东西感兴趣。有趣的是，如果我到中国，到一所大学的社会学系举办讲座，我发现比起在美国的任何一所大学的社会学系的学生，有更多的中国学生读过我的作品，因为美国的大多数学生都在关心美国当代的不平等问题。

当您从一个社会学专业的学生变成一个社会学专业的老师，您想要教给学生什么东西，或者您认为社会学专业的学生应该接受什么样的训练？

我认为最重要的就是明白，证据（evidence）是——我不想说真理——有效知识的仲裁者。而且，我不得不说，我的大多数知识都是在我教书以后形成的。我开始深入挖掘、广泛阅读许多非常经典的作品……我以前就接触过马克思和马克思主义，我在哥伦比亚大学教得最好的一门课就叫作"马克思主义社会思想"。我把整个马克思主义的传统从马克思的早期作品一条线讲到列宁、斯大林和毛泽东。我甚至不用做太多的准备就可以讲，但是我没有深入地阅读过社会学的经典著作，我没读过罗伯特·默顿的作品，他恰好还是我在哥伦比亚大学执教的同事之一。不过在哥伦比亚，当我开始阅读社会学的经典著作时，我意识到哥伦比亚大学可能是20世纪五六十年代塑造美国社会学最重要的地方。当时有三个重要的思想学派，一个是哈佛大学社会学系，或者叫社会关系系，由塔尔科特·帕森斯和功能论者所主导，但我觉得他们的东西毫无用处。直到最近几年我才开始欣赏涂尔干。**（您之前读过他的书吗？帕森斯的书？）** 我觉得他的书令人难以理解，我反正不理解，而且我很肯定的是也没必要去理解。当然，现在很多人不同意这个观点。另一个是芝加哥大学，芝加哥大学社会学系主要关注民族志的田野调查和城市社会学研究。而在哥伦比亚大学，一个代表人物是罗伯特·默顿，他所写的文章优雅清晰、充满理性，尽管我在研究生的时候从来没读过，因为那时候我觉得他是一个功能论者，所以我认为他写的东西也一定很难理解，不值得一读；另一个代表人物是保罗·拉扎斯菲尔德。我不得不承认，我在读研究生之前从没接触过统计，上大学的时候没有上过数学课。如果你去想一想的话会觉得很不可思议，那是我在职业生涯中犯下的非常愚蠢的错误，而我对这种经验社会学也不感兴趣。不过在哥伦比亚大学，默顿被认为是理论家，拉扎斯菲尔德则基本上是一个统计学家，他致力于研究统计应用和调查数据。哥伦比亚大学的传统就是，你不应该仅仅坐在那里大放厥词，空谈那些和研究发现毫无关系的理论；你也不应该只做研究，仅仅描述你从数据中所发现的东西。因此哥伦比亚大学一方面批判抽象的理论，实际上，我从读研究生的时候就一直认为空谈理论是在浪费时间，但是有很多流行的思想家并不做研究，我发现他们的工作完全是空洞的，空洞到我无法理解。之所以是空洞的，就是因为他们没有持续地用证据来拷问他们的观点。另一方面哥伦比亚大学认为那些仅仅进行事实的描述、简简单单地告诉读者统计系数意味着什么而没有任何潜在的理论目标的研究，同样是相当无用的。哥伦比亚学派所主张的基本上就是理论指导的经验研究。如果你有一个想法，你必须说明它对你在现实世界观察到的东西的意义。如果你不这样做，那么你的想法对于生产知识来说同样是没有用的。

您去过很多次中国，您有没有发现中美两国在培养社会学专业的学生方面的差异？

我和中国的社会学系并没有太多的直接联系，所以我个人认为这也取决于不同的系。在我印象中，北大的社会学系非常注重理论。这是我的感觉，我想不到，也不知道太多其他的学校……清华大学的社会学系好像是个很小的系，我想他们更多的人是在从事经验研究。不过在北大社会学系，也有人做调查研究。我的确不是特别清楚，但是我教过本科生，所以我很清楚在斯坦福和哈佛与北大和清华之间在本科生教育上的差别，我很清楚这一点。关于研究生的培养，我的确不知道。有趣的是，来自北大或清华的社会学专业的本科生，他们可能从来没做过经验研究，只是读过很多理论。当他们来到美国以后，参加入学考试，他们的数学要比大多数美国学生都厉害，所以他们能把你交给他们的任何事情都处理得非常好，不管是理论还是统计，他们都能应付得了。这点我很清楚，也是我印象很深的一点。但是我的确对博士项目不清楚。

（那本科生呢？）本科生教育就非常不同了。首先，中国顶尖的大学和美国顶尖的大学——主要是私立大学——之间最重要的区别是北大和清华的学生要多得多。我猜北大有多少？18 000 个学生？① 斯坦福只有 6 000 个，哈佛也只有 6 000 个。在我印象中，中国顶尖大学的师生比例是严重失衡的。如果再说到浙江大学，可能有 40 000 名学生？② 多到不可思议，所以中国的顶尖大学的招生规模更像是美国大一点的州立大学，像密歇根大学、加利福尼亚大学伯克利分校、加利福尼亚大学洛杉矶分校，或者俄亥俄州立大学、印第安纳大学、亚利桑那大学等。我想中国的本科生几乎没有机会参与小班教学，或参加小的研讨会，是吗？但是在美国最好的大学，我认为美国最好的本科教育并不是在斯坦福、哈佛或耶鲁，而是在一些小的文理学院，因为那里的课堂都是小班教学，学生可以不停地和教授交流，请教授阅读他们的作品。

我还有一个印象就是，中国顶尖大学的本科生得不到很多关于他们作品的反馈。我有一个来自北大的学生，他说："我们把作业交上去，然后分数就出来了，但我们从来没有得到过反馈，作业也从来没有还给我们。"我不知道这是不是所有学科都会出现的情况。我的意思是说，也许在实验室、基础科学、工程方面不一样，但是我在北大教过的社会科学和人文学科专业的学生告诉我就是这么回事。所以有可能的是，一个来自北大、清华、复旦或其他中国顶尖大学的学生也许从来没有机会让教授评阅自己的论文并获得反馈。尽管如此，经由高考的选拔，所有学生进入大学的时候都准备得非常充

---

① 截至 2017 年 12 月，北京大学全日制本科生人数为 15 628 人。
② 据浙江大学 2017 年官方统计公报，全日制在校本科生人数为 24 878 人。

分，不过看起来，在某种程度上他们都是在自学，我说的可能有点言过其实。但是不管在本科阶段做过什么，无论是让学生接触很多观念，还是接触很多聪明的人，这个比较理想化的过程真的只有在美国小的文理学院才能实现。有可能在一些大学，我知道普林斯顿大学非常注重本科生教育，在耶鲁大学、芝加哥大学、斯坦福大学、哈佛大学等这些大学，当你读到大三或大四的时候，你可以参加小班课堂，而且有可能是和研究生在一起，和老师一起开展高强度的工作。我在约翰·霍普金斯大学的时候就是这样的，他们实际上也非常注重本科教育，大二以后学生就可以参加老师的研讨会，约翰·霍普金斯大学只有 3 500 名本科生，所以我想学生数量是个很大的区别。我对中国研究生的印象是，他们好像只上一年的课，然后就开始做研究，这很像英国的培养系统，或者可能像法国的培养系统，反正不是美国的。在美国，研究生通常要上两年或三年的课，然后才开始做研究。这些就是我的感觉。

不过我认为在中国，上述的差异可能和几件事情有关。首先是过去二十几年的大学扩招，无论是本科生还是研究生。与此同时，教师面临巨大的发表文章的压力，结果就是老师没法集中精力在教学上。某种程度上说，成为一个好老师无异于自毁前程。所以我认识的教授都很关注他们的研究生，和研究生一起做研究，至于对本科生，他们走进教室，上上课就完了。还有一个不一样的地方就是，我见过北大的课程大纲，里面罗列了很多主题和相应的日期，以及底下写了一大堆参考文献，但是相互之间没有联系。我肯定不是所有的课程大纲都如此，但是在大纲下面罗列了一大堆参考文献，却没有具体指明和哪一个话题对应，也没有明确要求说你必须要读完所有的文献，就好像只是建议阅读一样。所以你去上课，然后教授走进教室教课，在这过程中可能没有很多讨论。我说的对吗？这就是我从北大学生和清华学生那里产生的印象。但这不应该是被我们鼓励的教学方式。事实上，我不知道竟然还可以这样上课。我在哥伦比亚大学教过书，读研的时候还以教学助理的身份在密歇根大学教过书，我还在哈佛和斯坦福教过书，但是我从来没有听说过可以这样教书的。奇怪的是，这么教书在中国看起来很正常，而且学生依然非常优秀，渴望获取知识，好像这对他们没什么影响似的。

谢谢教授，那么您作为社会学家如何平衡工作与家庭？

我想社会学家和其他学术领域的人应该没什么差别。坦白地说，我认为在学术界要比在其他领域自由得多，因为你有更加灵活的时间安排，在暑假不用教书，也不必每天早上八点就上班，没有老板管着你。你并不是真的有老板，对吧？如果你需要，你可以在家上班，只上几个小时的课，你有固定的办公时间，所以我觉得更容易平衡。对于男性来说更容易，对于女性来说，可能有点儿不同，甚至可能会更难，因为在决定要不要组建家庭的问题上有时间的限制。最难的就是当你有了小孩以后，但是在你有小孩之前或者在你的孩子都上了大学以后，我想几乎没有什么平衡工作与生活的压力。如果能有一个学术伴侣，能够理解你并且以同样的方式消遣休假时间，那会让你感到更加轻松。

在您的学术生涯中有没有经历过坎坷？

是的，我想在我的儿子还很小的时候有过。不过我很幸运，因为我很早就拿到了终身教职，我在36岁的时候就已经是哈佛大学的全职教授了，所以拿到终身教职的经历对我来说还算不上坎坷。不过我那时候的确没有很多钱，那是让我很为难的一件事。直到我40岁，我从20世纪90年代中期开始在中国香港任教，从那以后我的存款账户才逐渐有了钱。因为之前我先是生活在纽约，后来住在马萨诸塞州的剑桥市，这两个地方都是生活成本非常高的地方，而且我在哥伦比亚大学的第一份薪水只有18 500美金，相当于现在的38 000美金，差不多是现在哥伦比亚大学刚开始工作的助理教授的三分之一。所以可想而知，当时没有钱对我来说有多难，我的工资差不多都用来付账单了，尤其是在我们的儿子出生以后，我们那时候不得不考虑日托，我们收入的一半差不多都花在日托上了，简直疯了。所以那是在我看来唯一特别艰难的时候。

根据您的经验，您会给社会学专业的学生什么建议？

我想不仅是对社会学而言，而且是对于所有学术工作来说，尤其是社会科学专业来说都是如此，那就是别把它和别的工作混为一谈，别把它等同于进入投资银行，也别把它等同于在玩勾选项的游戏，在这儿发表又在那儿发表，发表的都是你不关心的问题，仅仅是为了在简历上多勾几个选项。我认为这在美国社会学界已经非常常见了，我觉得这把当社会学家的乐趣拿走了。我见过很多研究生都痴迷于在顶尖杂志上发表文章，这是他们读研究生以后就一直在想的问题，这部分是由于我们给了他们太多的压力，而且竞争变得不可思议的激烈，人们会担心影响因子以及各种衡量标准，对吧？我想中国也是这样，反正我在香港的时候发现是这样，而且这逐渐变得更像一场疯狂的竞争（rat race）。我不知道你听说过这个词没有，疯狂的竞争就是人们朝着各个方向拼命地跑、盲目地做事情。你知道我之所以选择学术，就是因为我不想陷入这种疯狂的竞争，我不想做没有意义的工作，或者说，我不想做对我来说没有意义的工作。所以我想我的建议就是顶住压力，把学术事业当作是你在替高盛投资或者一家律师事务所工作，仔细想想对你来说什么是有趣的以及有意义的，但别被这种想法给麻痹了，试着做一些对你来说有意义的事。你应该敦促自己多发表文章，但是别把发表看作是你唯一应该做的事，确保你总是在做你感兴趣的事，让自己变得富有创造力的事。一旦你把这些都忘了，只想着策略性地在顶尖杂志上发表文章，痛苦地写一篇围绕你并不关心的话题的文章，仅仅为了能够填补你的简历，那么我想你或许就真的是在为银行工作了，因为这样你可以赚更多的钱。我想这会是一个不一样的职业生涯。你知道，至少在美国，现在的专业学者要比我刚进入这个领域的时候赚得多。我总是期望相对贫苦一点，可是对现在的学生来说，当他们考虑事业的时候，相比其他职业，美国顶尖大学的教职起薪要比以前高，但你永远不会因为教书变得富有。就像我们之前的一位大学校长在20世纪六七十年代说过的话一样："如果你打算做教授，那就和做牧师没什么两样了。"你并不是真的许下誓言做个穷人，但是你绝不会那么舒服地就挣很多钱。你做这份工作只是为了这份工作的意义，而不是为了爬上职业的阶梯。不过我觉得社会学在美国已经非常专业化了，而且我认为社会学在中国也逐渐以同样的方式变得越来越专业化，比如排名系统、引用次数、影响因子，不仅变得越来越专业化，而且越来越官僚化。

请您回顾一下，作为一名社会学家对您产生了怎样的影响？

我不再是一个马克思主义者了，我也不再对研究某场革命痴迷了。我想作为一名社会学家让我明白有观点是好的，有立场是好的，但是经常要在得出结论之前反省自己，你很强烈地感觉到了什么东西，那么确保你有好的理由去相信你所相信的东西。以我的经验来看，作为一个学者一直在追寻的是，不管我从事的是什么主题的研究，在我开始研究之前，我关于这一主题的观点和我最后得出的结论会有很大的不同。事实上，几乎每一次都是这样。当我去看我最初的观点的时候就发现，我一开始其实就是错的。我想说的就是，如果你去观察日常生活，通过读报纸，你会有自己关于政策问题的观点，或者某个政治问题的观点、国际关系的观点，你必须去思考。要认真对待你所深信不疑的东西，因为那有可能是完全错误的。不要在没有彻底自我反省而盲目坚信某个观点之前就表明自己的立场，要认真地考虑不同的观点，这种研究模式在我读研究生的时候就形成了。我在哥伦比亚大学做助理教授的时候，就知道不能把写论文看作是两支队伍在打仗,而你要做的就是打败另一支队伍,这是完全不对的。你应该认真地考虑两种观点,如果证据的确在一方或另一方,你要说出来,并且诚实地面对。我想这就是学术工作对我个人生活的影响。此外,还有一个影响就是让我尽可能变得客观,因为我们绝大多数人都不自觉地带有主观性,所以要反复检查你所坚信的东西,这就是我所学到的,也是我喜欢做一名社会学家的原因。

如果不是成为社会学家,您觉得您现在可能在做什么?

我一心想做学术。最近几年,我开始怀疑是不是相比于社会学系我更适合到政治学系,事实上我觉得可能是的。我不后悔成为一名社会学家,如果我转到政治学系,我在政治学系还会看起来像是一个社会学家,我阅读时的思考方式、我发表的文章,和今天的政治学家已经大不一样,但是主题是一样的。如果我不是学者,老实说我也不知道我会去做什么,我想我可能是一名优秀的律师。我其实不想成为一名律师,但是律师和学者之间有一定的相似性,比如在特定的法律写作、论证方面,那样的话我可能比现在要富有得多,但是我的确对我现在的生活没什么好抱怨的。

相关人物介绍

巴林顿·摩尔(1913—2005),美国政治社会学家。他最知名的著作是《专制与民主的社会起源:现代世界形成过程中的地主和农民》(*Social Origins of Dictatorship and Democracy: Lord and Peasant in the Making of the Modern World*)。

大卫·哈维(1935—),出生于英国,纽约城市大学人类学和地理学杰出教授,美国艺术与科学院院士。1961年,哈维从剑桥大学获得地理学博士学位。他撰写了大量书籍和文章来推动地理学作为一门学科的发展。在出版了《地理学中的解释》(*Explanation in Geography*) 一书以后，哈维开始转向关心社会不公、种族主义、剥削和资本主义的本质，并出版了多部有影响力的著作。

马丁·怀特（1942— ），美国社会学家，哈佛大学社会学教授，他以研究毛泽东时代和改革开放时期的中国而知名。他先后在密歇根大学、乔治·华盛顿大学和哈佛大学任教，主要研究领域是比较社会学、家庭社会学、发展社会学和当代中国的社会学，代表作有《一个国家，两种社会：当代中国的城乡不平等》(*One Country, Two Societies: Rural-Urban Inequality in Contemporary China*) 等。

威廉·帕里什（出生年不详），芝加哥大学社会学系荣誉退休教授，密歇根大学中国研究中心研究员。代表作有《当代中国的村庄与家庭》(*Village and Family in Contemporary China*) 等。

后　记

　　2016年8月23日，在教育部国家留学基金管理委员会的资助下，我踏上了为期一年的哈佛大学交流访问之旅。到哈佛大学求学对我而言是人生中的一大幸运，但是这份幸运太大，大到时常让我感觉自己付出的太少，得到的却很多。思来想去，我觉得回报这份幸运的最好方式莫过于分享。这就好比把幸运的大蛋糕分成众多的小份，而我只取走我那一小份，余下的分享给其他人一样。似乎只有这样，我才觉得自己获得的那份幸运是理所应当的。在哈佛第一学期结束的时候，我突然意识到时间过得飞快，而自己需要做点什么。

　　作为一个学习社会学近十年的学生，我至今都无法肯定地回答家人、朋友和同学一直以来的一个疑问，那就是："什么是社会学？"其实这个疑问一直装在我心里，而且随着我在社会学领域学习的时间越长，这个疑问似乎就越强烈。于是，我突发奇想，既然我在哈佛大学社会学系，那我为什么不去问问身边的教授？他们可都是世界最顶尖的社会学家啊！而且我不应只满足于在哈佛寻找答案，我还应该去耶鲁、哥伦比亚、普林斯顿、宾夕法尼亚、芝加哥、伯克利和斯坦福，去问问那里的社会学教授们他们眼中的社会学是什么！

　　于是我似乎突然想明白了我要做什么。是的，我要围绕美国社会学家做访谈。不仅仅是访谈，我还要录制视频，做成访谈纪录片，而且得益于英语作为国际语言的优势，这样的访谈可以传播得更远，幸运的蛋糕也可以分享给更多的人。可是当我从激动、兴奋的情绪中冷静下来时，我开始思考一些最为实际的问题，那就是我是否具备实现这一构想的条件。我计划采访20位美国知名社会学家，但他们却生活在美国各地；那时离我回国还有8个月的时间，在那期间，我需要广发邀请，和教授协商时间，还可能要多次往返于美国东海岸的几个城市，然后飞去中部的芝加哥，最后到西海岸的加州；我需要投资一笔钱用来买设备，还要划出一部分钱用作差旅费，考虑到我要去那么多地方，我意识到那将不会是一笔小数目……

当我越想越觉得不切实际的时候，我意识到之前的想法可能更像是一时冲动和头脑发热。尽管我花了几天时间去冷静，但内心却总有个声音在不停地告诉我，这或许就是我命中注定要做的一件事情。因为谁也不知道下一个和我有一样想法的人会在什么时候出现，谁也不确定那个和我有一样想法的人会不会坚持到底。任何一个不确定都有可能导致这一计划的实现被无限期地拖延。那时我想到了马克斯·韦伯的"calling"（天职），我更喜欢把它翻译成"召唤"。因为就是在这种内心的召唤下，我义无反顾地开始了我的社会学家访谈之旅，也正是这种内心的召唤，让我能够最终坚持到底。

我很幸运，因为在我实现计划的过程中，遇到了很多给予我帮助的人。首先，我要感谢哈佛大学的弗兰克·道宾教授，如果不是他的邀请，那么我的哈佛之行便无从谈起。而且当我在哈佛告知道宾教授我的访谈计划以后，他特意从书架上找到了理查德·斯威德伯格教授的《经济学与社会学》让我参考。那本书的确给了我很大启发，但是它太过专业了。尽管我也打算采访一些美国社会学家，可我设想的是，我要做一本介绍社会学的科普读物，面向的应该是社会学专业的学生、青年学者和对社会学感兴趣的公众。我更要感谢我在北京大学的导师佟新教授和刘爱玉教授，以及武汉大学的周长城教授，如果不是他们的鼎力支持，我的哈佛之行就不会如此顺利。

我要感谢同在哈佛的华中科技大学的任敏教授、武汉大学的曹亚娟博士，她们是我计划最早的倾听者和支持者。我还要感谢哈佛大学社会学系的博士生劳拉·阿德勒（Laura Adler）、维多利亚·阿斯伯里（Victoria Asbury）、芭芭拉·基维亚特（Barbara Kiviat）、卡莉·奈特（Carly Knight）、钱宁·斯潘塞（Channing Spencer），我的好朋友邵继塘和师妹刘洁，他们在我最初写访谈提纲时给我提供了很多非常好的建议。感谢我在北京大学的室友宋庆军博士不辞辛劳地帮我准备了很多采访需要的物资。同时感谢揭懋汕同学不远万里从中国帮我把采访需要的物资带到美国。

感谢和我同在哈佛交流的北京大学的郭洁博士，是她配合我开启了第一次访谈。感谢中国人民大学的黄侃侃博士，他陪同我录制访谈的次数是最多的。我们曾一起开车从波士顿到达特茅斯学院，那是我们两人在美国拿到驾照之后的第一次自驾之旅。我还要感谢同在哈佛交流的北京大学的陈晨博士、张强博士，芝加哥大学的瞿娴师妹，宾夕法尼亚大学的姜以琳（Yilin Chiang）博士，他们都为我在不同地方的采访提供了很大的帮助。特别感谢四川大学的于萌博士，因为她在访谈计划实施过程中所发挥的作用是无人可以替代的。

借此机会，我也想感谢一下我的父母，因为他们当初被我以旅游为名"骗"到了加州，但是当我们在奥克兰、旧金山和圣迭戈游玩的时候，我总是因为采访不得不在中途离开他们，而他们就只好坐在车里等我。记得我从柯林斯教授家完成访谈走出来的时候，他们见到我特别开心，因为他们在路边的车里听到了他们的儿子在不远的房间里和一个外国人滔滔不绝谈话的声音，那估计是他们第一次意识到自己儿子的英语竟然这么"好"。

在我校对中英文的过程中，我要特别感谢我在波士顿的室友Henry Jiang（蒋焕宇），他帮我校对了大部分的英文原稿。我还记得在那段时间里，Henry每天下班回来以后的第一件事就是到我房间和我一起校对英文直到深夜。不仅如此，Henry 在生活上也给我提供了很多帮助，让我对美国文化和生活有了更多的了解。我还要感谢我的英语老师莉萨·基乌利（Lisa Chiulli）和好友芭芭拉·基维亚特、林骏昇（Dylan Lim Jun Shen）、理查德·马厄（Richard Maher），他们都帮我承担了部分英文访谈的校对工作。感谢我在北京大学的师妹裘一娴，她帮我校对了部分中文翻译并提出了十分宝贵的修改意见。

访谈的顺利开展离不开那些在生活上给予我关心和照顾的朋友，他们让我在波士顿的生活充满温馨和快乐，他们是伊莎贝拉（Isabella）、赫尔曼（Herman）、帕蒂（Patty）、保罗（Paul）、查克（Chuck）、英格玛丽（Inger-Marie）、史蒂夫（Steve）、娜塔莎（Natasha）、李州、王唯波、莉萨（Lisa）、理查德（Richard）、凯西（Cathy）、格雷丝（Grace）、沃尔特（Walt）和塞西莉亚（Cecilia）。尤其感谢任敏老师、彭叔以及他们可爱的女儿豌豆，是他们让我在波士顿始终都有家的感觉。

我还要特别感谢北京大学出版社的武岳编辑，因为是她让我切身体会到了马里奥·斯莫尔教授说的"把文章交到对的人手上"那句话背后的真正含义。武岳编辑在这本书上花的精力丝毫不比我少，而她在编辑这本书的过程中表现出的热情、严谨和责任心令我钦佩不已。

最后我要感谢欣然接受我访谈的 20 位美国社会学家，因为没有他们的支持便没有这本书。更重要的是，这 20 位美国社会学家和我有着一样的共识，那就是希望在美国社会学和中国社会学之间构筑起尽可能多的沟通桥梁。本书展现的就是美国社会学家眼中的社会学以及他们各自在社会学领域中求学、执教、科研的经历与故事，这当中也包含了他们的人生经验与反思。我非常感谢他们愿意把自己宝贵的人生经验拿出来与中国学生分享。

作为英文转录者和中文译者，这本书被我前后看了不知道多少遍。我承认并不是每一个段落的访谈都十分精彩，这其中的原因大概有两个：其一是我把本该以英语视频方式展示的内容用中文文字进行了展示；其二是我生硬的翻译让原本多姿多彩的内容显得平淡且缺少生趣。尽管如此，我仍然希望读者能够从自己喜欢的社会学家开始，按照布若威教授的民族志阅读法——去阅读，再读，反复读，直到真正理解其中的内涵（To read, and to reread and to reread, and to really understand it.）——去阅读本书。作为有幸第一个这样做的人，我最直接的受益就是，他们的很多话都被我吸收内化成了我自己的，而那些话时时刻刻在影响着我。

到目前为止，我想我做过的最有意义的事就是完成这趟社会学家访谈之旅。记得当初我从波士顿出发，先后到过汉诺佛、纽黑文、普罗维登斯、纽约、普林斯顿、费城、芝加哥、洛杉矶、圣迭戈和旧金山，面对面地和我梦寐以求的社会学大家交谈，当面聆听了他们的故事和教诲。如今，我衷心希望每一个读者都能从这本书中有所收获，通过阅读去体验一场奇妙的社会学家访谈之旅。

陈　龙

北京大学畅春新园

2018 年 9 月 1 日